民國歷史與文化研究

九 編

第 **4** 冊

南京國民政府時期農業融資法制研究

畢凌雪 著

花木蘭文化事業有限公司

國家圖書館出版品預行編目資料

南京國民政府時期農業融資法制研究／畢凌雪 著 — 初版 —
新北市：花木蘭文化事業有限公司，2019〔民 108〕
目 4+212 面；19×26 公分
（民國歷史與文化研究 九編：第 4 冊）
ISBN 978-986-485-671-8（精裝）
1. 南京國民政府 2. 農業法規
628.08   108001118

ISBN-978-986-485-671-8

民國歷史與文化研究
九 編 第四冊   ISBN：978-986-485-671-8

南京國民政府時期農業融資法制研究

作　　者	畢凌雪
總 編 輯	杜潔祥
副總編輯	楊嘉樂
編　　輯	許郁翎、王　筑　美術編輯　陳逸婷
出　　版	花木蘭文化事業有限公司
發 行 人	高小娟
聯絡地址	235 新北市中和區中安街七二號十三樓
	電話：02-2923-1455／傳真：02-2923-1452
網　　址	http://www.huamulan.tw 信箱 hml 810518@gmail.com
印　　刷	普羅文化出版廣告事業
初　　版	2019 年 3 月
全書字數	183430 字
定　　價	九編 9 冊（精裝）台幣 17,000 元　　版權所有・請勿翻印

南京國民政府時期農業融資法制研究

畢凌雪　著

作者簡介

畢凌雪，女，1987 年 1 月生，山東省泰安市人。西南政法大學法律史學博士，主要從事中國法制史研究。現任山東農業大學公共管理學院講師，山東泰山藍天律師事務所兼職律師，山東農業大學「1512」第四層次人才。曾在《貴州社會科學》、《河南社會科學》、《西南政法大學學報》等 CSSCI 來源期刊發表論文十餘篇，參編教材兩部，參編著作《抗戰大後方司法改革與實踐研究》一部；作爲主研人參加國家社科基金項目 2 項，省廳級重點課題多項。

提　要

　　近代以來，受帝國主義侵略和國內戰爭之影響，中國農村自給自足的小農經濟受到極大衝擊，至 20 世紀 30 年代，中國農村經濟已瀕臨破產的邊緣。中國自古以農爲立國之根本，農興則政盛，農衰則國亂。面對衰頹的農村經濟，南京國民政府清醒的認識到農業問題的重要性，積極採取各類措施恢復農業生產，復興農村經濟。其中，強化對農業資金的融通成爲當時國民政府的重要舉措之一。南京國民政府靈活的採用行政手段、經濟手段和法制手段合力推進農業資金融通，尤其是通過合作社、商業性銀行、中國農民銀行等融資平臺積極引導民間資本、國家資本向農村流動，支持農業生產，同時還不斷創新融資方式，爲農村經濟注入新活力，在各因素的疊加效應之下，確保了國家的糧食安全，爲農業的復蘇和抗戰的勝利奠定了一定的物質基礎。回顧整個南京國民政府時期的農業融資法制建設，在國內外局勢動蕩中，國民政府爲挽救破敗的農村經濟在制度上確實做了諸多努力，無奈政府腐敗，導致這些融資制度並沒有有效的得以貫徹落實。但是，就這些制度本身而言，於今日不無裨益，值得現代反思與借鑒。

目

次

緒　論

一、研究的緣起

　　春秋之時，管仲曾曰：「王者以民爲天，民以食爲天，能知天之天者，斯可矣。」〔註1〕中國作爲有著幾千年文明史的國家，自古以農立國，農不興則百業難興，農業的重要性不言而喻，筆者由此開啓研究之旅。

（一）論題之源

1. 農業是立國根本

　　稽諸上古，地廣人稀，耕者日出而作日落而息，「農」是百姓生存之根本。隨著生產力的發展、階級的產生、國家的建立，「農」成爲國家之根本。荀子的經濟思想中有「田野縣鄙者，財之本也」〔註2〕一說，他認爲農業是「財之本」，是國家經濟命脈，又在《荀子・富國》一篇中反覆強調在政策上要惠農，才能穩定農業生產，達到國富目的。糅合百家九流之說的《呂覽》指出：「古先聖王之所以導其民者，先務於農。」〔註3〕之所以要「先務於農」是因爲務農能使百姓形成「質樸」「厚重」「安土」的品性，有利於民心安定，民心安則四海皆安。商鞅在《商君書・農戰》中專門論述了農耕的重要性，「治國者

〔註1〕　司馬遷撰：《史記》（第八冊），北京：中華書局，1959年版，第2694頁。

〔註2〕　（清）王先謙撰，沈嘯寰、王星賢點校：《荀子集解》，北京：中華書局，1988年版，第194頁。

〔註3〕　呂不韋著、陳奇猷校注：《呂氏春秋新校釋》，上海：上海古籍出版社，2002年版，第1718頁。

欲民者之農也。國不農，則與諸侯爭權不能自持也，則眾力不足也……聖人知治國之要，故令民歸心於農……」〔註4〕，依商鞅來看，令民眾專心於農耕才是富國強兵之本，而「惟聖人之治國作壹，摶之於農而已矣」〔註5〕。這些論說意指「農」有積聚財富、穩定民心、增強國力的功用，是立國之本。先秦之後凡有建樹的帝王多頗爲重視農業，如漢文帝在繼位次年的詔書中就直接提出：「夫農，天下之本也」〔註6〕；唐太宗在貞觀二年正月「親祭先農，躬御耒，籍於千畝之甸」〔註7〕；宋太祖於建隆三年頒佈《賜郡國長吏勸農詔》提出「生民在勤，所寶惟谷」，「永念農桑之業，是爲衣食之源」〔註8〕；元世祖在即位之初昭告天下：「國以民爲本，民以衣食爲本，衣食以農桑爲本」〔註9〕；明開國皇帝朱元璋出身布衣，對農耕尤爲重視，「務農重穀，王政所先」〔註10〕；康乾盛世重農思想更是前後相承，康熙在上諭中提出「國家要務，莫如貴粟重農」〔註11〕，雍正認爲「自古帝王致治緘民，莫不以重農爲先務……農事者，帝王之所以承天養人、久安長治之本也」〔註12〕，乾隆則指出「農桑爲致治之本」〔註13〕。

　　縱觀中國古代歷史，國家興亡與「農」息息相關，「重農」使民有所養，「重農」使民有所安，民有所養才能富國，民有所安才能興邦，這在當今也不例外。1982年至2018年，中央政府發佈了20份專門聚焦「三農」的一號文件，可以看出農業在當前我國社會主義現代化建設中仍然居於重要地位。這些文件對農業的重視步步深入，從發展現代農業，到「強化現代農業物質

〔註4〕　石磊譯注：《商君書》，北京：中華書局，2011年版，第31～32頁。

〔註5〕　石磊譯注：《商君書》，北京：中華書局，2011年版，第35頁。

〔註6〕　班固撰、顏師古注：《漢書》（第一冊），北京：中華書局，1964年版，第117頁。

〔註7〕　劉昫等撰：《舊唐書》（第三冊），北京：中華書局，1975年版，第912頁。

〔註8〕　《宋大詔令集》（卷第一百八十二），北京：中華書局，1961年版，第658頁。

〔註9〕　宋濂等撰：《元史》（第八冊），北京：中華書局，1976年版，第2354頁。

〔註10〕　焦竑編撰：《國朝獻徵錄》（卷二十八），揚州：廣陵書社，2013年版，第66頁。

〔註11〕　清實錄（五）·清聖祖仁皇帝實錄（二）：卷200，北京：中華書局，1985年版，第37頁。

〔註12〕　清實錄（六）·清世宗憲皇帝實錄（一）：卷54，北京：中華書局，1985年版，第813頁。

〔註13〕　清實錄（八）·清高宗純皇帝實錄（一）：卷42，北京：中華書局，1985年版，第272頁。

支撐和服務體系」〔註14〕建設，2010 年提出「要在 3 年內消除基礎金融服務空白鄉鎮」〔註15〕，2014 年明確要求「加快農村金融制度創新」〔註16〕，2015年指出要「優先保證農業農村投入，提高農業補貼政策效能」〔註17〕，2017年提出「支持農村商業銀行、農村合作銀行、村鎮銀行等農村中小金融機構立足縣域，加大服務『三農』力度」〔註18〕的新舉措，至 2018 年，更是把農業融資問題作爲一項重要的內容，專門指出要「開拓投融資渠道，強化鄉村振興投入保障」〔註19〕。由此可見，農業融資問題在近十年中逐步進入中央議事日程，並日益被重視。

2. 融資是農業發展的推動力

農業實現跨越式發展離不開資金的推動。縱觀中國歷史，小農經濟經過幾千年的發展卻未能眞正實現農業生產方式的改變，主要原因之一是國家對農業融資不夠重視，使農業發展缺乏資金推動，以致於不能刺激生產力的大發展和農業生產技術的革新。相反，只要增加對農業資金的扶持，農業生產就會發生積極變化，歷史上不乏其例。如漢代文景時期不斷降低農業賦稅，由「什五稅一」〔註20〕減至「三十稅一」〔註21〕，變向爲農業注入資金，減輕農民負擔，農業得到快速恢復和發展，「至武帝之初七十年間……民人給家足，都鄙廩庾盡滿，而府庫餘財。京師之錢累百鉅萬，貫

〔註14〕　新華網，「授權發佈：中共中央國務院關於 2009 年促進農業穩定發展農民持續增收的若干意見」，發佈日期：2009－2－1，http://news.xinhuanet.com/newscenter/2009-02/01/content_10746024_1.htm。

〔註15〕　新華網，「授權發佈：2010 年中央一號文件（全文）」，發佈日期：2010－1－31，http://news.xinhuanet.com/politics/2010-01/31/content_12907829_5.htm。

〔註16〕　新華網，「中共中央、國務院印發《關於全面深化農村改革加快推進農業現代化的若干意見》」，發佈日期：2014－1－19，http://news.xinhuanet.com/politics/2014-01/19/c_119033371.htm。

〔註17〕　搜狐網，「2015 年中央一號文件發佈（全文）」，發佈日期：2015－2－1，http://news.sohu.com/20150201/n408303992.shtml。

〔註18〕　搜狐網，「2017 年中央一號文件公佈（附全文）」，發佈日期：2017－2－6，http://www.sohu.com/a/125562255_591132。

〔註19〕　中華人民共和國農業農村部，「聚焦 2018 中央一號文件」，發佈日期：2018－2－5，http://www.moa.gov.cn/ztzl/yhwj2018/

〔註20〕　班固撰、顏師古注：《漢書》（第四冊），北京：中華書局，1964 年版，第 1127頁。

〔註21〕　班固撰、顏師古注：《漢書》（第四冊），北京：中華書局，1964 年版，第 1135頁。

朽而不可校。太倉之粟陳陳相因,充溢露積於外,腐敗不可食。」〔註22〕如果農業失去資金支持則會導致農村經濟凋敝,危及國家安全,如北京政府時期,苛捐雜稅繁重,農業資金出逃,農村經濟瀕臨破產。20 世紀 30年代初,日本學者清水長鄉村在考察中國農村經濟時就明確指出:「關於農村之金融問題,為農村問題中之最重要者,殆屬難題之一……農村的疲敝,多在於金融的窘乏」〔註23〕

現代以來,伴隨著我國農村改革政策的推行,中國農業有了翻天覆地的變化:農業機械化逐步替代傳統的人力畜力,水利工程設施極大降低了自然災害對農業的影響,農藥、化肥、優良種苗的使用提高了農作物的產量。然而目前農業的發展因受資金的制約開始進入瓶頸期,因此拓寬農業融資渠道,加大對農業資金的投入,是實現現代農業跨越式發展的主要助推力。

3. 法律規制是農業融資運行的保障

農業融資的客體主要是貨幣,貨幣資金的流動是在經濟規律支配下的自發行為,這種屬性使農業資金融通面臨兩種困境。

其一,民間融資便捷但極端趨利,加重了農民負擔,對農業發展不利。如古今常見的鄉村私人借貸,在農村資金市場供需不平衡的情形下,持有閒資者為了能夠「以錢生錢」獲得更高利潤,必然將資金以高利率貸出,如劉士薰在《隱居通議》寫道:「出納之穀,一生二,二生三;上下交徵,萬取千,千取百……私舉錢糧,富豪有羊羔之息。」〔註24〕面對這種自發的經濟行為,若不以外力加以限制,勢必導致貧者愈貧,最終阻礙農業的發展,這就需要國家政令的管控,規範借貸利率是最常見的手法。如唐文宗時頒佈敕令,抑制民間高利貸行為:「今後應有舉放,又將產業等,上契取錢,並勒依官法,不得五分以上取利。如未辦計會,其利止於一倍。不得虛立倍契,及計會未足,抑令翻契,回利為本。如有違約,一任取錢人經府縣陳論。追勘得實,其放錢人,請決脊杖二十,枷項令眾一月日。」〔註25〕

其二,農業投資收益低、見效慢,導致市場中的貨幣資金不願向農業

〔註22〕 班固撰、顏師古注:《漢書》(第四冊),北京:中華書局,1964 年版,第 1135頁。

〔註23〕 (日)清水長鄉著、張佳久譯:《農村經濟》,上海:商務印書館,民國二十四年版,第 99 頁。

〔註24〕 喬幼梅:「宋元時期高利貸資本的發展」,《中國社會科學》,1998 年第 3 期。

〔註25〕 霍存福:「論中國古代契約與國家法的關係」,《當代法學》,2005 年第 1 期。

領域流動，鑒於此，發展農業融資事業，必須以強有力的國家行政手段爲引導，以法律強制力作保障。如近代銀行出現後，金融機構更樂意將聚集的社會遊資貸給工商業而非農業。中國銀行在 1931 年的營業報告中就指出該行以輔助工商業爲宗旨，「凡可以增加國民生產力，改進國民生活之事業，無不勉力赴之，以贊其成。」〔註 26〕當年貸放給商業和實業的資金達22739684.18〔註 27〕元，較 1930 年都有所提高，但有關農業的貸款報告中隻字未提。這是因爲放貸資金發展商業遠比放貸給農民所得回報率更高，如若任其自由開展業務，農民極有可能無處貸款，故南京國民政府在立法中尤爲強調銀行對農業資金的放貸，對商業性銀行農貸業務的開辦及貸放資金額度直接在法律中言明，「放款總額不得少於存款總額五分之一」〔註28〕。同時專門設立中國農民銀行，嚴格規範放貸範圍，如「放款於農民組織之合作社及合作社聯合社；放款於農業之發展事業；放款於水利備荒事業……」〔註 29〕

　　正是有了方方面面的法律規制，資金才能有條不紊的向農業領域流動，從而帶動農業發展，使國之根本得到穩固，百姓亦可安居樂業。基於農業、融資和法律三者之間這種內在聯繫，筆者決定以「農業融資法制」爲研究對象，開始一番歷史探索。

（二）歷史時期定位之因由

　　2010 年之後，農業融資問題逐步得到國家的重視，2014 年發佈的一號文件《關於全面深化農村改革加快推進農業現代化的若干意見》中指出，要加快農村金融制度創新，必須強化金融機構服務「三農」職責、發展新型農村合作金融組織、加大對農業保險支持力度，並適時制定相應的管理辦法或政策。2018 年中央一號文件中更是專門提出「實施鄉村振興戰略，必須解決錢從哪裏來的問題。要健全投入保障制度，創新投融資機制，加快形成財政優

〔註26〕　中國銀行總管理處編印：《中國銀行民國十九年度報告》，民國十九年，第 3頁。

〔註27〕　中國銀行總管理處編印：《中國銀行民國十九年度報告》，民國十九年，第 4頁。

〔註28〕　浙江地方銀行總行編：《金融法規輯要》，麗水：浙江地方銀行總行發行，民國三十年版，第 48 頁。

〔註29〕　浙江地方銀行總行編：《金融法規輯要》，麗水：浙江地方銀行總行發行，民國三十年版，第 69 頁。

先保障、金融重點傾斜、社會積極參與的多元投入格局……充分發揮財政資金的引導作用，撬動金融和社會資本更多投向鄉村振興。」〔註30〕若追溯中國農業融資現象的興起，還要始於近代，尤其是南京國民政府時期得以迅猛發展：其一，依法規範農業融資行為。南京國民政府較為重視農業發展，曾提出要發展農業現代化，並在農業融資問題上做了大量的立法工作。規範管理機構的有《農本局組織規程》、《工商同業公會法》等；規範融資平臺的有《中國農民銀行條例》、《中華民國合作社法》等；規範融資行為的有《中國農民銀行經營土地抵押放款及農村放款辦法》、《合作金庫條例》等。中央政府目前重視農業發展、關注農業融資，但在制度建設方面還略顯薄弱，農業融資立法尚未真正起步，對此有關部門應當引起高度重視。其二，農業融資政策法規落實有力。南京國民政府制定的一系列有關農業融資政策法規，不僅僅停留於紙面上，而且大都還能落到實處，推動了農業融資進程。如農村合作社的發展，國民政府制定有《中華民國合作社法》，同時制定了配套的《合作社法實施細則》，各省、縣都相應成立了農村合作委員會，結合當地實情指導轄區內農村合作社的組建，規範農貸行為，使國家有關農村合作社的融資政令法規落到了鄉間地頭。

鑒於農業在國家中的地位、融資和法制對促進農業發展的積極影響，以及南京國民政府時期對農業融資法制的相關建樹，筆者最終選定以「南京國民政府時期農業融資法制研究」為題，以史鑒今。

二、概念釋義

（一）「農」與「農業」

農，金文寫作，其中該字的上半部分，意為在荒山野草之中開墾出的田地，下半部分的意為執鋤勞作，因此「農」之本意為手持石具，日出而作，墾荒耕種。許慎在《說文解字》中把「農」解釋為「耕也」〔註31〕。後世隨著文字使用範圍的擴大，「農」字的意思也出現了演化發展。

〔註30〕 中華人民共和國農業農村部，「聚焦 2018 中央一號文件」，發佈日期：2018－2－5，http://www.moa.gov.cn/ztzl/yhwj2018/

〔註31〕 （漢）許慎、（宋）徐鉉等著：《說文解字》，上海：古籍出版社，2007 年版，第 128 頁。

| 「農」本意：墾地耕作，種植生產；動詞。 | 詞性引申 ⟹ | 以墾地耕作為生者；名詞。 |

故在今日字典之中，農有兩層含義：一為種莊稼；二為種莊稼的人。

農業就是在「農」之一字上延伸出來的，徐珂在《清稗類鈔》中指出，以「闢土殖穀」為業的農業是狹義的，因為生活中農者從事的勞作不僅僅有種植農作物，「以餘地余時兼營他業者，為農之廣義」〔註32〕，具體如「栽培蔬果、蒔種花卉曰園藝，種植林木曰林業，飼養家畜曰畜牧……或取農家收穫物，加以人工，制為精品曰農產製造，而釀酒及製茶，製糖，製藍等亦屬之，凡此，皆農家之副業也。」〔註33〕在徐珂看來「以增殖天然之利源供給人類之需用者，性質相同，故亦屬於農」〔註34〕。因此，本文所研究的農業融資，著眼於整個農業領域，採的是廣義上的「農業」概念，不局限於種植業。

（二）「融資」與「農業融資」

「融資」是近代引入中國的西方經濟學概念，即 financing，單從英文單詞的形態上可以看出，融資是一種動態行為。融資從狹義上講是資金籌集的行為與過程〔註35〕，從廣義上講，「融資也叫『金融』〔註36〕，就是貨幣資金的融通，當事人通過各種方式到金融市場上籌措或貸放資金的行為」〔註37〕。本文所用「融資」是指廣義上的融資，包含了資金的籌集與貸放。

「農業融資」，顧名思義，即農業領域的資金融通。本文「農業」和「融資」都取廣義上的概念，因而「農業融資」包括一切有關農業活動的資金籌

〔註32〕　（清）徐珂：《清稗類鈔・農商類》，轉引自吳超：《13 至 19 世紀寧夏平原農牧業開發研究》，2007 年西北師範大學博士學位論文。

〔註33〕　（清）徐珂：《清稗類鈔・農商類》，轉引自吳超：《13 至 19 世紀寧夏平原農牧業開發研究》，2007 年西北師範大學博士學位論文。

〔註34〕　（清）徐珂：《清稗類鈔・農商類》，轉引自吳超：《13 至 19 世紀寧夏平原農牧業開發研究》，2007 年西北師範大學博士學位論文。

〔註35〕　約翰・伊特韋爾、默里・米爾蓋特、彼得・紐曼編：《新帕爾格雷夫經濟學大辭典》（第二卷），北京：經濟科學出版社，1996 年版，第 360 頁。

〔註36〕　此處「金融」用的是狹義的概念，即貨幣流通和信用活動以及與之相聯繫的經濟活動的總稱。廣義的金融泛指一切與信用貨幣的發行、保管、兌換、結算，融通有關的經濟活動，甚至包括金銀的買賣。

〔註37〕　http://www.baike.com/wiki/融資。

集與貸放。具體包括農業生產融資、農業流通融資、農業建設融資、農業技術研發推廣融資，等等。

此外，需要注意的是，中國古代並無「融資」這一概念，嚴格來說，亦無融資行為，當時的農民對其所需要的資金多是借貸方式來獲取。「農業融資」是一個宏觀的經濟現象，其所展現出的是資金流入農業這一行業的一個動態趨勢，但真正的具體去研究此宏觀行為時，勢必要落實到微觀經濟行為中來，而「借貸」就是這樣的一個表現資金流通的微觀行為。每朝每代眾多農民通過各種借貸方式籌集資金，使之應用到農民的生產生活上來，這一個個的借貸行為最終就匯成了「農業融資」這一宏觀景象。如此看來，「借貸行為」是「融資」的具體化，中國歷史早期雖無「融資」的實體概念和行為，卻有一定的表現形式產生。正因如此，本文第二章才能以此理論為基礎，暢談民間農業融資行為。

（三）法制

法制一詞，古今用法不一，含義亦不相同。其一，狹義的法制，認為法制即法律制度。其二，廣義的法制，即包括立法，又包括執法、守法、法律監督等。本文題目中的「法制」採狹義的法制概念。農業融資方面的法律制度，即包括由南京國民政府制定頒佈的法律、法規、政令等，亦包括各級省、縣等地方政府制定的相關法規制度，以及金融機構依法制定的融資章程和民間借貸規則。

（四）商業性銀行

在南京國民政府時期，設立的各類銀行較多，有辦理國際匯兌業務的中國銀行，有專注實業投資的交通銀行，以及專門辦理儲蓄業務的郵政儲金匯業局，還有各地方政府設立的地方銀行，這些銀行的業務範圍都包括存款、放款、貼現、匯兌等，在經營性質上都是以營利為目的，本文將其統稱為「商業性銀行」。

南京國民政府設立的中國農民銀行是專門支持農業的「政策性」銀行，業務範圍主要是融通農業資金，因此，本文將其作為獨立的一個類別進行分析研究。

三、研究綜述

本文以「南京國民政府時期農業融資法制研究」爲題，內容涉及民間農業融資的法制研究，具體如高利貸、典當的法律規制以及合會中的習慣法；也包括對近代新興的農業融資平臺的相關法律制度進行研究，如農村合作社、中國農民銀行以及農業倉庫，等等。近現代對上述問題的研究學術界已有不少科研成果問世，筆者在梳理這些成果時獲益良多。

（一）民國時期研究側重融資現象

20 世紀 30 年代前後，隨著農村經濟問題的凸顯，眾多學術目光聚焦於此，對農業融資問題的研究也頗爲活躍。這一時期農業融資相關的研究成果多集中在三個方面：

1. 田野調查研究類。部分民國學者以社會學的田野調查爲主要研究手段，深入基層農村進行人口狀況、家庭收支、賦稅田租、農業生產、教育衛生等方方面面的系統調研，逐一分析農村問題出現的來源，其目的在於爲國民政府制定各類新政提供詳實的基層資料。如以省爲範圍的調查報告有《江西農村社會調查》、《雲南省農村調查》、《廣西省農村調查》等；以某一方面爲主的調查報告有言心哲的《農村家庭調查》、馮和發的《今年的災荒》、劉大鈞的《我國佃農經濟狀況》等。這類研究成果雖然並沒有直接把脈當時農業融資問題，但在數據調查與統計中，已經將農業資金缺失的實情以及所暴露的問題進行了客觀揭示，無疑對當局起到警醒作用。這些客觀的記述著作，是今日筆者研究該問題極爲寶貴的一手資料。

2. 理論研究探索類。部分民國學者以經濟、金融等專業的視角客觀介紹當時國內外有關農業金融、合作事業、農業倉庫、土地債券等與農業融資密切相關的理論。國內學者的論著如王志莘的《農業金融經營論》，從經濟學角度首先論述農業對金融的需求，然後從農業資金來源、農業金融機關、農業金融利率、農家負債整理五個方面介紹農業金融的基礎理論，最後點明政府與農業金融之間的關係，並在附錄中列有三十餘部相關法規政策。此外還有侯哲莘的《農業倉庫經營論》、羅醒魂的《各國土地債券制度概論》、宓公幹的《典當論》、汪洪法的《農業金融體系的研究》、吳寶華的《美國之農業金融》、徐淵若的《德國之農業金融》等。當時翻譯引進的外國相關理論著作如日本學者牧野輝智的《農業金融概論》，法國學者波雅查格魯（A.J.Boyazoglu）

著的《農業信用——農村金融原理》，意大利學者（G.Costanzo）著的《農業金融制度及其新趨勢》，英國學者石德蘭（C.F.Strickland）著的《農村金融與合作》。都從理論上闡述了農業融資的重要性。

3. 政策建議類。部分民國學者聯繫中國當時農業實情，結合相關學術理論，對中國農村經濟、金融或其他相關具體方面內容進行理論分析，針砭時弊的同時提出相應的建議和對策。如林和成編寫的《中國農業金融》一書中，對農業資本的需求以及各類農業金融機關組織構成進行了系統的論說，最後對當時農業金融制度的發展提出了多項建議，如「我國農業金融制度之建議；中央農業銀行實施之建議；改組中國農民銀行爲中央農業銀行之檢討。」〔註38〕姚公振編著的《中國農業金融史》在追溯歷史上有關農業「金融」相關制度措施的前提下，綜述近代以來農業金融事業發展和國家政策的變化，對國民政府已經實施的農業金融制度提出檢討意見，從理論高度對未來農業金融的重要性和發展方向提出了建議。這類著作有的是全篇圍繞農業資金問題展開論述，有的則是以農業或農村經濟爲立足點，文中有關農業融資的論述僅僅是其一部分，如張則堯的《中國農業經濟問題》，朱其華的《中國農村經濟的透視》等，還有一部分論著是圍繞某一具體的農業融資方式進行著書立說，如卓宣謀的《農工銀行救國論》、伍玉璋的《中國農業金融制度及其實施論》和《中國農業金融機關論》、楊西孟的《中國合會之研究》等。這些著作都具有很強的現實指導意義。

縱觀民國時期此方面的著作，側重的是融資現象的研究，有基於調查結果的表象研究亦有融資方式的理論探索，顯現出三方面的時代特色：其一，農村經濟問題得到學者的廣泛關注，並深刻認識到此問題對於國家發展和民族存亡的重要性；其二，在認識到農村問題的重要性後，學者們引進翻譯如德國、日本、美國等農業金融發展迅猛的國家的最新理論觀點，並在此基礎上嘗試構建中國農業金融模式，但這種構建主要基於經濟學和金融學上的考量；其三，有關農業融資的法律規範作爲一種應然的存在被諸多作者以附錄的形式列於論著之後，缺少對法律制度本身的關注和深入研究。

（二）1949 年後的研究側重「歷史考據」

解放之後，隨著「三農」問題日益受到國家的重視，學術界對與農業融

〔註38〕 林和成編：《中國農業金融》，上海：中華書局，民國二十五年版，第 12 頁。

資的相關理論研究有不少成果問世。以學科角度劃分，可分為法律史學類和非法律史學類研究成果。法律史學界對此問題的研究，並無直接以「農業融資」為題的科研成果，涉及此方面的研究成果，多是對南京國民政府時期的各類金融、經濟領域的法律制度進行研究，其中部分成果涉及農業融資方面。如伍操的博士學位論文《戰時國民政府金融法律制度研究（1937～1945）》中就有專門針對戰時農業放貸制度的研究。還有部分法律史學論文是對民國某一融資方式進行研究，主要集中在典當和合作社這兩種形式上，但這些研究欠缺針對農業方面的論述。例如黃興喬的《典當法律制度研究》〔註 39〕；張偉的《民國上海典當法律問題研究》〔註 40〕；陳婉玲的《民國合作社法的孕育與影響》〔註 41〕。目前法律史學科對此問題的研究主要以學位論文的形式出現，因此文章對某一融資形式研究較為全面，但正因如此面面俱到反而使研究缺乏針對性，這些論文中對涉及農民融資的介紹就顯得相對較少。例如在《民國上海典當法律問題研究》一文中，文章作者介紹了典當的歷史、法律關係構成、法律規範等等，這其中大量涉及城市居民的生活典當，較少提及涉農典當。再如《民國合作社法的孕育與影響》這篇博士論文，雖然是以「合作社法」為研究主體，但其大量的篇幅在論述各類思想、潮流對立法的影響，重點突出了「合作社法」產生的過程，並未對合作社法本身的功能做過多的分析，加之民國時期的合作社不限於農業領域，因而也無法更深一層的探討農村合作社與農業融資問題。這類問題在其他法律史學科的論文中也都有出現。

筆者雖先探討了法律史學科在農業融資方面的相關研究成果，但從成果總量上來看，還是其他非法律史學科的研究成果更為豐碩一些。如在出版的書籍中，就有徐唐齡的《中國農村金融史略》、詹玉榮的《中國農村金融史》、姚遂的《中國金融思想史》、石國強的《中國金融史話》、《中國近代金融史》等。這些著作大都為專門史或金融方面的通史，對民國時期的農村金融狀況和金融政策有一定的介紹和研究，但因為其內容龐大繁多，反而對農業融資的研究傾注較少。論文類有鄒曉昇的《論中國農民銀行的農貸運行機制》〔註 42〕、宮玉

〔註 39〕　西南政法大學 2010 年碩士學位論文。
〔註 40〕　上海師範大學 2009 年碩士學位論文。
〔註 41〕　華東政法大學 2008 年博士學位論。
〔註 42〕　《河北大學學報》，2004 年 4 期。

松的《30 年代農村金融危機論述》〔註 43〕、李自典的《行政院農村復興委員會初探》〔註 44〕、陳都學的《民國時期江蘇省農業倉庫建設研究》〔註 45〕、姚會元的《國民政府「改進農村金融」的措施和結局》〔註 46〕、張麗的《關於中國近代農村經濟的探析》〔註 47〕、邱松慶的《簡評南京國民政府初建時期的農業政策》〔註 48〕、伍福蓮的《試論南京國民政府的農村合作運動》〔註 49〕、趙林鳳的《民國時期江蘇農村金融變動的探析》〔註 50〕、劉徵的《民國時期甘寧青農村高利貸研究》〔註 51〕等。以上科研成果對民國時期農村金融問題有一定的涉及，但從論文題目和出版的雜誌可以看出，這些科研成果多出於近代歷史學專業、經濟史專業的研究人員之手，對農業融資或農業金融問題的研究偏重歷史、經濟或金融的角度，缺少對當時相關法律制度的關注和研究。例如康金莉的《南京國民政府前期中國農業合作金融的三層結構》一文中，突出了南京國民政府前期中國農業合作金融的三個層次：以農村信用合作社爲主的各類合作金融組織構成體系的第一層次；各類合作指導機構構成合作金融體系的中間層次；商業與農業金融機構構成體系的外圍。從文章結構上不難看出，整篇論文都是圍繞金融這個話題來展開，對於管控三層結構的法律、規章、政策提及甚少。

從以上兩大學科分類中可以看出，解放後對南京國民政府時期農業融資的研究，非法律史學專業的研究人員側重歷史考據，而法律史專業的研究人員雖能從制度方面進行剖析，但又因各自論文視角的不同，未能直擊農業融資法制這一問題。

（三）近現代相關研究的缺憾與反思

從近現代有關農業融資學術成果梳理情況看，學術界對農業融資制度的探討研究關注度不夠，研究內容也不全面深入，完全以「法制」爲視角研究

〔註 43〕《中國經濟史研究》，1995 年第 4 期。
〔註 44〕《歷史教學》，2003 年 5 期。
〔註 45〕 南京師範大學 2009 年碩士學位論文。
〔註 46〕《江漢論壇》，1987 年第 3 期。
〔註 47〕《中國農史》，1999 年第二期。
〔註 48〕《四川大學學報（哲學社會科學版）》，2004 年增刊。
〔註 49〕《四川大學學報（哲學社會科學版）》，2004 年 S1 期。
〔註 50〕 南京林業大學 2003 年碩士學位論文。
〔註 51〕 蘭州大學 2006 年碩士學位論文。

農業融資的成果更是寥寥無幾。就民國研究成果而言，於今日來看是歷史資料，但在當時則是對發展農業金融的呼籲和建議，可惜絕大多數研究沒有觸及到農業融資制度規律性的一面；當時的法律人更多的是關注民主、平等、自由等社會層面的法制建設，對涉及民生的法律制度研究相對不足。如南京國民政府出臺的有關農業融資方面的政令就多達幾十份，可當時的法律學者似乎遺忘了這部分法令，或去宣揚民主，或去請命司法改革，鮮有人對這些出臺的政策法令進行調查研究，提出修正意見。就解放後的研究成果而言，法學界對當代農業金融研究成果層出不窮，但法律史學界對歷史上的農業融資法律制度研究重視不夠，成果不多，似乎覺得此類研究是劍走偏鋒，難成氣候，不若法史中的經典命題能讓研究者一鳴驚人。但是，農業問題是亙古不變的國家基本問題，是直接關係一個國家興旺發達與否的問題，我們不能因為當前國人無溫飽之憂就忽略對此問題的研究探索。生於憂患死於安樂，故筆者有心對南京國民政府的農業融資法制進行一番探索剖析，希望能在依法治國的今天，總結歷史，警醒後人。

四、研究思路、方法與創新

（一）研究思路

　　本文以南京國民政府時期農業融資法制為研究對象，內容涉及法學、金融學與歷史學等方面。筆者摒棄傳統的法制史論文以時間為筋絡的寫作模式，首先考察整個歷史時期農業融資的基本狀況，對農村經濟情況和農業融資法制建設進行宏觀論述，繼而引出當時主要的幾大農業融資平臺，然後以不同的融資平臺為脈絡，逐一分章釐析各融資平臺法律制度的建設與實施，最後分析南京國民政府時期農業融資法制的利弊得失，啓迪當前農業融資立法工作。

（二）研究方法

　　1. 本文總的研究方法是建立在跨學科研究的基礎上，以法律史學研究為主線，輔之歷史學、金融學、統計學等相關學科的研究方法，把南京國民政府時期的農業融資問題放在多維度、多層面中進行考察。既有縱向史學梳理，又有以點帶面的分析，使南京國民政府時期農業融資法制的精髓得以由表及裏的展現。

2. 本文採用宏觀研究與微觀分析相結合的研究方法，對南京國民政府時期農業融資法制化過程進行總體描述和闡析，重點對融資制度的形成、核心內容進行深入細緻的剖釋，對特殊時期的融資制度和融資法制創新進行了個例研究，使宏觀研究和微觀分析相得益彰。

3. 本文採用文獻研究與定性分析相結合的研究方法，忠實於客觀史料的研究。筆者查閱大量民國時期的一手資料，從原始文獻中挖掘、歸納、總結農業融資法制的共性與特性，結合所處的歷史背景與社會環境，客觀的對南京國民政府時期農業融資法制建設作出定性分析。

4. 本文在寫作過程中採用統計分析的研究方法，借鑒計量史學的研究手段，將大量繁冗無序的歷史資料，通過數據表格的形式，進行分類整理，化抽象為形象，化繁雜為簡潔，使部分內容的論述更加清晰明瞭。

（三）創新之處

1. 彌補法律史學目前無專門系統研究南京國民政府時期農業融資法制的空白。國家對「三農」問題的關注使得學界對「三農」問題研究成果頗多，在農業融資研究方面，法學領域的成果主要集中在經濟法學科，法律史學科對此關注相對較少，研究成果亦不多。目前法律史學已有的研究多是對單個相關問題的探討，系統性不夠，且並非完全站在農業融資角度展開法制研究。筆者以南京國民政府時期時期農業融資法制為研究對象，在一定程度上能夠豐富近代中國農業法制史研究內容，尤其是在近代農業融資法制建設問題的研究上，可以補充當前法律史學研究的不足。

2. 本文創造性的對目前鮮少研究或研究不深入的幾個農業融資的小論點進行了詳細論證說明。例如對合作社的研究，已有的成果多是對合作社組織構成的研究，筆者則是專注於農村合作社的理論挖掘，對其在農業資金融通中的地位，及其內部章則如何確保融資功能的發揮做了有理有據的分析論證。再如青苗押款制度、不動產間接佔有押款制度等，這些制度大都在已有的研究成果中被匆匆帶過或寥寥數語，對制度本身的研究較為欠缺。此外還有關於農倉儲押制度的前期法制探索等，筆者運用了新的研究資料，以餘姚縣資料為典型事例進行論證說明，這部分研究既有新穎性又具開創性。

3. 本書在寫作方式和內容構架上有一定的新突破。其一，論文全面系統的對南京國民政府時期的農業融資制度作了梳理、分析，不僅有對國家法的

探討，更有對地方和行業相關法制建設的釐析，突破以往相關論文只重視中央層面立法而忽略地方和行業規範的寫作方式，挖掘、還原出南京國民政府時期農業融資法律制度在基層操作方面的實貌。其二，本文的論述突破法制史研究的一般方式，結合金融學理論和統計學方法，運用多學科理論和多學科寫作手法，形象的闡釋南京國民政府時期的農業融資法律制度，使抽象的理論研究增添了生動活潑的色彩，易於理解和把握。其三，論文採用了民國時期有關農業融資的大量數據來推導印證法制建設的作用，改變了相關論文從制度到制度泛泛而談的寫作模式，注重實證分析，使論證結果更爲準確。

4. 本文選題立意較新，體現法史研究的經濟價值和時代價值。「三農」問題歷來被國家所重視，近年來農業資金投入不足，已經嚴重制約農村經濟的發展，並引起了中央政府的高度關注。2014 年中央一號文件明確提出要加快農村金融制度創新，2018 年又進一步強調開拓投融資渠道，強化鄉村振興投入保障。本文雖是法制史研究，但時代性極強，緊密結合當前農業發展的瓶頸問題，以農業融資法制爲命題進行探討研究，結合國家當前政策走向突顯法制對經濟的促進和保障作用，強調法制史研究的「史鑒」價值，希冀給法律史研究帶來一點新氣息。

第一章　農業融資法制建設概覽

中國自古以農立國，農興則政盛，農頹則國危，「農爲國本」是歷代君主的治國之策。南京國民政府時期，政府尤爲重視農業問題，面對瀕臨破產的農村經濟，大力融通農業資金，增強農業發展活力，加強農業融資法制建設，依法保障農業資金投入，促進了農村經濟的恢復和發展。

一、農業融資法制建設的動因

1927 年在炮火聲中成立的南京國民政府，外有列強虎視眈眈，內有各路軍閥爭權奪利，加之國民黨內部派系明爭暗鬥，處於內外交困的複雜局面之中。面對如此不利情形，國民政府仍然重視農村經濟發展，並採取強有力的法制手段推進農業資金融通，動因是多方面的。

（一）農村經濟日益頹敗

南京國民政府成立之時，中國各地農村經濟均已瀕臨崩潰之邊緣。如 1927 年的一份河南農村調查報告所述：「民國十六年春夏間，我曾在河南之信陽、確山、上蔡、西華、遂平、西平……新鄭、鄭縣、商水等縣，實地調查數百個農村的結果，發覺這些農村，都是家鮮蓋藏，十室九空。其中大部分農民都沒有充足的糧食，而以雜糧甚至樹皮草根充饑。在一九二七年的時候，河南農民即有百分之八〇以上，在農村破產的厄運中，過著非人的地獄生活。」〔註1〕河南作爲農業大省尚且如此，其他各省可想而知。當時農村經濟之所以如此頹敗乃由三個層次的原因步步緊逼所致。

〔註1〕 載一九三四年出版之「中國農村」，一卷二期，轉引朱其華著：《中國農村經濟的透視》，上海：中國研究書店，民國二十五年版，第 65～66 頁。

1. 西方商品入侵衝擊小農經濟

近代以來，帝國主義攜資本主義商品與大炮俱來，強迫開啓了中國的國門。其勢力沿海順江河而入內陸，把整個農村作為商品傾銷的市場，很快動搖了中國農村自給自足的小農經濟。例如，中國市場被打開前，百姓所用燈油，以農人自產的菜油為主，其他植物油次之。農民生產的菜油不僅可以自足，還可銷至市集，吸收現金，調劑餘缺，活躍農村經濟。自帝國主義經濟入侵以來，內地城市及鄉村中用以照明的燈油逐步被外來的煤油所替代，「故農村方面，不僅不能再藉植物油以吸收現金，且農村本身所需燈油，亦不能不仰給外國進口之煤油，一出一入之間，又相去甚遠」〔註2〕。「燈油」之事在當時僅是一個很小的方面，其他諸如農產品等，西方國家技術革新之後，農耕主要採用機械化生產，降低勞動力成本的同時也使得產量大幅度提高。西方各國的農產品運至中國之後，市場價格遠低於國內生產價格，如此一來，就直接衝擊了中國的農產品市場，中國農人一年辛苦勞作所獲得的產品，無法與進口的農產品在價格上相競爭，最終只能壓價銷售，這使得原本就靠土地為生的農民，生活愈發艱辛。「中國最主要農產品，如米、麥、棉、絲、茶等，無不因國際資本帝國主義的經濟侵略而衰落，其餘農村中日常生活之必需品，以前均能自給自足者，自國際帝國主義入侵以後，幾乎無一不依賴外國商品之供給。」〔註3〕結果就是直接衝擊並開始動搖中國幾千年來自給自足且極為穩定的小農經濟，導致農村經濟失衡，農業資金外流。

2. 戰爭頻發加速農村經濟破產

拒不完全統計，北洋政府時期在中國境內發生的大小戰爭至少在 577〔註4〕場以上。戰場範圍遍佈全國大多數省份，北達遼西錦州，南至粵南瓊州，東到寧海奉化，西抵隴中蘭州，如表 1-1 所示，1925 年至 1930 年間，每年受兵災影響的區域多達十餘省。

〔註 2〕 朱其華著：《中國農村經濟的透視》，上海：中國研究書店，民國二十五年版，第 207 頁。

〔註 3〕 朱其華著：《中國農村經濟的透視》，上海：中國研究書店，民國二十五年版，第 204 頁。

〔註 4〕 http://zh.wikipedia.org/wiki/中華民國北洋政府時期內戰戰鬥列表。

表 1－1：歷年發生戰爭的省份數目表〔註5〕（1912～1930）

年份	1912	1913	1914	1915	1916	1917	1918	1919	1920	1921	1922	1923	1924	1925	1926	1927	1928	1929	1930
發生戰爭的省份	1	6	／	／	9	5	9	2	7	7	10	6	8	13	15	14	16	14	10

　　兵災之下，各行各業都受其影響，首當其衝的當屬農業。其一，戰爭頻發使得兵力不足，各軍閥爭相抓丁擴軍，農業勞動力流失嚴重。「當農忙需要人的時候，軍隊隨處拉夫，逼著挑送行李子彈。人被拿去了，農事暫時也只有棄之不顧。」〔註6〕同時，未被徵兵的農民，卻又不得不忍受戰火的摧殘，無心農事，「甲子戰事，正值秋收之時，農民於隆隆炮聲中，實不能安心於田畝間，因之收穫失時，損失豈可數計！」〔註7〕其二，各地軍閥因連年的征戰難以按時籌措軍糧，只得擄掠農戶的糧食、家畜，使得原本就勉強度日的農民，生活愈發艱難。1937 年一位記者在北京的西直門處採訪到一位老嫗，其所言兵災之痛苦，令人扼腕：「每天接連不斷的有軍士闖入人家，要吃食、要茶水，樣樣供奉完了，他們又要錢……見我家已無所有，便將耕牛也牽去，埋藏在地下的一點餘糧也被搜出拿去變賣，地裏的麥也被馬吃光……在我們那所受的痛苦，幾乎家家如是。」〔註8〕

　　民初長達十餘年的兵災戰事，對農民、農村、農業的影響極大，戰爭消耗了大量農村勞動力，攫取了眾多農民財富，重創了農業生產秩序，使原本就十分脆弱的農村經濟失去了發展的動力。

3. 自然災害使得農村經濟雪上加霜

　　南京國民政府初期，災荒不斷，給本已生活沉重的農民又增添一道創傷。據 1929 年 2 月國民政府賑務處的調查報告所載錄，1928 年「全國受災區域達

〔註 5〕　章有義編：《中國近代農業史資料》（第二輯），北京：三聯書店，1957 年版，第 609 頁。

〔註 6〕　陳仲明：「湘中農民狀況調查」，《東方雜誌》，24 卷 16 號，民國二十六年八月，第 81 頁。

〔註 7〕　徐方干、汪茂遂：「宜興之農民狀況」，《東方雜誌》，24 卷 16 號，民國二十六年八月，第 88 頁。

〔註 8〕　岳威：「傷心慘目的北京城」，《嚮導週報》，第 154 期，民國二十五年五月二十二日，第 1485 頁。

二十一個省，一千零九十三個縣，災民的數目，除湖南、湖北、江蘇、貴州、四川、福建、熱河、江西八省未有報告，陝西、廣東兩省報告不全外，已有六五六二二五〇〇人。」〔註9〕到了 1929 年災情不但未有減輕，反而愈加嚴重，如「一九二八年陝西的災民僅有五百三十餘萬，一九二九年就超過了一千萬。河南一九二八年僅有災民四百萬，一九二九年就有一千五百五十餘萬」〔註10〕。此後每年大小災情不斷，水災、旱災、蝗災、雹災交替發生，當時災情之慘狀，如五河縣農會的一份電報中所言，「迭經水蝗為害，以致農村陷於總崩潰狀態，十室九空，慘不忍睹，啼饑號寒、到處可聞，人人面有菜色，村村家無健夫，流離就食他鄉者，絡繹於道，老弱轉輾溝壑者，行將不免。」〔註11〕當時各地如此嚴重的災情，加速了農村的破產。1935 年 6 月 28 日上海《大晚報》載：「蘇北徐海各縣，連年來因天災人禍，商業凋敝，農村破產。」〔註12〕孫枋在調查南京湯山農家經濟時指出，「湯山現在田價，較之五年前跌去百分之四十……田地之跌價，為農村經濟衰落之象徵。」〔註13〕

以上種種，無一不說明南京國民政府時期，中國的農村經濟，外受帝國主義經濟之侵略，內受軍閥混戰之蹂躪，加上連年災荒不斷，可謂是已到崩潰的邊緣。

（二）農業資金流入嚴重不足

「蓋農村之開發與其他企業之經營無異，皆以資金之集中與融通為其條件」〔註14〕。農村經濟復興，必先從資金融通入手。在南京國民政府成立初期，破敗的農村經濟已經失去自身「造血」功能，同時，又鮮少有外援資金向農業「輸血」，整個中國農村處於「貧血」狀態。表1－2是1933年中央農業試驗所對當時22個省份農民現金借款來源的調查數據統計。

〔註9〕 朱其華著：《中國農村經濟的透視》，上海：中國研究書店，民國二十五年版，第5頁。

〔註10〕 朱其華著：《中國農村經濟的透視》，上海：中國研究書店，民國二十五年版，第7頁。

〔註11〕 中國人民銀行金融研究所編：《中國農民銀行》，北京：中國財政經濟出版社，1980年版，第159頁。

〔註12〕 朱其華著：《中國農村經濟的透視》，上海：中國研究書店，民國二十五年版，第95頁。

〔註13〕 孫枋：「南京湯山二百四十九農家經濟調查」，《民眾與教育》，第六卷第一期，一九三四年九月出版。

〔註14〕 白方策：「農業金融問題之研究」，《農行月刊》，民國二十六年第二期。

表 1－2：1933 年全國 22 省農戶現款借貸狀況表〔註15〕

省名	調查的縣數	借貸的家數	借款來源（%）							年利率（%）
			合作社	親友	地主	富農	商家	錢局	其他	
察哈爾	7	79	／	8.3	8.3	41.7	33.4	／	8.3	3.2
綏遠	11	48	／	8.3	16.7	37.5	12.5	12.5	12.5	3.2
寧夏	6	51	／	／	7.1	50.0	35.7	／	7.2	3.7
青海	6	56	／	7.2	7.2	35.7	35.7	／	14.2	2.7
甘肅	21	63	／	／	3.2	43.6	17.8	4.8	30.6	5.3
陝西	45	66	0.8	3.0	5.2	41.0	40.2	1.6	8.2	5.1
山西	71	61	0.4	3.0	1.1	48.1	26.9	14.5	6.0	4.6
河北	109	51	10.5	5.8	1.2	34.8	20.2	19.7	7.8	2.9
山東	82	46	2.2	7.0	2.7	41.6	15.0	27.0	4.5	3.4
江蘇	50	62	2.5	10.1	6.5	40.3	8.3	26.2	6.1	3.5
安徽	32	63	2.3	10.2	7.0	50.0	6.3	5.4	18.8	4.1
河南	63	41	／	9.0	10.6	41.2	13.5	9.0	16.7	3.5
湖北	22	46	3.7	11.1	11.1	46.2	14.8	3.8	9.2	2.9
四川	56	56	／	19.5	20.5	32.5	12.0	8.0	7.5	3.8
雲南	25	46	1.9	17.0	9.4	43.4	11.3	5.7	11.3	3.5
貴州	25	45	／	4.2	10.4	64.6	6.2	4.2	10.4	3.6
湖南	37	52	2.3	12.5	19.5	46.9	8.6	2.4	7.8	3.3
江西	27	57	1.2	7.6	8.9	53.2	14.9	2.5	12.7	2.5
浙江	42	67	1.5	15.4	6.1	43.5	7.6	19.8	6.2	2.0
福建	26	55	／	8.9	12.5	51.8	16.1	5.4	5.3	2.1
廣東	49	60	0.6	10.2	5.8	52.9	16.6	5.7	8.2	2.7
廣西	38	51	／	3.8	16.2	52.3	7.7	16.9	3.1	3.4
平均	85	56	1.3	8.3	9.0	45.1	17.3	8.9	10.1	3.4

〔註15〕　中央銀行經濟研究處編：《中國農業金融概要》，上海：商務印書館，民國二十五年版，第 9～10 頁。

　　從統計數據中可以看出：當時農民現金借貸主要對象是富農、商家、親友、地主以及錢局、合作社等。這些借貸大都屬於民間性質的借貸，無論是向個人借貸還是向錢莊等機構借貸，都是農村資金的內部流動，是長期小農經濟運行中在鄉村自發形成的資金鏈條，無論資金流速如何，在這個內循環過程中，資金總量並沒有增加，融資渠道相對封閉。借款來源的「其他」部分，可以看做是外部資金輸入，但該部分只占農民現金借貸的 10%，農業增量資金顯然不能滿足當時農村經濟的恢復與發展。

（三）社會各界的急切呼籲

　　二十世紀三十年代，中國農村問題越來越嚴重，社會各界普遍認識到恢復和振興農村經濟必須大力融通農業資金，拓寬農業融資渠道，解決農業資金短缺問題。各種利於恢復農村資本流通的建議、提案紛紛湧向國民政府。

　　1930 年「農業金融討論會」〔註16〕在第一次會議上討論並向行政院提交了「農業金融規程草案四件，分期實施方案一件」〔註17〕，並對國民政府未來之農業金融管理機構做了全域性的規劃，會議認為，其一，應將全國農業金融機關的設置分為短期、中期和長期三種，即要有統轄全域的長效機構，又要有短期見效的農業金融機關；其二，「成立中央農業金融委員會以謀全國農業金融機構之敷設」〔註18〕；其三，建議籌設專門的國家農業金融機關——中央農業銀行。同年，國民黨第四次全國代表大會上，孔祥熙所提的《訓政時期國民生計建設實施方案》中，專門提出在農業建設方面，要「改善農民金融制度。應於訓政時期內由中央各省詳細規劃普設農民銀行於各省縣，其資本依照江浙各省辦法以畝捐附加之收入充之，所有各錢莊之私人抵押借款，此後應逐漸移轉於農民銀行，並應改訂適宜之利率，至於固有之典當機關，向來有利於農民借貸者，應酌加改善，以免朘削之弊。」〔註19〕孔祥熙

〔註16〕 南京國民政府的農礦部與實業部聘請農業經濟專家並指派部員為委員，率先組織，作為釐定農業金融法規、設計農業金融制度的一個專門組織。

〔註17〕 姚公振著：《中國農業金融史》，上海：中國文化服務社出版，民國三十六年版，第 206 頁。

〔註18〕 姚公振著：《中國農業金融史》，上海：中國文化服務社出版，民國三十六年版，第 207 頁。

〔註19〕 孔祥熙：《中國國民黨第四次代表大會提案》，第 2 頁。中國國家數字圖書館，民國圖書，http://mylib.nlc.gov.cn/web/guest/search/minguotushu/medaData Display 跡 metaData.id=1410799&metaData.lId=1413734&IdLib=40283415347 ed8bd0134834eef150010。

作爲當時的實業部部長，認爲普設農民銀行，控制私人借貸利率有利於促進農村資金流通。

　　1932 年中國合作學社的王志華等執行委員向國民黨中央執行委員會提交《以合作方式繁榮農村方案》，認爲「農村之崩潰已由隱蔽狀態而趨於顯露……農村現象之危殆已達極度」〔註 20〕，解決的辦法唯有發展合作事業，具體到實施方面該案提出「農民自力復興農村，其基本組織固在合作社，但目下農村均苦於資金之缺乏……欲使信用合作社自由運用其力量，使佃農自耕農化，使自耕農獨立化，非有各種長期、中期、短期農民金融機關以爲輔導不可。」〔註 21〕同年，農業金融討論會提出盡快籌備設立中央農業銀行相關辦事機構，盡快在全國範圍內設立農業倉庫並制定配套的法律制度。

　　1933 年「農村復興委員會」〔註 22〕在行政院第一○三次會議上提交《設立中央農業銀行並確定資金案說明》，指出：「我國農業金融枯窘已極，各地農村破產堪甚虞，誠宜設法早圖救濟……關於流通農村金融，曾聘請專家組設農業金融討論委員會，擬定農民銀行、農業銀行及其他有關發展農業金融之法規、計劃，只以資金無著，迄未舉辦。現值農村經濟益臻窘境，救濟不容或緩之時，農業銀行之資金應先行竭力籌措，俾其早日成立。」〔註 23〕

　　以上有關組織和個人的呼吁，反覆強調建設農業融資平臺和融資制度建設的重要性，推動了南京國民政府加快農業融資平臺和法制建設的步伐。

〔註 20〕　第二歷史檔案館編：《中華民國史檔案資料彙編》第五輯‧第一編‧財政經濟（七），南京：鳳凰出版社，1991 年版，第 60 頁。

〔註 21〕　第二歷史檔案館編：《中華民國史檔案資料彙編》第五輯‧第一編‧財政經濟（七），南京：鳳凰出版社，1991 年版，第 60～63 頁。

〔註 22〕　民國二十一年，在行政院第九十六次會議上，行政院院長的汪精衛提出「救濟農村」一案，經決議，在行政院內部成立「農村救濟委員會」，以「農業金融、農業技術、糧食調節、水利」四方面爲工作主要重心，該委員會由行政院院長及各部部長，以及對外聘請若干工商界人士，共同組成，並將該委員會更名爲農村復興委員會。會後，由行政院政務處起草了《農村救濟委員會章程》，報行政院第九十七次會議審核通過。

〔註 23〕　第二歷史檔案館編：《中華民國史檔案資料彙編》第五輯‧第一編‧財政經濟（七），南京：鳳凰出版社，1991 年版，第 76 頁。

二、農業融資法制建設的路徑

南京國民政府初期，「中國農村中目前最嚴重之病態，為資金枯竭。」〔註24〕如何促進社會資金向農業領域流動，是國民政府亟待解決的問題。概觀國民政府在解決這一問題的思路、方法和措施上，採取了農業融資平臺建設、農業融資組織體系建設、農業融資法制建設共同推進的方法。

（一）農業融資平臺建設

南京國民政府成立之前，農民融資主要靠民間借貸，渠道單一，資金始終處於鄉間自我循環之中，鮮少有外部社會資金流入。農業融資平臺建設是增加農業資金輸入的基礎條件，南京國民政府成立之後，重視和加強了農業融資平臺建設。

1. 改造民間農業融資平臺

民間農業融資平臺是指從中國古代社會流傳下來的以機構為媒介的當鋪、錢莊、商鋪等，也包括私人之間的借貸渠道。民間農業融資平臺因自身便利、快捷的特性，表現出極強的生命力，但在運行過程中，蠶食農民利益的弊端日益凸顯，基本喪失了輔助農村經濟發展的功能。針對這一現象，南京國民政府對其進行了積極改造。一是針對民間融資存在高息借貸的問題，國民政府頒佈政令嚴格規定私人借貸的利率上限，規範了民間農業融資平臺的放貸行為。二是改造傳統典當業，按照新的經營規範運作，為此中國農民銀行在農村設立了獨立核算、自負盈虧的農貸所，經營典當業務；同時以此為典範，鼓勵典當機構向農貸所的業務模式轉型，中國農民銀行會給予相應的資金扶持、業務指導和人員培訓。

2. 構建現代農業融資平臺

南京國民政府時期，農業資金流通面臨的最大困境在於缺乏外部資金注入。為此，國民政府統籌規劃，不斷加強融資渠道建設，形成了以農村合作社為依託，以中國農民銀行為主體，以商業性銀行為補充的現代農業融資體系。

其一，鼓勵鄉村興辦農村合作社，充分利用農民手中的閒散資金，實現農業資金自身的滾動發展。同時政府把合作社作為農業融資的橋樑和紐帶，要求金融機構將其作為放貸的主要對象，以此來推動合作社的繁榮和

〔註24〕 實業部中國經濟年鑑嫡纂委員會編輯：《中國經濟年鑑》（第一冊），上海：商務印書館，民國二十三年版，第 A173 頁。

發展，充分發揮其在資金融通中的平臺作用。到 1934 年，農村合作社發展到全國二十一個省，數量也成年倍增。如 1934 年《中國經濟年鑑》中載有的圖表所示。

圖 1－1：農村合作社發展數量圖（民國七年～民國廿三年）

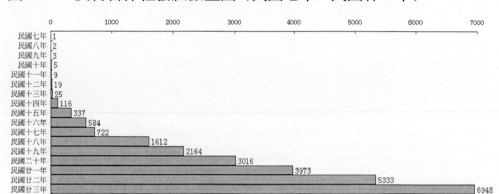

國民政府為確保農業合作事業的生命力，防止其主要依賴金融機構「輸血」而運營，1935 年在豫鄂皖贛四省開始設立合作金庫，作為農民「自有、自營、自享」的金融組織，增強合作社自身的「造血」功能，並依託農村合作社這個平臺在全國範圍內漸次推行，努力實現農業資金在全國範圍內互助流動，合作金庫也由此成為促進農村合作社發展的配套融資平臺。

其二，設立專門服務於農業的金融機構，發揮金融機構對農業資金注入的主渠道作用。1935 年國民政府設立了中國農民銀行，主旨是「供給農民資金，復興農村經濟，促進農業生產之改良進步」〔註 25〕，隨後其分支機構逐步向各省農村拓展，到抗戰時期已達到 87 處〔註 26〕。同時，對於主要放款於工商業的商業性銀行，從法律上要求其增加支農貸款的比重，強化農業方面的融資功能。此外，各級地方政府也不斷推進商業性銀行進駐基層，把機構設立在縣一級，便利資金向鄉村流通。

其三，設立政策性農業融資機構——農本局。1936 年南京國民政府為了更好的調劑全國農業資金流通，政府聯合有關金融機構共同組建農本局，參

〔註 25〕　中國人民銀行金融研究所編：《中國農民銀行》，北京：中國財政經濟出版社，1980 年版，第 330 頁。

〔註 26〕　上海市地方志辦公室：《上海金融志》（第三篇解放後金融機構・第一章中國農民銀行）http://www.shtong.gov.cn/node2/node2245/node75491/node75498/node75567/node75593/userobject1ai92389.html。

與其中的金融機構在農本局的協調管理下組成「農貸團」，統一籌資向農業領域放款。中央政府每年投入六百萬國幣作爲固定資金，各省地方銀行每年出資六百萬作爲合放資金，流通資金由「農貸團」每年與農本局商定後出資。農本局籌集的資金一方面用於輔設基層合作社、農業倉庫、銀行機構及典當行等，另一方面直接投入農業領域，發展農田水利、農產品運銷、經濟作物生產等事業。農本局存續五年後，全部業務移交中國農民銀行，該機構也隨之而取消。

其四，設立農業融資平臺輔助機構，興辦農業倉庫，開辦儲押業務。南京國民政府爲了方便佃戶、自耕農利用自有農產品抵押換取小額資金，在鄉村推廣設立農業倉庫。農業倉庫作爲非營利性機構，專司保管農戶抵押的農產品，出具儲押憑證，儲押人持此憑證可向各類農業融資平臺獲取小額資金，在一定程度上拓寬了貧雇農的融資渠道，活躍了鄉村經濟。

3. 農業融資平臺建設的地方推動

南京國民政府時期不僅中央重視農業融資平臺建設，全國各地方政府爲了恢復當地農村經濟，配合國民政府積極推動地方農業融資平臺建設。

浙江省政府對農業融資平臺建設十分重視，如 1934 年的農政計劃中涉及農業融資平臺建設的措施有三項：一是繼續督促各縣設立農業金融機關。當時浙江省已成立縣農民銀行七所，縣農民借貸所二十二所，縣農民銀行籌備處十四所，股本總額達七十餘萬元，但仍不能滿足農民對資金的需求。因此，浙江省政府決定「茲擬於明年起繼續督促成立各級農業金融機關，以期農民資金得以流通，農村合作藉以發展」〔註 27〕；二是繼續籌備浙江省農民銀行，「查省農民銀行爲全省農業金融之總福祉，現僅有基金三十八萬元，委託杭州中國農工銀行代辦農放事宜，惟因基金短少，致各縣農業金融常處調劑不敷之苦，茲擬於明年繼續積極進行籌款，務期早日成立，以利農政」〔註 28〕；三是促進並扶持農村合作社發展。浙江省政府督飭各縣農業金融機關舉辦實物借貸，要求建設廳必須認眞監督各地合作社借款，確保資金都用於生產事業，同時出於保證合作社社員利益的考量，

〔註 27〕 「浙江省政府二十三年一二三月農政計劃」，行政院農村復興委員會編：《農村復興委員會會報》，民國二十三年，第九號，第 12 頁。
〔註 28〕 「浙江省政府二十三年一二三月農政計劃」，行政院農村復興委員會編：《農村復興委員會會報》，民國二十三年，第九號，第 12 頁。

「擬於本期內，督飭各縣農業金融機關訂購大批農具肥料種子，貸放與合作社轉放與社員。」〔註29〕

《安徽省政府二十三年一二三月農政計劃》中要求以安徽省第一農民借貸所爲模範典型，「督飭各縣設立農民借貸所」，由其「指導組織合作社，以便放款」，同時安徽省政府飭令各縣，要仿照設立此類的農民借貸所，「以資救濟農村」〔註30〕。

河南省重視提倡農村合作事業，認爲合作運動作爲國民黨的七項運動之一，是「救濟農村之不二法門」〔註31〕。但在 1934 年以前，河南省因缺乏人力與財力，一直未能舉辦農村合作社，故在《河南省政府二十三年一二三月農政計劃》中規定，「本年內設法倡辦第一步，先作宣傳工作，使人民明瞭合作之效用與利益，第二步，指導民眾組織各種合作社，第三步，籌設農民貸款處實行低利貸款。」〔註32〕

湖北省政府大力推廣農倉儲押事業。南京國民政府初期，湖北省地處剿匪區內，農村經濟受戰爭影響破壞較重，當時雖有豫鄂皖三省剿匪總司令部農村金融救濟處、湖北省銀行在各縣設立的貸款機關，以及「在武昌、漢陽、襄陽三縣，各試辦農村信用合作社數十處」〔註 33〕，但放款額度有限，農民借貸機會較少。爲此，湖北省政府決定「擬商同有志向農村發展之銀行，先在武、陽、襄三縣，舉辦農業倉庫，儲押穀物，貸放款項，既可調劑金融，又可調節穀價，似爲更進一步之救濟方法。如辦有成效，再逐漸推及其他各縣。」〔註34〕

經過各級政府一段時期的農業融資平臺建設，改變了農業融資渠道單一和封閉的現象，形成了如下圖所示的多渠道向農業輸入資金的局面。

〔註29〕　「浙江省政府二十三年一二三月農政計劃」，行政院農村復興委員會編：《農村復興委員會會報》，民國二十三年，第九號，第 12 頁。
〔註30〕　行政院農村復興委員會編：《農村復興委員會會報》，民國二十三年，第九號，第 15 頁。
〔註31〕　行政院農村復興委員會編：《農村復興委員會會報》，民國二十三年，第九號，第 25 頁。
〔註32〕　行政院農村復興委員會編：《農村復興委員會會報》，民國二十三年，第九號，第 25 頁。
〔註33〕　「湖北省政府二十三年一二三月農政計劃」，行政院農村復興委員會編：《農村復興委員會會報》，民國二十三年，第九號，第 26 頁。
〔註34〕　「湖北省政府二十三年一二三月農政計劃」，行政院農村復興委員會編：《農村復興委員會會報》，民國二十三年，第九號，第 26 頁。

圖 1－2：南京國民政府時期主要農業融資渠道圖

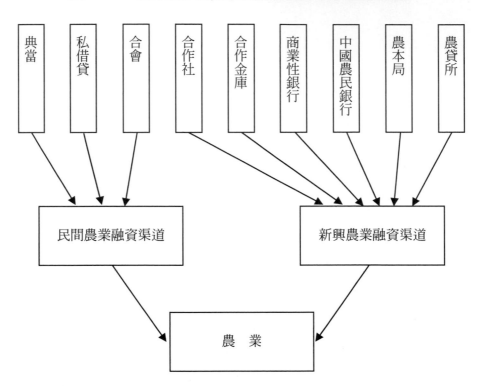

（二）農業融資組織體系建設

為了推進農業融資平臺建設，統籌協調各融資渠道依法有序向農業領域注入資金，南京國民政府不斷加強農業融資組織體系建設，逐步建立了國家、地方兩個層面的管理機構，重塑了民間融資自律組織，形成了上下結合、指導有力、管理有序的農業融資組織體系。

1. 農業融資國家管理機構建設

二十世紀三十年代，農業融資平臺在國民政府的推動下得到了快速發展，為融通農業資金發揮了積極的作用。但與此同時，各農業融資機構之間由於缺乏統一協調，農貸過程中摩擦、糾紛不斷，鑒於此種情形，被國民政府授予全國金融管理權的「四聯總處」〔註35〕，在內部設立了農業金融處，

〔註35〕 七七盧溝橋事變發生後，為了使全國金融、經濟在戰爭的突然打擊下不至於癱瘓，作為臨時性的緊急措施，財政部於 1937 年 7 月 27 日授權中、中、交、農四大銀行在上海合組聯合貼放委員會，聯合辦理戰時貼現和放貸事宜，以「活潑金融，安定市面」。上海「八一三」事變後，為加強國家行局的聯繫和協調，集聚金融力量應付危局，財政部函令中、中、交、農四行在上海成立

負責統籌管理全國範圍內各農業融資機構的業務，制定農貸方針。如1939年農業金融處成立之初的農貸方針是：各金融機構一方面爲農業生產提供資金，包括農作物種植、農業技術推廣、農產品供銷、農副產品加工等；另一方面爲農業建設提供資金，包括農田水利工程建設、土地購置和開墾等；此外也爲農業倉庫辦理儲押業務提供資金支持。隨著國內局勢的變化，農業金融處每年都制定有「農貸辦法綱要」，適時調整農貸政策，農貸資金投放經歷了從緊縮到寬鬆的變化。

農業金融處下設「農業金融設計委員會」和「農貸審查委員會」。農業金融設計委員會主要負責改進農業金融制度、籌劃農貸辦法、宣傳農貸政策、培訓農貸人員、考核農貸工作；農貸審核委員會負責草擬各種農貸規章，審核各項農貸合約。各省、縣的四聯分支處以農貸組爲中心成立農業金融設計委員會，內設兩科：第一科執掌有關農貸的審查、考核、推進、督促等事項，第二科執掌農貸工作調查、農貸計劃製定、農貸資料搜集編製等事項。

1942年7月以後，「中中交農」〔註36〕四行各有專責，農業金融處的部分職能已經弱化，國民政府對其進行調整，把農業金融處併入戰時金融經濟委員會下設的秘書處，秘書處設農貸科和農貸小組委員會，辦理有關農貸事務。

2. 農業融資地方管理機構建設

南京國民政府時期除了中央設立統籌全國的農業融資管理機構外，在各地都設有專門的農業融資管理機構。最爲典型的當屬各省設立的農村合作委員會，農村合作委員會的主要職責是指導轄區內農村合作事業的發展，宣傳農村合作精神，教育培訓合作人員，監督各合作社工作運行等。以設立較早的江西省農村合作委員會爲例，該會在1932年3月成立，主要工作涉及農村

四行聯合辦事處，簡稱四聯總處。因戰事關係，該處一路西遷，1938年初由漢口遷至重慶。在重慶期間四聯總處先後進行了三次改組。第一次改組中央、中國、交通、農民四行聯合辦事總處，集全國一切金融大權於四聯總處，「負責辦理政府戰時金融政策有關各特種業務」，「財政部授權聯合總處理事會主席在非常時期內對中央、中國、交通、中國農民銀行可爲便宜之措施，並代行其職權」。由蔣介石兼任四聯總處理事會主席。1942年9月，四聯總處按照國防最高委員會第85次會議通過的修正案，實行第二次改組。第二次改組後，四聯總處的工作主要限制在金融領域。在督導國家行局、管理商業行莊和金融市場方面，仍然發揮了重要作用。1945年12月1日，四聯總處第三次改組，改組後的總處機構大爲緊縮，作用不比從前。

〔註36〕　中中交農四行即中央銀行、中國銀行、交通銀行、中國農民銀行，「中中交農」爲南京國民政府時期各文件資料中對四行常見的稱呼方式。

合作、農村救濟和農村土地處理三個方面。在農村合作管理中具體分爲合作教育、合作行政、合作貸款等。在宣傳和建立農村合作事業的基礎上，江西省農村合作委員會的管理重點在合作貸款一事上。該委員會有設計農業貸款方針的職責，其所制定的放貸方針是：「放款時必注意其需要適合與用途得當，因此每次放款一次，必須於事前審查用途，核對計劃，事後監督用途，考察效能，務期貸款之效用確實。放款手續則力求簡潔，以應其實效，匯寄款項，力求減免匯費，甚至直接派員遞送現款，以求利於農民。」〔註 37〕在江西省農村合作委員會的管理下，成立後的兩年間向 1178 社發放貸款557962.6 元，用途多爲購置農業生產所需各類原料與工具。正如該委員會對其農貸業務的總結所說，「截止廿三年十二月底止，合作社到期還款者有二百五十五社……總收還款一十三萬二千六百四十九元六角四分，此亦足證合作放款之穩固可靠，投資鄉村者可引爲佳音也。」〔註 38〕該總結中的數字說明農村合作委員會的管理確有成效。

3. 民間融資自律組織重塑

民間融資多是自發行爲，如私人借貸，難以有統一的自律機構進行管理，只有典當業在長期發展中形成了自律的行會組織。典當作爲民間融資的一種重要方式，歷來有自發的行業規範和自律機構。南京國民政府時期各地根據政府頒佈的《商會法》、《工商同業公會法》對典當業進行了改組改造，典當業舊有的自律機構統一改爲典當業同業公會，使典當業的管理納入了政府的監督之下，成爲政府對典當業管理的輔助機構。

南京國民政府時期全國典當業及同業公會發展最好的當屬上海市。上海的典當業在遵循國民政府新規改組同業公會之前，早已有典當業公會所，彼時遵守的行規乃是《木榜章程》。後在 1931 年該公會所遵照《工商同業公會法》改爲上海市典當業同業公會。到 1935 年上海市內地及租界內的典當機構入會者有四十餘家，凡入會者均應遵守由同業公會內的會員大會制定的《上海市典當同業公會章程》。其中涉及各會員經營方面的義務有：「遵守本會章程及議決案並呈準備案之業規；應本會之諮詢及調查；不侵害他人營業；不

〔註37〕 江西省政府秘書處編：《江西省農村合作委員會工作概況》，南昌：江西省政府秘書處印，民國二十四年，第 6 頁。
〔註38〕 江西省政府秘書處編：《江西省農村合作委員會工作概況》，南昌：江西省政府秘書處印，民國二十四年，第 6 頁。

兼營不正當營業。」〔註39〕同時，該章程也規定了公會的管理職責：「會員與
會員間爭議經會員請求之調解事項；同業勞資間爭執之調解事項；會員營業
上必要時之維持事項；會員營業上之矯正事項；會員被累之維護事項。」〔註
40〕同時，典當業同業公會還需接受政府的監管：一方面，公會需要辦理上海
市黨政機關和商會交予的工作；另一方面，《上海市典當同業公會章程》雖由
會員大會通過，但必須「呈請上海市社會局核准，轉呈市政府諮請實業部備
案施行。」〔註41〕由此看出，原本對典當業進行自律管理的行會機構，依法
經過改造後已經成為政府管理典當業的輔助機關。

（三）農業融資法律制度建設

　　南京國民政府在加強農業融資平臺和組織體系建設的同時，迅速啓動農
業融資法律制度建設。抗日戰爭爆發前，農業融資法律制度框架基本構建完
成。其後根據時局的變化國民政府適時調整、補充、完善相關法律制度，形
成了從中央到地方、從部門到行業，全方位多角度的農業融資法律制度體系。

1. 國家立法

　　南京國民政府有關農業融資的中央立法涉及多個方面。在《中華民國民
法》中規定了「國定利率」，規範了民間借貸和金融機構放貸利率，明確利率
最高上限準則。在商業性銀行的法制建設上，財政部所頒行的《中國銀行條
例》、《儲蓄銀行法》中都明確規定了農貸業務。1934 年制定的《中華民國合
作社法》將近代興起的合作運動以法律的形式確立下來，規範了合作社的組
織行爲，區分了各類型合作社的功能，強調了信用合作社在促進農業資金流
通中的作用……中央農業融資立法，一部分是國民政府積極主動的立法，如
《中國農民銀行條例》、《合作金庫規程》、《中華民國合作社法》、《合作社法
實施細則》等；還有一部分是經過試點後總結經驗出臺的，如《農倉業法》
的制定：在江蘇省農民銀行多年探索的基礎上，實業部在 1933 年制定了《修
正中央模範農業倉庫暫行章程》、《中央模範農業倉庫儲押秈稻規則》等指導

〔註39〕　中國銀行總管理處經濟研究室編輯：《全國銀行年鑒》，上海：中國銀行總管
　　　　理處經濟研究室印，民國二十五年，第 K117 頁。
〔註40〕　中國銀行總管理處經濟研究室編輯：《全國銀行年鑒》，上海：中國銀行總管
　　　　理處經濟研究室印，民國二十五年，第 K117 頁。
〔註41〕　中國銀行總管理處經濟研究室編輯：《全國銀行年鑒》，上海：中國銀行總管
　　　　理處經濟研究室印，民國二十五年，第 K119 頁。

性文件，又在部分地區推廣實驗成熟後，國民政府於 1935 年頒佈《農倉業法》和《農倉業法實施條例》，正式通令全國施行。

　　整個南京國民政府時期，社會動盪不安，國內外各種矛盾尖銳，農業問題又亟待解決，但由於中央立法程序冗繁，制定時間相對較長，不能及時滿足農村經濟形勢的變化，因而當時中央對這一方面的立法相對較少；相反，地方法規、行業規制的制定程序簡捷、效率較高，更能適應農業融資立法的需求，因此，當時針對農業融資的立法更多的是以地方法規或行業規制的形式出現。

2. 地方立法

　　中央政令的推行有賴於地方政府的貫徹執行，在農業融資法制建設上，南京國民政府時期各級政府配合中央立法制定了相應的法規。如在民間農業融資行為的規範方面，中央在制定「國定利率」的標準之後，各省也紛紛參照此標準修正典當業規範，如北平市頒佈了《北平市當商營業暫行規則》，其他諸如陝西、江蘇、浙江、湖南、上海等省市亦有類似法規性文件出臺。在合作社法制建設方面，河南、四川、江西、貴州等省的農村合作委員會根據中央立法制定了切合地方實情的農村合作社人事組織、辦事流程等規範、細則。如江西省農村合作委員會就制定訂了《江西省農村合作社暫行條例施行細則》，並在第四九七次省務會議中通過；此外，還制定有《信用合作社聯合社模範章程》、《信用合作社理事會辦事細則範本》、《信用合作社信用評定會規則狀本》、《信用合作社儲金規則範本》等〔註 42〕，這些文本雖強制力不及法律法規，但對於輔導各縣發展合作事業，促進農業資金流通都有極大的裨益。1936 年實業部頒佈《合作金庫規程》後，江西、浙江、四川等省也紛紛制定配套文件予以施行。如《浙江省合作金庫章程》由省合作金庫代表大會通過，並「呈請主管機關核准施行，並轉報經濟部備案」〔註 43〕。四川省制定了《四川省合作金庫組織章程》、《四川省合作金庫職員任用規則》、《四川省合作金庫收付合作社貸款注意事項》、《農村合作社貸款標準》、《非常時期合作社假登記及假登記合作社貸款辦法》等。其他各省也一一制定了詳細的

〔註42〕　此處所舉之例子均出自：江西省合作委員會編印的《江西省合做法規彙編》，民國二十六年版。

〔註43〕　浙江省合作金庫編印：《浙江省合作金庫章則彙編》，杭州：浙江省合作金庫印，民國二十九年，第 7 頁。

辦法。在農業倉庫法制建設方面，江蘇省句容縣結合當地實情制定了《句容縣農業倉庫暫行辦法大綱》、《句容縣農業倉庫管理委員會組織大綱》、《句容縣農業倉庫辦事細則》、《句容縣農業倉庫儲押貸款章程》等。

3. 行業規制

南京國民政府時期中央立法宏觀而概括，無法面面俱到，主要起到一種引導作用，具體到制度的落實，除了依賴各地政府制定的法規辦法，還離不開相關行業的內部規範。當時農業融資平臺分散在不同行業，如金融業等，這些行業、機構內部制定的規則與辦法同樣作爲規範性文件隸屬於農業融資法制體系，並且因爲其直接約束與規範農業融資具體行爲，所以在整個農業融資法制體系中有著不可忽視的作用。在金融機構內部法制建設方面，中央商業性銀行中有《中國銀行農村放款辦法》等；在省一級商業性銀行中，以江蘇省農民銀行爲例，既有規範銀行營業行爲的《江蘇省農民銀行章程》，又有專門針對農業融資的制度規定，如《江蘇省農民銀行放款章程》、《江蘇省農民銀行合作社放款章程》、《江蘇省農民銀行儲押放款章程》。除此之外，浙江省農民銀行、陝西省銀行、山東民生銀行、廣東省銀行、上海商業儲蓄銀行、福建省銀行等都有制定專門的規範文件以保證農貸業務的開展。在縣一級商業性銀行，浙江省餘姚縣的農民銀行，也有《餘姚縣農民銀行章程》、《餘姚縣農民銀行放款章程》等規範性文件的出臺。

到抗日戰爭爆發前，南京國民政府農業融資的基本法律制度都已頒佈實施，農業融資法制體系正式形成。這些從中央到地方的制度和規範對當時的農業資金流通確實起到了一定的促進作用，體現出各級立法的價值所在。

三、法制建設的農業融資成效

農業融資法律體系的建設，對促進農業發展，增加資金流入，發揮了極大的促進作用。農業資金融通的發展過程，也就是農業融資法制化的過程。隨著相應法律制度的頒佈，各融資平臺投向農業領域的資金數量不斷增長，法制建設在活躍農村金融方面成效顯著。

（一）民間借貸的高息盤剝相對減輕

南京國民政府成立之前，中國農村經濟衰落，資金外流，農民受高利貸盤剝苦不堪言。由於民間高息借貸多屬私下交易，法律難以對此行爲進行約

束監督，致使其成爲久攻不克的頑疾。即使在南京國民政府成立後規定了借貸年息最高不超過 20％，但民間高息借貸行爲卻沒能立即得到遏制。如二十世紀三十年代初，鐵道部在對渝柳線川黔段的經濟進行調查時發現，重慶市、巴縣、綦江、桐梓諸地農民糧食借貸利率極高，「米息最高利率爲百分之五十，最低爲百分之二十，普通爲百分之三十。」〔註44〕墊江地區亦甚，「墊江鄉間金融困難，貸息自然奇高。大宗放款，概是以田作抵，由放債者收租，名爲穀利。這是有田地的人借貸的辦法，其利息約合三分。短期的小借款，最普通的利息是五分上下。」〔註45〕隨著法律對民間高息借貸行爲的不斷施壓，鄉村中的高息借貸行爲有所收斂，借貸利息逐步降低，相對減輕了農民的借貸負擔。如 1940 年中國農民銀行四川省農村經濟調查委員會對四川 16 個縣 216 戶農家的調查：「農民在調查週年期內所舉借款，平均每家爲三四〇元，其在週年以前舉借之舊債，平均爲七七元，故每家之借款總額計爲四一七元。此等借債大都源自商人、富農、地主及農村中其他有產階級……向商人借款，平均需付月息二分四毫，農人爲二分六釐三毫，地主爲二分三釐五毫，其他爲二分六釐二毫……此外鄉村農民更有以穀物納息者，二十九年以前平均每百元每年繳納穀息二‧五四市石，調查週年內降至一‧〇八市石。」〔註46〕從以上兩例可以看出，同是四川地區，「國定利率」頒佈之初，民間借貸利率平均三分以上，最高達五分左右，後來降至三分以下，雖然沒有達到二分的國定利率，但對農民而言，已經減輕了借貸利率的負擔。

（二）農村合作社成為農業融資的樞紐

南京國民政府初期，農民融通資金主要依賴典當、合會、私人借貸等傳統方式。1933 年中央農業試驗所對二十二省農村借貸的抽樣調查報告中，只有陝西、山西、河北、山東、江蘇、安徽、湖北、雲南、湖南、江西、浙江、廣東十二省農戶有向合作社的借款記錄，且此類借款在當時農村借貸總額中所佔比重的平均值僅爲 1.3％。其餘如四川等十省在抽樣調查中並未有此類借

〔註44〕 朱其華著：《中國農村經濟的透視》，上海：中國研究書店，民國二十五年版，第 421 頁。

〔註45〕 朱其華著：《中國農村經濟的透視》，上海：中國研究書店，民國二十五年版，第 421 頁。

〔註46〕 潘鴻聲編輯：《四川省農村經濟調查總報告》，重慶：中農印刷所，民國三十年，第 29 頁。

貸記錄。由此項調查可以看出，在 1933 年農村合作社在諸多地區尚未建立起來，其功用並未得到眞正的發揮。1934 年《中華民國合作社法》頒行，中國的合作事業在得到法律認可後有了迅猛發展。如下圖〔註47〕所示。

圖1－3：民國十六年與民國廿三年農村合作社發展對比圖

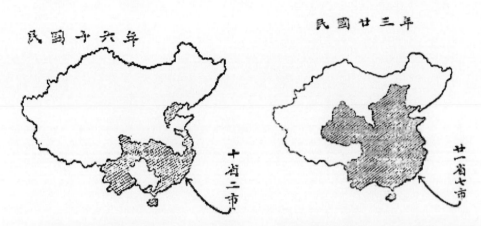

　　上圖出自實業部在 1935 年編纂的《中國經濟年鑑》，南京國民政府成立時，全國僅有十省二市發展合作組織，《中華民國合作社法》頒行後，合作組織已達二十一省七市。合作社的發展爲金融機構向農村放款提供了信用平臺，各類銀行的支農資金大都通過農村合作社流入農民手中。受其影響，鄉村農業資金借貸關係發生了明顯變化，由以私人間借貸爲主，轉向社員向農村合作社借貸爲主。以四川省爲例，1933 年四川省受訪的 56 縣均無農戶向合作社借貸，而 1940 年《四川省農村經濟調查報告》中載有：受訪的 16 個縣216 戶農家中，農民向合作社借款占農民借款總次數的 48%，向朋友借款占26%，向親戚借款占 21%，其餘的 5%是向家族、鄰里等借款。從借款次數所佔的比重上就可以看出合作社在農村資金流通中的地位已較 1933 年有了極大提高。之所以發生如此變化，是因爲合作社的借款利率在鄉間中的各類融資方式中是最低的，「調查週年期內……農民借款利率，依款項來源不同，常呈高下之別。其中以合作社爲最低，平均月息一分二釐一毫，其餘均在二分至三分之間。」〔註48〕農民融資通常是爲解決生活或生產兩方面資金困難的

〔註47〕　實業部中國經濟年鑑編纂委員會編纂：《中國經濟年鑑》，上海：商務印書館，民國二十四年，第（R）5頁。

〔註48〕　潘鴻聲編輯：《四川省農村經濟調查總報告》，重慶：中農印刷所，民國三十年，第 29 頁。

問題，私人借貸通常是爲了應急生活所需，而向合作社借款則主要是爲了發展農業生產。如《四川省農村經濟調查報告》中指出，「農民借款用途，可分爲生產與非生產兩類，其向合作社借得者，約百分之八十係作生產用途，百分之二十作非生產用途，其向商人、農人、地主借得者，生產用途約占百分之二五至三九。據此可知，目前之合作社，對於限制大部分貸款作爲生產之用，似已獲得相當成功。」〔註49〕

通過以上一系列的示例對比可以得知，南京國民政府時期農村合作社在法律的推動下，一方面吸納金融機構、個人的資金，另一方面向內部社員進行資金轉貸，逐漸打造成爲農業資金融通中獨一無二的樞紐。

（三）商業性銀行實現了農業融資新突破

近代中國的商業性銀行發端較早，因受利益的驅使，早期這類銀行鮮少向農業領域流通資金，加之又缺乏國家政策和法律的引導，在農業融資一事中作用表現的並不突出。如中國銀行在 1930 年時，尚無農貸業務，其放款業務只有：「機關放款；同業放款；商業放款；實業放款；團體及公用事業放款；個人放款」〔註50〕。直到 1934 年《儲蓄銀行法》頒佈，對商業性銀行農貸業務有強制性規定，才使得全國各類商業性銀行在後續期間加大了對農業資金的貸放力度。同樣以中國銀行爲例，1935 年，中國銀行的年度營業報告中指出，「繼續協濟農業之產銷。年終農業放款餘額達二千五百十六萬一千元，其中貸與小農者計五十一萬元。全年貸與農村合作社之款約四百四十九萬元，超出廿三年一倍以上……放款區域達九省八十縣，內計廿六處合作社聯合會，二千八百十四處合作社，十二萬六千餘家農民。」〔註51〕不僅是中國銀行，這一時期其他商業性銀行在各地的資金支農方面也可圈可點。如「北四行」之一的金城銀行，在 1934 年的營業報告中就專門列出對農業的兩項專款貸放情況：其一，扶持華北農產研究改進社的組設，在資金上支持該社對華北地區的棉花品種進行改良，同時在「定趙、蠡晉、南宮、無極、束鹿等處

〔註49〕 潘鴻聲編輯：《四川省農村經濟調查總報告》，重慶：中農印刷所，民國三十年，第 29 頁。

〔註50〕 中國銀行總管理處編印：《中國銀行民國十九年年度營業報告》，民國二十年出版，第 4 頁。

〔註51〕 中國銀行總管理處編印：《中國銀行民國二十四年年度營業報告》，民國二十五年出版，第 10～11 頁。

舉辦生產放款,設立倉庫,辦理押款,指導組織合作社等事」〔註 52〕,使得棉農能以稍高的價格出售棉花,直接提高棉農收入,「約計每包多獲利自二元至四元不等,為數雖微,然以此類推,其範圍漸廣,似於農村經濟等不無裨補。」〔註 53〕其二,組織陝西、河南、山西三省棉花生產運銷合作社的聯合貸款。金城銀行聯合其他五家商業性銀行共同向陝、豫、晉三省的農村合作社開辦「利用貸款、生產貸款、運銷貸款」〔註 54〕三類農貸業務,支持當地的棉花生產和運銷,並對關係農產品運銷的打包軋花廠,給予一定的資金支持或由該行附屬經營。以上示例可以看出,在法制的引導與規範下,南京國民政府時期的商業性銀行在對農業領域資金投入方面已有較大的突破。

　　1942 年四聯總處要求各商業性銀行將農貸業務統一交由中國農民銀行辦理,其此項業務也就此終止。由此亦可以看出,南京國民政府時期的農業融資立法直接關係到金融機構對農業資金的支持力度。

（四）中國農民銀行成為農業融資主渠道

　　南京國民政府時期,中國農民銀行與商業性銀行相比創設較晚,但發展卻極為迅速。從 1933 年豫鄂皖贛四省農民銀行成立到 1935 年改為中國農民銀行,該行在農業融資中的地位和作用步步攀升,成為當時農業資金流通的主渠道。從表 1-3 中可以看出中國農民銀行向農村合作社放貸的區域和總額呈逐年上升趨勢。

表1-3：中國農民銀行農村合作社放款比較表（1933 年~1940 年）

單位：元

	1933	1934	1935	1936	1937	1938	1939	1940
湖北	15932.00	401782.87	665429.14	959883.14	1605893.44	4880004.16	5487483.72	3363910.30
安徽	9870.00	112490.00	186844.80	1748783.68	3753142.02	4356015.15	5378086.19	5378096.19
陝西	5000.00	162547.00	110770.00	365573.58	536017.41	1957415.41	1990609.58	1668916.77

〔註 52〕《金城銀行營業報告》,天津:金城銀行編印,民國二十四年,第 62 頁。
〔註 53〕《金城銀行營業報告》,天津:金城銀行編印,民國二十四年,第 62 頁。
〔註 54〕《金城銀行營業報告》,天津:金城銀行編印,民國二十四年,第 63 頁。

	1933	1934	1935	1936	1937	1938	1939	1940
河南	/	158487.27	616680.45	1194284.06	2446194.92	2561292.40	1560215.64	2560315.64
湖南	/	/	9136.00	109644.16	160177.14	1675140.05	1461498.84	2041017.11
江蘇	/	/	101856.60	192523.80	120299.40	236035.88	14605.86	216025.86
浙江	/	/	60098.78	65562.10	147278.60	80555.04	147406.46	64118.95
甘肅	/	/	178114.00	151602.81	854374.12	3917816.00	4717889.63	8138811.11
福建	/	/	50159.00	1141912.05	1781529.44	1468774.54	1740563.14	1911553.14
四川	/	/	1810.00	50482.94	352723.00	8066742.06	1017594.16	633605.00
貴州	/	/	100.00	16014.52	48741.91	1845884.78	2184565.13	1045293.04
山西	/	/	/	180.00	1638.00	1638.00	1638.00	1638.00
江西	/	/	/	910419.86	1554450.67	2869178.71	800.00	1987491.54
廣東	/	/	/	/	942491.10	167714.66	167714.00	467714.66
雲南	/	/	/	/	/	/	179341.70	2321914.38
西康	/	/	/	/	/	/	296160.08	229416.71
寧夏	/	/	/	/	/	/	/	145870.00

　　抗日戰爭時期爲了更好的協調全國農業金融，國民政府下令將各金融機構的農貸業務交由中國農民銀行統一辦理，至此全國農貸業務現實了專業化管理。根據《中國農民銀行三十二年度業務報告書》中所稱，自 1942 年下半

年專業化之後，中國農民銀行便「集中力量推行農貸……所有一切放款均秉承四聯總處辦理，本年度放款額計達二十一億九千萬元，計比上年增達二倍以上。其中農業貸款占十五億元，計比上年增百分之七十。各類農貸仍以農業生產貸款爲最大宗，計共五億八千八百萬元，約占總額百分之三十九……」〔註 55〕中國農民銀行這種地位的發展變化離不開中央政府出臺的各項法規政令，如《剿匪區內各省農村金融緊急救濟條例》、《豫鄂皖贛四省農民銀行條例》、《中國農民銀行條例》、《中國農民銀行農村合作社放款章程》、《關於發放農田水利貸款的具體辦法》、《戰區農村救濟貸款辦法》以及戰時四聯總處制定的《三十一年度農貸方針》等。由此可見，中國農民銀行對農業金融的扶持力度與支農資金的投入與有關農業融資法律制度的建設有著密不可分的聯繫。

（五）制度創新為農業融資增添新活力

南京國民政府在充分利用傳統融資手段和新興農業融資手段的同時，還創造性的制定了眞正適應當時中國國情的農業融資制度，並將其法律化。最爲典型的就是農倉儲押制度、青苗押款和動產間接佔有押款制度。以農倉儲押制度爲例，該制度建設從中央到地方都十分重視，形成了比較完整的制度體系。如國家層面主要有《中央模範農業倉庫暫行章程》、《中央模範農業倉庫儲押秈稻規則》、《農倉業法》、《農倉業法施行條例》；在地方層面，各省、縣也都制定有相應的規範，如《江蘇省籌辦農業倉庫辦法》、《江蘇省農民銀行儲押放款章程》、《廣西省簡易農倉章程》、《廣西省簡易農倉儲押貸款規程》、《江西省農村合作社兼營農倉暨倉單抵押借款暫行規則》、《句容縣農業倉庫暫行辦法大綱》、《句容縣農業倉庫管理委員會組織大綱》、《句容縣農業倉庫儲押貸款章程》等。

這些制度門檻要求低，只要利用收穫的農產品、田間的青苗以及農具、耕牛等一般農戶都可擁有的物質就可換取農業資金，彌補了當時農貸制度的不足，使非合作社社員如貧雇農等，都可以獲取生產資金。這些創新制度親民利民，在解放和發展農村生產力方面起到了積極的促進作用，爲當時的農業融資增添了新活力。

〔註 55〕 中國農民銀行總管理處編：《中國農民銀行三十二年度業務報告書》，重慶：中國農民銀行總管理處印，民國三十二年，第 6～7 頁。

　　圖 1－4 是筆者梳理、總結出的南京國民政府時期各農業融資平臺的融資
發展趨勢圖，能夠形象的勾畫出這一時期農業融資法制建設與各融資平臺在
農業融資中的地位和作用，便於直觀的理解這一時期農業融資發展的總體概
況。

圖 1－4：南京國民政府時期各農業融資平臺融資發展趨勢示意圖

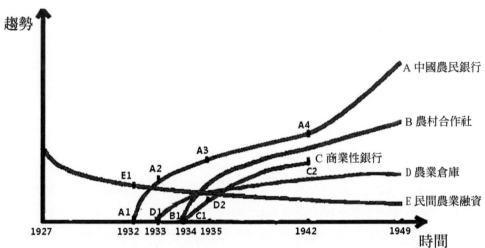

　　圖中五條曲線分別代表了南京國民政府時期主要農業融資平臺各自發展
的趨勢，曲線的高低代表了各平臺在當時農業融資中發揮作用的大小，各曲
線上的節點是與農業融資相關的法律制度出臺的時間。正是這些節點上的農
業融資法律制度的出臺，推動了各融資平臺作用的發揮，也決定了其地位的
不同。具體而言：

　　曲線 A 代表中國農民銀行。點 A1 是 1932 年頒佈《剿匪區內各省農村緊
急金融救濟條例》，點 A2 是 1933 年頒佈《豫鄂皖贛四省農民銀行條例》，點
A3 是 1935 年頒佈的《中國農民銀行條例》，經過這三部立法及相關法律規範
的出臺，農民銀行從區域性專業銀行發展為全國性專司農業融資的金融機
構。到點 A4 時，正值 1942 年四聯總處頒佈《三十一年度農貸方針》，其他經
營農貸的金融機構統一將農貸業務移交給中國農民銀行，使該行成為當時統
轄全國農業融資的主渠道，因此中國農民銀行在當時農業融資中的地位和作
用最為重要，故曲線 A 居於四線之上。

　　曲線 B 代表的是農村合作社。點 B1 是 1934 年頒佈《中華民國合作社法》，
加之當時政府要求各類金融機構支持農業發展，責令其通過農村合作社向農

業領域注入資金，由此決定了農村合作社成爲當時農業融資的樞紐，地位居於中國農民銀行之下，在曲線圖上高度也就略次於曲線 A。

曲線 C 代表的是商業性銀行。點 C1 是 1934 年頒佈的《儲蓄銀行法》，從此在立法上有了要求商業性銀行必須向農業放貸的強制性規定。點 C2 是四聯總處在 1942 年頒佈的《三十一年度農貸方針》，商業性銀行的農貸從此移交中國農民銀行，曲線 C 的發展也就到此爲止。因爲商業性銀行只是兼營農貸業務，融資作用相對較小，曲線的高度也就居於第三位。

曲線 D 代表的是農業倉庫。點 D1 是 1933 年頒佈的《中央模範農業倉庫暫行章程》，點 D2 是 1935 年頒佈《農倉業法》。農業倉庫的儲押功能主要是將小額資金貸放給農民個人，對當時農業融資起到一定的輔助作用，因而曲線高度居於第四位。

曲線 E 代表的是民間農業融資，如典當、高利貸等。點 E1 是 1932 年頒佈的《中華民國民法》，其中規定了民間借貸不超過 20% 的「國定利率」，從而抑制了民間高息借貸行爲。南京國民政府時期民間借貸的目的更多的是救濟生活所需，少部分是發展農業生產，隨著新興農業融資平臺的建立，民間融資行爲在農業融資中所起的作用越來越小，同時受新式金融機構的業務衝擊，其自身發展也開始衰退，因此只有曲線 E 呈現出緩慢下降的趨勢。加之它融通農業資金的作用相對最小，故在曲線圖的中後期居於最低位。

以上各時間節點所對應的法律制度僅是筆者挑選出來的典型代表，具體到相關法律制度如何推動並促進當時各農業融資平臺的發展，如何使南京國民政府的支農資金流入農業領域，下文將分章逐一論述。

第二章　民間農業融資規制檢討

　　中國農業領域的資金融通現象古已有之。如春秋時期的「粟貸」〔註1〕，戰國時的「公錢」〔註2〕、南宋時的「青苗錢制」，以及眾所周知的典當、合會等。其中的一些農業融資方式因能滿足農民對資金的需求而流傳下來，最為典型的是私人借貸、典當、合會等。南京國民政府時期，政府考慮到這些融資方式的積極作用，針對其中存在的問題在法律層面上進行了規範和引導。值得注意的是，錢莊、票號、銀號等舊式金融機構，其業務主要是為工商業提供資金支持和資金兌付，基本不涉及農村資金流通問題，故筆者並未將其列入民間農業融資規制的考察範圍。

一、南京國民政府時期民間借貸利率規制

　　資本借貸最初產生於奴隸制時期，當時的借貸屬於無息借貸，隨著經濟的發展，借貸從無息變為有息，從低息變為高息，這種高息借貸最終成為資

〔註1〕《左傳‧襄公二十九年》載：「宋亦饑，請於平公，出公粟以貸，使大夫皆貸。」此農業融資的經營主體是富有的大夫，融資客體是實物「粟」，資金流通過程是：大夫「輸積粟以貸」，而「薄斂己責」。即富有大夫將自家儲存的多餘糧食貸給農民，同時收取微薄的利息。

〔註2〕《管子‧山至數》，「某縣之壤廣若干，某縣之壤狹若干，則必積委幣，於是縣州里受公錢」；又如《管子‧國蓄》，「君養其本謹也。春賦以斂繒帛，夏貸以收秋實」。該農業資金的經營主體為國家之官府，客體是貨幣，融資過程為：國家令各地方貯存一部分貨幣，在農耕時貸給有需要的農民，而農民在收穫後以實物或貨幣歸還國家。如春耕時放貸於民，用以斂收絲綢；夏鋤時發放貸款、用以收購秋糧。

金融通界的一種普遍共識，上升成爲民事習慣，高利貸也就由此產生。高利貸是指「一切徵取法外利息或酬報之貸款」〔註3〕，無論哪個朝代，民間高息借貸的利率多以官貸倍息爲浮動的標準，即使有了君主的詔令，嚴格限制利率上線，但在實際生活中，高息借貸仍然屢禁不止。民國初期高利貸成爲農民周轉資金的主要方式之一，這種借貸的利率常年居高不下，不斷蠶食著百姓的利益。

（一）民國初年高利貸之亂象

民國初期高利貸放貸主體主要爲錢鋪、商店、地主、富農、豪紳；由於局勢混亂，政府無力管控，加之農村資金十分短缺，高利貸者乘機猖獗，無所忌憚，明升或暗抬借貸利率，一時之間鄉村借貸亂象環生。

1. 金錢借貸「九出十歸外加三」〔註4〕。金錢借貸是高利貸中最常見最普遍的方式，此種高利貸的盤剝，重點不在於初始借貸的高利率，而是在於借貸者無法按約定還款時，高額的複利計算方式。如「九出十歸外加三」就是當時高利貸者常用的計算方式，即借出九元，借據記爲十元，外加三分利息。更有甚者是「八出十歸外加四」，如在關中地區，有一種「回頭」的制度，「借出八元作爲十元，每月三分或四分算息，每隔二月或三月，本利積算，要換新借契一次，換契兩次以後不再續換，到期不償，債主就可將契上所寫的田地房產，任意作抵。」〔註5〕這種名爲「回頭」的高利貸形式，農民雖只借到了八元，在寫借據時要寫借到十元，以十元計息，一年後連本帶息要還給債主四十餘元。其他的以金錢爲載體的高利貸形式還有「連倒根」「牛犢帳」「驢打滾」，這些都是當時民間多見的高利貸形式，其都是利上加利的計算方式，「或四個月，或一月又二十天，甚或一月以內，本利就可相等。」〔註6〕如此之高的利率實在令人震驚，當時借貸人之苦楚不言而喻。

〔註3〕 王志莘、吳敬敷編著：《農業金融經營論》，上海：商務印書館，民國二十五年版，第 255 頁。

〔註4〕 王志莘、吳敬敷編著：《農業金融經營論》，上海：商務印書館，民國二十五年版，第 271 頁。

〔註5〕 王志莘、吳敬敷編著：《農業金融經營論》，上海：商務印書館，民國二十五年版，第 259 頁。

〔註6〕 王志莘、吳敬敷編著：《農業金融經營論》，上海：商務印書館，民國二十五年版，第 272 頁。

2. 實物借貸「新麥還舊欠，吃虧不能算」〔註 7〕。對農民而言，實物借貸主要是以糧食、種籽爲主。此種借貸通常爲春借秋還。在中華全國基督教協進會編寫的《廣東農民運動》〔註8〕一書中就提及在廣東陽江地區，貧民借穀一石，三個月後連本帶利需要還一石八斗的穀子。劉大鈞的《我國佃農經濟狀況》一書中也寫道：「河東解州一帶，有借貸麥子，不拘時日，契約上書明麥□交還，每借一石，交還時須加利五斗至八斗之數；又有秋放糧，到秋季還麥，借一斗加利一斗，俗名放夥帳。」〔註9〕當時山東嶧縣「貧農於青黃不接農食無著時候，所借到的糧食，言明於今年麥秋用麥子償還，利息是『借一還二』，無論借的是什麼糧食，概須用新麥借一斗償二斗，甚至有更多的……」〔註 10〕如此高利盤剝，使借糧農民新收的糧食還不夠還債所用，因而在當地「新麥還舊欠，吃虧不能算」的俗語廣爲流傳。

3. 賒賣「三季三滾利」。賒賣的主體爲商鋪，其所賒給農民的商品除了日用品外，多爲農具、肥料等。此種高利賒賣方式，通常店鋪或提高物品價格賒於農民，或照賒賣的數額提取高額利息。如日本人天野元之助記錄的當時滿洲農村的情形，「農民到商店裏來做物品的賒賣，乃是出於不得已，所以價格也都全由店主來決定，而且比平常的市價都要高上百分之三十。賒賣通例每年都作三季（舊曆五月、八月、十二月）得清算。以熊岳城爲例，普通農民在舊曆二月裏的時候，從雜貨店賒賣商品，而到五月的時候償還之，不過是要以賒賣當時的代價而清算的。可是農家每每因爲手裏沒有錢，便不得不拖延償還，那麼在計算時就要附加三分的利息。到了八月的時候，再加三分，到了十二月的年帳，不得已也只好再更加上三分而償還之。然而，農民因爲恐怕高利的到來，其收穫物都不等到穀價的騰貴就要賣出，而作此種賒賣的清算。」〔註 11〕這時的高利賒賣行爲，已到了賒買者難以承受的程度。

〔註 7〕　魯珍：「山東嶧縣的麥秋」，《農村通訊》，中華書局，民國二十四年一月。

〔註 8〕　張自強著：《廣東農民運動》，廣州：中華全國基督教協進會基督化經濟關係委員會印行，民國十五年版，第 3 頁。

〔註 9〕　劉大鈞：《我國佃農經濟狀況》，轉引自王志莘、吳敬敷編著：《農業金融經營論》，上海：商務印書館，民國二十五年版，第 272 頁。

〔註10〕　魯珍：「山東嶧縣的麥秋」，《農村通訊》，中華書局，民國二十四年一月。

〔註11〕　王志莘、吳敬敷編著：《農業金融經營論》，上海：商務印書館，民國二十五年版，第 272～273 頁。

（二）民間借貸利率肆意抬升之因由

1933 年南京國民政府實業部委派中央農業試驗所調查全國農民現金借貸情況，抽查範圍內借貸者占全體農人的 56%，「在借款來源上，農人向個人及商店借貸融資者，占百分之八〇‧七，此項利率，均在三分以上」〔註 12〕；農民的糧食借貸利率：「被調查二十二省八百五十縣平均月利則達七分一釐，如以年利計算，平均約在八分五釐以上」〔註 13〕。由此可以看出，高利貸實為當時農村資金融通之主要方式，南京國民政府初期農人借高利貸的人數之多、借貸利息之高令人瞠目，其原因由多方因素所致。

1. 農村資金出逃

南京國民政府初期的戰亂局勢加速了農村經濟的凋敝，也打破了農村原本安寧的秩序。一方面，「一般投資者皆視農村放款為畏途」〔註 14〕，不敢再向農村投資或抽走原有資金，部分錢莊當鋪也因戰事原因經營艱難而停業或倒閉。如「二十二年內，浙江一省典當停業者，有七十餘家，其餘省亦多紛紛停業」〔註 15〕；「重慶典當，在農村經濟逐漸破產之際，百物昂貴，生活程度降低，一般貧民所質之物，無力贖取，質店資金呆滯，虧折甚巨。」〔註 16〕漢口「二十年後災禍頻仍，市面蕭索，當者日多，贖者寥寥，以致各當滿貨山積，無法脫售，資金無法周轉，於是紛紛停當，今仍照常營業者僅二十三家，二十四年份各家營業能有盈餘者，殊屬少數。」〔註 17〕。另一方面，農村富裕之戶為避戰亂舉家遷入都市，「或醉心於城市新興事業」〔註 18〕，農村資金不斷外流，農村經濟驟然「失血」，終至枯竭。農村資金的出逃直接導致高利貸行為激增，如 1929 年至 1930 年，李景漢先生對河北定縣的五個村莊

〔註 12〕　林和成編：《中國農業金融》，上海：中華書局，民國二十五年版，第 437 頁。
〔註 13〕　王志莘、吳敬敷編著：《農業金融經營論》，上海：商務印書館，民國二十五年版，第 258 頁。
〔註 14〕　王志莘、吳敬敷編著：《農業金融經營論》，上海：商務印書館，民國二十五年版，第 270 頁。
〔註 15〕　中央銀行經濟研究處編：《中國農業金融概要》，上海：商務印書館，民國二十五年版，第 154 頁。
〔註 16〕　中國銀行總管理處經濟研究室編輯：《全國銀行年鑒》，上海：中國銀行總管理處經濟研究室印，民國二十五年，第 K265 頁。
〔註 17〕　中國銀行總管理處經濟研究室編輯：《全國銀行年鑒》，上海：中國銀行總管理處經濟研究室印，民國二十五年，第 K282 頁。
〔註 18〕　王志莘、吳敬敷編著：《農業金融經營論》，上海：商務印書館，民國二十五年版，第 270 頁。

五百二十六家的調查結果是：「借貸的農家是一年比一年多——民國十八年借債的計一百七十一家，占總家數百分之三十三；民國十九年，借債的計二百三十家，占總家數百分之四十四，民國二十年，借債的計三百零五家，占總家數百分之五十八。借款的次數也是一年比一年增多——民國十八年各家借款的總次數爲三百三十五次，民國十九年增至四百六十六次，民國二十年更是增至七百二十六次。借款的總額也是一年比一年增加——十八年借款總額爲二萬一千零二十六元，十九年增至三萬四千四百零一元，二十年借款總數爲四萬八千九百四十四元。」〔註 19〕農村資金的出逃，使得農民生活不得不更多的依賴於民間高息借貸度日。

2. 金融機構遠離鄉村

清末以來由於時勢的需求，銀行等新式金融機關次第設立，但其營業範圍多限於通都大邑，極少與農村發生金融業務往來。到了南京國民政府初期，金融機構依然沒有與農村進行對接，農民很難從這些機構中獲得資金支持。如在北京政府時期就已成立的農工銀行，分支機搆擴張迅猛，到 1935 年時下設六個分行分別位於上海、漢口、北平、天津、杭州、南京六市，辦事處有長沙、鄭州、石家莊、唐山、北平（東城、南城、西城）、漢口（法租界莊）八處，作爲基層業務網點的寄莊設在北平（溫泉）、衡陽、寧晉、屯溪四地。由此可以看出，即使如業務廣泛、網點眾多的農工銀行也並未眞正的深入農村腹地。其他金融機構更是遠離鄉村，未將農村作爲資金貸放的市場，自然這些金融機構的資金就很難流入農村。

由上可知，南京國民政府初期農村資金嚴重出逃，金融機構因趨利特性，只顧投資於工商業，未向農村敞開貸放資金之門，造成農村借貸市場完全由高利貸者掌控。如此就導致放貸者肆意設定借貸利率，民間借貸市場秩序混亂，利息畸高畸重，農民無奈之下只能被迫忍受高利貸者的盤剝。

（三）民間借貸利率的規制與無奈

南京國民政府對農村高利貸問題較爲重視。早在在北伐進行中即「通令各機關限制民間貸款最高利率不得超過百分之二十」〔註 20〕。1929 年頒佈的

〔註 19〕　中國農村經濟研究會編：《中國土地問題和商業高利貸》，上海：中國農村經濟研究會印，民國二十六年，第 244～245 頁。
〔註 20〕　王志莘、吳敬敷編著：《農業金融經營論》，上海：商務印書館，民國二十五年版，第 275 頁。

《中華民國民法》對借貸利率進行了嚴格規範，全國統一施行「國定利率」，具體條款內容如下表。

表2-1：《中華民國民法》有關借貸利率規範

《民法》條目	內容
第二百零三條	應付利息之債務，其利率未經約定，亦無法律可據者，周年利率爲百分之五。
第二百零五條	約定利率超過周年百分之二十者，債權人對於超過部分之利息無請求權。
第二百零六條	債權人除前條限定之利息外，不得以折扣或其他方法巧取利息。
第二百零七條	利息不得滾入原本再生利息。但當事人以書面約定，利息遲付逾一年後，經催告而不償還時，債權人得將遲付之利息滾入原本者，依其約定。

通過以上四條可以知曉，《中華民國民法》是不支持高息借貸行爲的。一是規定了未約定情形下合理範圍內的借貸利率，如此是爲防止高利貸者事先不約定利率，事後「獅子大開口」，隨意設定利率；二是對於有約定的利率，《民法》中設定以年利率百分之二十爲上線，如若超過此限度，債權人無請求權，這樣就以法律的形式將民間借貸利率控制在百分之二十以下；三是爲防止民間高利貸者的各種狡猾伎倆，《民法》又規定放貸者不可巧立各種名目升息，對民間最常見的「利滾利」行爲也予以禁止。同時，出於保護放貸者的利益，防止有刁民鑽營法律漏洞，借款後故意拖欠不還，在第二百零七條內加入一個但書，即在借貸人逾期一年且經催告之後仍不還貸者，法律允許放貸者將遲付的利息計入本金內。

《中華民國民法》對民間高息放貸行爲起到了一定的控制作用，但在實際執行中有些地區仍然有突破法律規定的高息放貸行爲，對此國民政府又多次三令五申，要求地方政府嚴格依國家利率標準管控高利貸者。如1931年7月行政院就調令江蘇省和安徽省政府限令當地的高利貸行爲，頒佈「行政院訓令第三四六九號」，規定「宿遷、唯寧、泗陽等處，連年迭受匪患，又遭水患，人民困苦，自不待言。乃各該地富戶，竟敢貪放重利，趁機盤剝，自非從嚴查禁，無以救濟災黎。合亟令仰該省政府迅令上開災區各縣地方官布告各當地民眾，嗣後凡關於商民借貸，所訂利息，無論繳納現金或折繳租穀，均應一律遵照國府

頒定利率，年利不得超過二分，以示限制。至其他不屬災區範圍以內之各縣，亦應通令一體遵照辦理，俾惠貧民而維通案。」〔註21〕由此可以看出，國民政府對高利放貸行為不斷的用法律、政令進行約束和規範。

　　儘管各地政府大都頒佈法令限制民間高息借貸，但高利貸者鑽營法律漏洞的行為仍然存在。如1934年山西省屯留縣的一份農村經濟調查中載明，由於農村舉債者多，高息借貸的利率達到月息五分以上，「放債的地主與富農，為著名譽關係，為著避免法律干涉，他們放債時，都是令舉債者在字據上書明『並無利息』字樣。比如貧農舉債十元，在字據上必須書明『借某君大洋十元，並無利息，一月為期，至期不還，情願將某物作抵』云云，放債者預先扣去利錢一元，只拿出九元，即可到期收回十元。如此一來，放債者名譽又好，又不怕涉訟。」〔註22〕此問題的出現既有現實的所迫也有法律的無奈：從借貸者角度而言，一則，南京國民政府時期農民受教育程度極低，即使國家頒行了國定利率，在農村能夠知曉並會運用此法律者寥寥；二則，農民即使知道有此規定，但受傳統無訟觀念的影響也難以主動對此進行申訴；況且無錢無勢的貧雇農考慮到日後仍須向高利貸者融通資金，一旦提起訴訟，即使勝訴，日後恐怕也難再獲得資金。從法律角度而言，高利貸行為是一種民事行為，法律對民事行為更多的是一種引導，即使有規範，也絕非同刑法一樣，有國家機器的強制力對其進行震懾。而且民事訴訟本身就有不告不理原則，如此一來即使法律對高利貸行為有約束，但當事人不主動起訴，法律也對其奈何不得。況且高利貸者又多奸猾之徒，鑽營法律的漏洞更是得心應手，如山西屯留縣的例子中，放貸者先扣除利息再要求借款人於借據上寫明「並無利息」，這樣即便日後農民訴至法院，法官也難以明辨事實真相。因此對於民間屢禁不止的高利貸行為，法律的實施往往處於無奈的境地。

二、南京國民政府時期典當業規制

　　「典當」作動詞是指當戶將所擁有的動產或不動產抵押給典當行，獲取當金，並在約定期限內歸還當金、繳納利息、贖回當物的行為；若作名詞則

〔註21〕 王志莘、吳敬敷編著：《農業金融經營論》，上海：商務印書館，民國二十五年版，第256頁。

〔註22〕 高苗：「屯留農村經濟實況」，《農村週刊》第四十期，民國二十三年十二月一日。

指經營典當的機構。典當經營方式靈活，貼近百姓生活，因而一直是民間融通資金的主要途徑之一，在鄉村也不例外。如南京國民政府前期，浙江大學農學院對海寧等四縣典當的放款用途做了詳細調查，農民「爲購買蠶種、肥料、種子、農具、家畜，而典當者，占典當放款總額的百分之四二‧八」﹝註23﹞，這一項統計雖然僅取樣浙江四縣，但不難推測出在當時農民通過典當的方式進行融資，至少有近半數是爲了發展農業生產。爲此，南京國民政府對典當業的發展十分重視，各省都加強了對該行業的法制化管理。

（一）典當規制博弈

典當雖然便民，但在南京國民政府時期典商重利盤剝當戶，百姓苦不堪言。當時雖然「國定利率」已經出臺，但最初之時未能得到各地典當機構的認可，地方政府爲了規範典當行爲，與典當商經歷了一番博弈，尤以天津市最爲突出。

「國定利率」頒佈後，天津市的典當機構依舊按照月息三分盤剝當戶。時任律師高善謙向天津市黨部提交一份呈請典商減利文案，指出：「本市當商，違抗法令，重利盤剝……貧民受經濟壓迫，呻吟於土豪劣紳威勢之下，敢怒而不敢言。」﹝註24﹞高善謙要求天津市黨部對此嚴查，並將天津市的典當月息降至一分六釐，以合國家年息二分的標準。

天津市黨部收到該文案後責令天津市總商會予以說明情況，在回函中當商列舉了七項不能降息的理由：其一，當商認爲該行業資金周轉期限長，不如銀行是按月收息，而且銀行放貸有抵押物，抵押物價跌可要求抵押人補充，而當商對當戶不僅有保管的義務還無權要求當戶再補充抵押物，因而往往在折價變賣時利益受損；其二，當商指出天津的典當機構大都設立資本額度不大，平均四萬元左右，經營放貸的資金很大一部分需要向銀行借貸，而銀行月息一分，如此轉借成本極高，盈利較少；其三，當商指出捐稅過重，已占去大部分收益；其四，典當機構有臘月取贖利息低的習慣規定，貧民大都取巧回贖，當商收益降低；其五，當商指出近幾年商業凋敝，典當機構多有倒閉，並無新店開張，若再降息則倒閉者更甚；其六，當商認爲政府令華界典當機構降息，與租界形成兩個標準，有失公允；其七，天津周邊地區尚未有如此規定，當商要求應同等待遇。

﹝註23﹞　林和成編：《中國農業金融》，上海：中華書局，民國二十五年版，第 437 頁。
﹝註24﹞　宓公幹著：《典當論》，上海：商務印書館，民國二十五年版，第 552 頁。

　　面對當商拒絕降息的反詰，天津市社會局專門對全市的典當行業進行了調查，並針對當商列舉的種種理由進行了評判：其一，銀行有要求債務人補充抵押物的權利，當商沒有，但當商在對物品估價時，已然比實價低出半成，即使當戶無力回贖，當商拍賣物品也極少會有損失；其二，各典當機構的設立資本大都還是用於放貸給當戶，向銀行借貸還息增加成本不能成為理由；其三，對於捐稅問題，經調查，「典質業除官典外，繳納帖捐當稅者甚少，且其數年僅二十元。印花四元以上始貼一分，為數至微。至雇警與否，一任當商自由。現查各典業雇警亦在少數。若房租與房鋪捐等，則為各商號共同之負責，匪獨當商為然也。」〔註 25〕其四，經調查，每年冬天典當機構減息，趁機換票取贖的不過十之三四，並無當商所言的十之八九；其五，經調查，近年來雖有典當機構倒閉，但連年都有新鋪開張，並非如當商所言經營困難，極易倒閉。其六，針對當商所提及的租界和周邊區域典當機構未有降息，在批覆中天津市政府承若日後華界與租界標準相同，河北省也一律商改，使全部典當機構統一降息。

　　天津市社會局在批覆當商無理說辭的同時，擬定出兩種解決方案：其一「折中核減利率辦法」，其二「另設貧民公典辦法」，交予典當業同業公會商討。此後社會局又召集各相關機構和當商代表討論減息議案，最終，當商與政府各退一步，當商承諾全行業降息，政府同意先降息至每月二分，待經濟有所緩和再予以調整。

　　自高善謙律師提出當商減息案至天津市減息辦法正式頒布施行，歷時兩年多的時間，並最終以當商的妥協和政府的讓步為結局。由此可以看出，在南京國民政府初期各級政府在向典當行業推行國定利率，降息恤民的法制道路上，走的尤為艱難，但也著實取得了一定的成效。

（二）典當新規制

　　典當業的規制古已有之，如清代《福建省例》：「竊照閩省當鋪，向分大小名目。本銀五百兩以上謂之大典，五百兩以下謂之小典。大典二分行息，二十六個月為滿。小典二分四釐行息，二十四個月為滿。」〔註 26〕至民國時

〔註 25〕　宓公幹著：《典當論》，上海：商務印書館，民國二十五年版，第 557 頁。
〔註 26〕　《福建省例》為一部清同治十二年至十三年間福建省分類編刊之《省例》，當時刊行範圍，以福建本省境內為限，原書並無省名之冠。後臺灣文獻叢刊本的編者改用此名。

期，對典當業的規範愈加詳備，如 1913 年，江蘇省典當業修正《典業修正木榜規條》，經財政部立案通過，全省施行，另有 1915 年河南省和福建省分別頒行的《河南當稅章程》、《整頓閩省當稅暫行章程及其施行細則》，以及 1926 年廣東省施行的《廣東省徵收典稅現行簡章》。到了南京國民政府時期，對典當業的規範更加完善。如表 2－2 所示，是南京國民政府成立之初部分省市制定或修訂的典當行業章程（規則）。

表 2－2：南京國民政府初期部分省市典當規則〔註 27〕

時間	省市	法規名稱
1928 年	廣西省	《修正廣西當押營業捐章程》
1929 年	安徽省	《安徽省押店營業規則》《修正安徽省質業章程》
1930 年	上海市	《修正上海市典當營業規則》
1930 年	湖南省	《湖南當帖章程及其施行細則》
1930 年	北平市	《北平市當商營業暫行規則》
1931 年	浙江省	《浙江省典當營業暫行規則》
1931 年	江蘇省	《江蘇省典當營業規則》
1932 年	陝西省	《陝西省會公安局管理當鋪規則》
1932 年	河北省	《天津市華界當商減息辦法》

這一時期各地專門制定的典當業相關規則章程，基本的制度內容大體有四個方面。

1. 許可制度

南京國民政府時期，各省規範典當業的規則與章程中，對典當機構的設立資本有嚴格的數額要求。「典」、「當」的設立資本要求較高，「質」、「押」的設立資本要求相對較低。「典」主要經營巨額貸款，因而其設立需要相當雄厚的資本，清末隨著銀行業的發展，「全國的『典』僅剩兩家，分佈在北京、南京兩地」〔註 28〕到南京國民政府時期，「典當行」實際上多以「當」業為主。「當」次於「典」，對設立的金額要求也較高，如江蘇省規定設「當」至少需

〔註 27〕　宓公幹著：《典當論》，上海：商務印書館，民國二十五年版，第 491～492 頁。
〔註 28〕　上海市地方志辦公室，「典當」，http://www.shtong.gov.cn/node2/node2245/node75491/node75497/node75549/node75561/userobject1ai92337.html。

要八萬元以上的資本，湖北省要求「資本總額至少須有三萬元」〔註29〕；「質」的規模沒有「當」大，因而對設立的資本要求有所降低：如江蘇省規定其設立資金需在四萬至八萬之間；安徽省的《修正安徽省質業章程》中載有，「資本萬元以上者爲質業，分爲四等，十萬元以上爲甲等，六萬元以上者爲乙等，三萬元以上者爲丙等，不及三萬元者爲丁等」〔註30〕。「押店」主要是經營動產質押業務，因而對資金的要求遠低於「典」、「當」、「質」。《安徽省押店營業規則》規定凡是資本不滿一萬元者統屬於押店，雲南省爲了促進地方小型資本的流通，在《管理小押號營業規則》中僅要求「須有資本金五百元以上者」〔註31〕就可以設立押號。同時爲防範風險，各省無論是規範小押號還是大型典當行的章程，都要求設立者必須「邀同業或其他殷實商號出具保結」〔註32〕，以防日後典當機構出現資金斷裂問題，由擔保的商號與其共同承擔連帶責任。

因「典」與「當」資本規模大，經營風險高，設立「典當」必須經政府批准，其程序是：設立者向當地縣、市政府提出申請，由縣、市政府審核後報省建設廳核准備案；按《公司法》規定成立的典當機構，還須經省建設廳審核後報國家實業部備案。「質」與「押」因規模較小，設立無需政府批准，只須同業公會許可即可經營業務。

2. 利率制度

典當作爲當戶融通資金的機構，其法律規範的核心就在於利率規範。早在南京國民政府成立當年就頒佈「國定利率」，「國民政府訓令各機關：國定利率，最高不得超過百分之二十，自本年（民國十六年）八月一日起，一律實行。」〔註33〕查閱當時各省典當業規則，大都規定當物利率無論當價大小均以常年 20% 爲標準，個別地區會因季節變化而降低利率，如河北省就規定「冬季減息爲一分八釐」〔註34〕。但在實際執行中，有些地方的規定還是高出了國家標準，如《安徽省押店營業規則》就明確規定，「押物利率每月不得

〔註29〕　宓公幹著：《典當論》，上海：商務印書館，民國二十五年版，第 498 頁。
〔註30〕　宓公幹著：《典當論》，上海：商務印書館，民國二十五年版，第 496 頁。
〔註31〕　宓公幹著：《典當論》，上海：商務印書館，民國二十五年版，第 500 頁。
〔註32〕　宓公幹著：《典當論》，上海：商務印書館，民國二十五年版，第 495 頁。
〔註33〕　宓公幹著：《典當論》，上海：商務印書館，民國二十五年版，第 547 頁。
〔註34〕　宓公幹著：《典當論》，上海：商務印書館，民國二十五年版，第 502 頁。

過二分五釐」〔註 35〕。這也再一次表明地方政府和典當機構在利率的博弈中難分伯仲,「國定利率」的推行難度甚大。

除了對典當業限定利率外,各省對典當手續費等也作出了規定。具體的收費標準應呈請省建設廳核准,典當行不能恣意收取。如《浙江省典當營業暫行規則》規定「於利息外並得就當地情形呈請建設廳核准酌收管理手續費」〔註 36〕。以上利率和手續費的規定,是對此前典當行業高利盤剝當戶最直接有效的法律管制,在一定程度上限制了典當高利行為,保護了當戶的利益。

3. 罹災制度

典當機構存取有大量的當戶物品,一旦發生意外事件造成抵押物或質物的損失,必然會引起諸多民事糾紛,加之當時國內戰火不斷,規定典當機構罹災時的責任分配成為各省制定典當業規範的一個必要內容。通常而言,對於非人力所能及的意外事件,如「兵災、盜匪、大水、鄰火」等,「經政府查驗屬實者,所遭損失概不賠償」〔註 37〕。但如果「有號可認」則照舊按典當程序回贖,若「零星散失無號可認者」,則處於公平考慮,將全部當物估價變賣,「以半價歸典商,以半價分給當戶,按票攤分」〔註 38〕。對於「鄰火」,如果典當機構事先保有火險,則「如遇鄰火延燒情事,應將所得當物賠償費提出百分之五十按票額平攤」〔註 39〕,若有當物未受火災影響,則根據前文所列「有號可認」與「無號可認」兩種情形進行處理。以上情形是屬於不可抗力造成的,若是因典當機構自身因素造成當物的損失,如失竊或自行失慎,則必須按下列規定賠償:金銀物品,「照價扣除當本及載至出號日止之利息」進行賠償,金銀物品之外的當物,則依照「票面當價四成至六成除利賠償」〔註 40〕。

4. 監督制度

各地方政府制定的典當業規則中都普遍加強了對典當業的監督制度建設,大致體現在三個方面:其一,納稅管理。典當機構必須按規定繳納「常年稅」。如《北平市當商營業暫行規則》就規定典當機構應納「常年稅」每年

〔註 35〕 宓公幹著:《典當論》,上海:商務印書館,民國二十五年版,第 496 頁。
〔註 36〕 宓公幹著:《典當論》,上海:商務印書館,民國二十五年版,第 495 頁。
〔註 37〕 宓公幹著:《典當論》,上海:商務印書館,民國二十五年版,第 496 頁。
〔註 38〕 宓公幹著:《典當論》,上海:商務印書館,民國二十五年版,第 496 頁。
〔註 39〕 宓公幹著:《典當論》,上海:商務印書館,民國二十五年版,第 496 頁。
〔註 40〕 宓公幹著:《典當論》,上海:商務印書館,民國二十五年版,第 496 頁。

一百元，每年分五月和十月兩次繳納。若典當機構不納常年稅則受罰金處罰，如浙江省規定「如逾期不納常年稅者，應照原額處以按月遞加一成之罰金」〔註41〕。其二，當帖察驗。當帖是政府發給典當機構的營業執照，典當機構成立時都須請領當帖並繳納登記費用，每隔數年社會局等政府機關都會對典當機構的當帖進行察驗，如北平市規定每五年察驗一次，亦有其他省份直接規定當帖的使用年限，到期必須經政府核實更換新的當帖，如貴州省就規定「當帖有效期間爲十年」〔註42〕。其三，停業與歇業。典當機構資本短絀或資本不敷無以周轉，則「經呈由該管縣市政府，轉呈建設廳查明屬實，復得准其暫時停當候贖，另轉資本復業」〔註43〕；若典當機構違反設立手續，主管機關可勒令其歇業，並處以數額不等的罰金。

（三）典當新業態規則

　　南京國民政府時期在農村出現了一種典當新業態——「農民抵押貸款所」（通常稱爲農貸所）。當時南京金陵大學農業經濟系對豫鄂皖贛四省的典當業調查報告中指出：「農民貸款所或稱抵押貸款所，目下皆由中國農民銀行所主辦。其營業方式，與舊式典當大致相同。」〔註44〕曾任中國農民銀行信託部副經理的馬克義〔註45〕對農貸所的解釋是：「農民銀行在一些地方設立的農民抵押貸款所，是舊式典當的變種。它的經營方式、押品內容同舊式典當完全一致。名爲農貸所，實乃市民、農民抵押衣物的場所。這是典當的一種形式。」〔註46〕曾任中國農民銀行管理處業務科科長的王永年則直接稱「農貸所就是典當、當鋪」〔註47〕。

〔註41〕　宓公幹著：《典當論》，上海：商務印書館，民國二十五年版，第 495 頁。
〔註42〕　宓公幹著：《典當論》，上海：商務印書館，民國二十五年版，第 501 頁。
〔註43〕　宓公幹著：《典當論》，上海：商務印書館，民國二十五年版，第 495 頁。
〔註44〕　南京金陵大學農業經濟系，《豫鄂皖贛四省之典當業》，民國二十五年發行，轉引自中國人民銀行金融研究所編：《中國農民銀行》，北京：中國財政經濟出版社，1980 年版，第 250 頁。
〔註45〕　馬克義，自 1933 年 1 月參加四省農民銀行籌備工作以來，一直在農民銀行工作，曾任信託部副理。
〔註46〕　中國人民銀行金融研究所編：《中國農民銀行》，北京：中國財政經濟出版社，1980 年版，第 250 頁。
〔註47〕　中國人民銀行金融研究所編：《中國農民銀行》，北京：中國財政經濟出版社，1980 年版，第 250 頁。

1. 新式典當主體

南京國民政府時期農貸所作爲新興的典當機構在當時根據資本構成可分爲兩種類型，一種是中國農民銀行設立的農貸所，一種是在中國農民銀行的扶持下由民間設立的農貸所。由中國農民銀行設立的農貸所，遵照農民銀行所頒行的辦事細則來進行經營，並得到大力的推廣。如《中國農民銀行第七、八次營業報告》中就提及當時已在「湖北之黃陂、蔡甸，湖南之長沙，浙江之塘棲」等處設立農貸所，且還進一步指出「除上列各處仍積極經營外，復視其他各處需要之緩急，積極籌備增設農貸所……其他已設本行分支行處各處，並於下年份一律普遍設立。」〔註 48〕民間設立的農貸所，主要由地主豪紳開辦，名稱沿用「典當」一詞，如裕農典、惠農典等。此類典當機構由中國農民銀行給予業務上的指導和資金上的支持，如《豫鄂皖贛四省農民銀行第一、二次營業報告》中就有沙市「裕農典」成立之說明，「沙市爲鄂西農產集中地，劫後蕭條，典當停頓，農民無處質貸，深感困難。當地公民，創設典當，資力不足。本行循其所請，與訂定質押合同十七條，爲有條件之放款，僅取低利，一反典當高利之所爲，明曰裕農。預定放款額三十萬元。」〔註 49〕

南京國民政府初期銀行機構在農村網點鮮少，極不便民，農貸所的出現爲農民提供了低利融資的一個新方式，並達到了一定的預期效果。如在 1935年中國農民銀行的營業報告中就有對農貸所放款數額的描述，在五、六月時，除了九江「惠農典」、沙市「裕農典」等機構的抵押放款外，中國農民銀行在南昌、黃陂、蔡甸、長沙、新鄉、塘棲、儀徵等處的農貸所，共放出 150 多萬元。同年的七月和八月，在《有關復興農村各項放款數額一覽表》內載有：「農民動產抵押放款一百四十一萬元，內由自辦各農貸所放出者計八十五萬元，轉貸各農典放出者計五十六萬元。」〔註 50〕

2. 新式典當制度的革新

（1）內部組織簡化

舊式典當制度中，典當行內部構架設置較爲複雜，層次繁多。以 20 世紀

〔註 48〕　中國人民銀行金融研究所編：《中國農民銀行》，北京：中國財政經濟出版社，1980 年版，第 255 頁。

〔註 49〕　中國人民銀行金融研究所編：《中國農民銀行》，北京：中國財政經濟出版社，1980 年版，第 254 頁。

〔註 50〕　中國人民銀行金融研究所編：《中國農民銀行》，北京：中國財政經濟出版社，1980 年版，第 256 頁。

30 年代北平市的典當機構為例，其內部組織自上而下共分八個層級，崗位共計十六個之多，如下圖。

圖 2－1：舊式典當機構內部構架圖

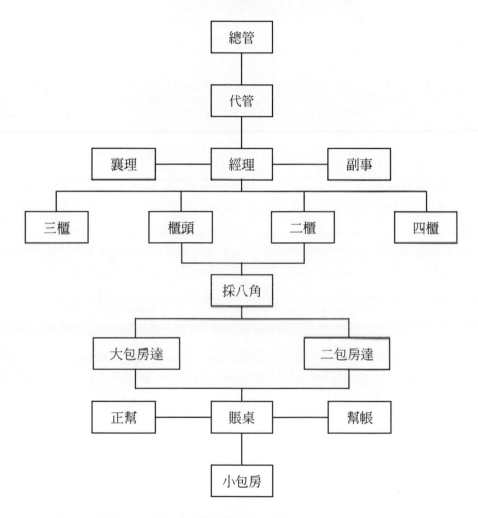

從上圖可以看出，舊式典當機構中同一層級有多個崗位，職責重複，責任主體不清晰。而在農貸所中，如下圖所示，組織結構減為兩個層次，由主任統領六類業務人員：保管員（專司保管衣服、器皿、押品等事項）、營業員（專司鑒別、評價、計息等事項）、填票員（專司填寫各項寄存證及協助記帳等事項）、會計員（專司覆核各項單據及記載各項帳表等事項）、出納員（專司現款收付、保管金類押品等事項）、包裹員（專司押品包裝事項）。如此設置使得各崗位責任明晰，工作人員各司其職。

圖2－2：新式典當機構內部構架圖

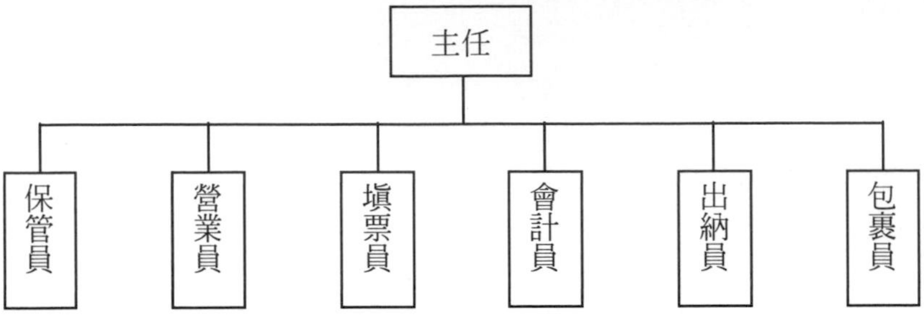

```
                        ┌──────┐
                        │ 主任 │
                        └──────┘
   ┌──────┬──────┬──────┬──────┬──────┬──────┐
┌────┐ ┌────┐ ┌────┐ ┌────┐ ┌────┐ ┌────┐
│保管員│ │營業員│ │塡票員│ │會計員│ │出納員│ │包裹員│
└────┘ └────┘ └────┘ └────┘ └────┘ └────┘
```

　　農貸所中，每類業務員均要對自己的工作行爲負責，如果因工作失誤造成損失，則由其自身進行賠償。如「主任於每日營業終了時，將各項押款簿查核一次並會同會計員、出納員將本日收付押款及贖取押品號碼重加核算，如有誤取押品、多付短收等情事，應查明經手人，著令負責賠償。」〔註51〕又如「保管員印貨入樓時，倘發現有不符情事，應立時追究，以明責任。事後失察應由保管員負賠償之責。」〔註52〕由此可以看出農貸所各崗位權責明確，運轉順暢。

　　（2）當物風險責任轉移

　　舊式典當制度中，典當期滿當戶不取贖，典當機構有權將當物拍賣，以所得價款彌補放款本息，若有結餘則還給當戶，若仍不足則令當戶補齊，在這一制度下，當鋪對當物不承擔任何風險。農貸所的「典當」制度改變了當物風險責任承擔主體，如在《豫鄂皖贛四省農民銀行農民抵押貸款所暫行辦事細則》中規定，抵押物在拍賣之後，如果價值低於所放款金額，損失由估價的營業員承擔，「營業員鑒定押品價值，如有疑難應陳明主任決定之，若因估值不當致生損失時，經手營業員應負賠償之責。」〔註53〕如果價值高於放款的金額，「押品變賣後，售價所得之盈餘分給職員應得獎勵金外」〔註54〕，余數概歸農貸所所有，不再歸還於抵押人。如此就使當物的風險責任主體由當戶轉移至農貸所，當戶一旦無力取贖，不再承擔當物拍賣風險。此革新降低了農貸所運營風險，加重了估價人員的責任，同時看似不再承擔風險的當戶實質上卻承擔了隱形風險，因爲估價人員爲避免自身損失，在估價時極有可能低估當物價值，當戶一旦無力取贖，當物的拍賣盈利也無法獲得。

〔註51〕　林和成編：《中國農業金融》，上海：中華書局，民國二十五年版，第92頁。
〔註52〕　林和成編：《中國農業金融》，上海：中華書局，民國二十五年版，第97頁。
〔註53〕　林和成編：《中國農業金融》，上海：中華書局，民國二十五年版，第93頁。
〔註54〕　林和成編：《中國農業金融》，上海：中華書局，民國二十五年版，第99頁。

3. 新式典當流程

農貸所的辦事流程一直沿用《豫鄂皖贛四省農民銀行農民抵押貸款所暫行辦事細則》，在此細則的指導下，農貸所的典當流程更加規範、合理。

（1）鑒定估價抵押物。農人前來抵押時，先由營業員對抵押物品預作估價，若遇到難以鑒定的物品，則「陳明主任決定之」〔註55〕。對於抵押物的估價標準，該辦事細則第八條有明確規定：「衣物以貫五爲最低限度，金飾以每兩九十元，銀飾以每兩一元爲最高限度。」〔註56〕如此就防止營業人員故意壓低出質物品的價格，保護了農人的合法權益。

（2）唱報填寫。在抵押物鑒定完畢後，營業員與抵押人洽商好貸款金額，隨即唱報給填票員。唱報之時，營業員應當「將押品點清填寫號碼單置押品內，同時將押品種類、名稱、件數、押款金額逐一唱報」〔註57〕，填票員即據以此填記押款寄存證。在營業員唱報押品的同時，另一名填票員則隨時記入押款簿，簿上所列賬號須與寄存證號數相同。每一號押品記載完畢後，「隨即蓋一騎縫章，於寄證與簿上所列賬號須與寄存證號數相同。」〔註58〕

（3）發放款項及證明。農貸所每日營業前，先由營業員於營業開始時向出納員領取適量現款，作爲當日抵押放款的資金。在唱報填寫工作完畢後，營業員核對寄證內容及押款金額，無誤後「將證上所開押款連同寄證一併交與押款人」〔註59〕，如此就完成了整個抵押放款過程。

（4）取贖。押品滿期農人應當按時贖取，此又分爲正常取贖程序和滿期不贖處分程序。正常取贖程序中，抵押人持寄存證到農貸所聲明取贖，營業員應立即核算利息以及保管費用，押款人在交齊本金、利息和保管費後，由營業員發給其「銅牌一枚作爲領取押品憑證」〔註60〕，農貸所的練習生則根據登記簿按號查貨，並將查出的押品交予營業員。營業員則當即在贖押人面前打開包裹，雙方同時點驗並核對號牌，無誤後農人取回押品。對於已期限屆滿的押品，農貸所「分別列號揭示櫃外，藉以催速押款人償還」，如若押款人仍舊不能歸還款項，則「由銀行派員會同主任召集販商拍賣之」〔註61〕。

〔註55〕 林和成編：《中國農業金融》，上海：中華書局，民國二十五年版，第 93 頁。
〔註56〕 林和成編：《中國農業金融》，上海：中華書局，民國二十五年版，第 93 頁。
〔註57〕 林和成編：《中國農業金融》，上海：中華書局，民國二十五年版，第 93 頁。
〔註58〕 林和成編：《中國農業金融》，上海：中華書局，民國二十五年版，第 93 頁。
〔註59〕 林和成編：《中國農業金融》，上海：中華書局，民國二十五年版，第 93 頁。
〔註60〕 林和成編：《中國農業金融》，上海：中華書局，民國二十五年版，第 98 頁。
〔註61〕 林和成編：《中國農業金融》，上海：中華書局，民國二十五年版，第 99 頁。

（5）單證掛失

在正常的抵押放款和取贖之外，《豫鄂皖贛四省農民銀行農民抵押貸款所暫行辦事細則》中還專門規定了「掛失」一節內容。掛失是指押款人在遺失單證時，照章來農貸所聲請補救的一種行為。農人聲請掛失時，由營業員將其「聲請掛失情由陳告主任」並根據其所敘述的押品種類、押款金額及號數送至會計處查明。經農貸所主任允許之後，抵押人可填具《掛失聲請書》並需尋兩家符合農貸所規定的殷實之家做保，承擔掛失之後所存風險的連帶責任。營業員收到掛失聲請書應及時送交主任，經核准後由填票員依照原號日期填給新證，並在新證背面蓋一「原證遺失作廢，另給新證為憑。如日後發生糾葛本所概不負責」〔註62〕之戳印。

南京國民政府時期，政府通過兩種措施加強了對典當業的規制，一方面嚴格限制舊式典當機構的利率，另一方面積極開辦農貸所，雙管齊下共同扭轉了傳統典當行業的高息盤剝行為，使典當業在農民融資方面發揮了一定的積極效用。

三、合會融資規約

「緩急相濟，有無相通，有往必來，有施有報。自古以來即此旨以稱會。」〔註63〕此處的「會」是指民間的合會。「合會」因地域不同又有不同的稱謂，如山東稱之「請會」，安徽則叫「打會」，浙江東部命為「糾會」，湖北稱為「約會」，廣東言其「做會」，雲南叫做「賒會」。合會是民間百姓資金互助組織，因參會人員多為鄰里鄉親，以義為先，以信為重，「謹以義起，冀以信終」〔註64〕。合會是百姓自願結合的組織，在鄉村具有極強的生命力，一直廣為流傳，到南京國民政府時期仍是民間一種重要的融資方式。

（一）合會組織規則

合會組織是按照會規進行的組建。會規來源於民間的「約定俗成」，是在人與人之間的經濟往來中逐步昇華而來的，屬於習慣法的範疇。合會的發起人都應當先制定或選擇一定的會規，由此召集鄉民組成合會。

〔註62〕 林和成編：《中國農業金融》，上海：中華書局，民國二十五年版，第99頁。
〔註63〕 王宗培著：《中國之合會》，南京：中國合作學社印行，民國二十四年版，第1頁。
〔註64〕 王宗培著：《中國之合會》，南京：中國合作學社印行，民國二十四年版，第2頁。

1. 合會會規

合會會規是合會參與人員共同遵守的章程，又稱爲會簿、會約、會啓或會書。會規主要是約束參會人的籌資行爲、規範所融資金的使用。傳統的合會會規「皆爲序文式，其詞則駢四儷六，倍見華麗，雖云客氣，無補實際，而種種規章反而湮沒」〔註65〕，如下文所舉《十賢會會規》即注重辭藻，語意晦暗、艱澀難懂，內涵不易爲百姓所知曉。

《十賢會會規》〔註66〕

　　窮以分金與粟，交道自古攸敦，指用贈車，友誼於今不替。雅慕斯義，願效所爲。鄙人忝荷諸君不棄，首創是義，萃力玉成，遂集十賢。共襄義舉，仰忝之高誼，彌感激於寸衷，斯會也，乃集十賢之蕆款，按期分收，以之儲蓄，遠勝於市上所行之抽籤，有利而無弊。茲將認定收款日期，以次順列，計合銀元若干元。除首會叨惠先收外，嗣後按準八個月爲一期，即照認額次第舉行。由首會負擔完全責任，先期通知。悉以現金解付，風雨不更。是會既集腋而成裘，當願本而生息，衡情酌理，於期爲美。設有會外往來等項，概不得在會內糾纏。謹以義起，冀以信爲終。

到民國時期，江蘇、安徽等地發覺舊式合會會規實乃弊端過多，遂「發起改革，廢序文而改條文，其力超簡單，亦屬意中事耳」〔註67〕，使得合會的章程內容清晰明瞭，重點突出，更易爲入會者瞭解。如下文所舉的《五總會章程》就是改革之後的新式合會會規。

《五總會章程》〔註68〕

　　會之由來舊矣，至今而信行者，義以設之，信以守之，克全共終，是其所以傳流也。今因正用，而集五總會，深荷。

〔註65〕　王宗培著：《中國之合會》，南京：中國合作學社印行，民國二十四年版，第135頁。

〔註66〕　王宗培著：《中國之合會》，南京：中國合作學社印行，民國二十四年版，第137～138頁。

〔註67〕　王宗培著：《中國之合會》，南京：中國合作學社印行，民國二十四年版，第135頁。

〔註68〕　王宗培著：《中國之合會》，南京：中國合作學社印行，民國二十四年版，第157頁。

諸君贊成，其辦法仿照舊章，而參新法，俾得完善而無窒礙難行。謹將所訂章程，條列於左：

命名　定名曰五總會。

會額　總會五會，散會十會，共十五會。

會款　共洋＿＿＿＿百。

會期　每年兩舉，在＿＿＿＿月；於前五日送柬，會共八年告竣。

收會　總會坐收，散會搖收；搖收以搖得之點數多寡為斷。

拈鬮　搖會恐先後不平，因拈鬮以定次序；設先搖者與後搖者點數相同，先搖者得會。

換會　凡至會期，各會應帶會簿，將會洋繳清，不過期一日。如有會洋不齊者，歸總代換。所有會外之事，均不得與會內糾纏。

會簿　各會均執有會簿一本，收會人應於各會會簿上收明會洋，即以會簿為憑，不立收票。會簿會滿作廢。

會費　每會收會，必扣會酌洋＿＿＿＿元，會酌歸首總承辦。

南京國民政府時期鄉民通過組織合會以融通資金的仍不在少數，故當時許多典型的合會會規已經印刷成冊，在地攤雜貨鋪均有售賣，如《金蘭雅集》、《篤義通財》、《七賢會規》等，如此農戶在組織合會之時更為便捷，不需要再自擬會規，可以根據自身需求選擇合適的會規文本來組織所需的合會。

2. 合會的組織結構

合會作為中國傳統的民間融資方式，雖總稱為「合會」，但實際上每一地區根據其內部組織構成又各有相應的名稱，如「七子會」、「五總會」、「十終至公會」，等等。這些合會雖名稱各異，但組織構成實則分為兩類。

第一類為雙層式合會，結構可表述為「總——分」。此合會由一人倡導發起，此人即為「會首」。會首根據自己所採的合會樣式，召集若干相應的入會者，這些參會人即為「會腳」。第二類為多層式合會，結構可表述為「總——次總——分」。在這一合會結構中，發起人仍舊稱為「會首」，與雙層式合會不同的是，此類合會的會首之下設有幾個「會總」，「會總」之下有若干「會腳」。在召集此類合會時，「會首」先邀請若干名「會總」入會，再由各「會

總」負責召集「會腳」。「會首」的責任主要是組織和管理合會，催促各「會腳」按時交納會金，其在合會中居於領導地位；「會總」的責任在於配合「會首」組織合會，並負責管理其名下的「會腳」參會和交納會金等事項；「會腳」則只是合會的參與者而已。在這三者之中，因為「會首」和「會總」付出的精力較多，故有優先得會或免交會息的權利。

（二）合會融資規程

合會的運行流程分為四個階段，第一階段為邀會，即由會首邀請鄉鄰親友，陳述設會的初衷，徵求大家入會意見；第二階段為齊會，即由會首擺酒宴請會腳正式成立合會，並收繳會金；第三個階段為轉會，即按照會規約定通過抽籤或拈鬮等方式確定會金輪流使用順序；第四個階段為終會，即最後一名參會人員獲得使用會金時的集會。此次集會即最終一次會議，會後合會解散。以南京國民政府時期民間最為典型的兩種合會——「輪會」和「搖會」的規定為例，當時的合會規程主要包括以下內容。

表 2-3：「輪會」與「搖會」的合會規程〔註69〕

	輪　會	搖　會
會　名	新安會	十六君子四總會
人　數	若干人	四總十二腳
會　額	若干之數	若干元
會　期	每期永定於某月某日為期……風雨不更	定每年某月某日為期
知會期限	期前十日先行其諫奉邀	五日前首會具束相邀
換發與到會	屆期諸君質錢赴酌，倘因貴幹未便親臨，請委託代表赴會，所有款項概於當日抬而交清，由會證秉公收付。	屆期現錢赴會
轉會期限	每年一卸	每歲至少二舉
收會方法	諸位親自認定，按期輪收，不用拈鬮卜彩	仍各拈鬮卜彩，比點不比色，准先不准後

〔註69〕 王宗培著：《中國之合會》，南京：中國合作學社印行，民國二十四年版，第166～173 頁。

	輪　會	搖　會
會收票	至期……值收者隨出收據交各人存執，下期各於本人值收時繳銷。	遇得各出收票發還後，領回原票發數
酒席費	會酒永歸首會出資承辦以資款洽	會酒得主承認
退　會	倘有中道寒盟……其已繳之款須在輪值時收歸	
禁止事項	至會外銀錢往來不得再會內糾纏	會外交關，與會無涉
責任負擔	倘有中道寒盟，由會首負擔完全責任	

1. 會金籌集

合會存續期間，「會首」按會規的規定定期召集會議宴請會腳，參會人員按規定繳納會金。每次集會所收「會金」總額稱為「會額」。「會額」按約定順序由每位參會者輪流獲得。

「會金」有輕重之分。已經獲得「會額」的參會人稱為「重會」，在此之後繳納的「會金」被成為「重會金」；尚未得會的參會人員被稱為「輕會」，其所付出的「會金」稱為「輕會金」。之所以區別「重會」與「輕會」是因為合會本身是基於親朋鄰里之間的感情而成立的，籌集資金的目的主要是互幫互助，然而每次僅有一人得會，先得會者可以優先利用資金發展生產或貼補家用，都較後得會者更有優勢，故合會章程均要求「重會」者在此後的合會上所繳納的「會金」要附帶一定的利息（利息高者一分左右，低者僅有三四釐），而「輕會」則不需要，如此可以保證一種相對的公平，保證眾人參會的積極性。

2. 會金分配方式

合會參與人取得資金的使用權時叫「得會」。得會的方式叫做「收歸」，「值收之人，非僅收回前次換出者，且得預用他人之款，而後分期加利償還之，或以前分期換出今日本利薑數」〔註70〕。合會最常見的「收歸」方式有「坐次輪收法」和「拈鬮搖彩法」。

〔註70〕　王宗培著：《中國之合會》，南京：中國合作學社印行，民國二十四年版，第124頁。

坐次輪收法的收會次序，是預先排定的，順序確定後，各參會人員依此順序取得「會額」，且此後「不得再假借投票搖彩等法按其輪次」〔註71〕。該順序的確定方式通常有兩種，第一種是直接認定的方式，「認定者，由會腳自行認換何期會金」，但因爲得會的先後不同，會導致繳納的會金的數額有所差異，如「輕會金」與「重會金」的問題，因而以此種方式認定時，有先後之爭，在所難免。第二種是「搖定或抽定」，此種方式是通過「搖骰或抽籤」決定收會之次序，相對前一種而言要較爲公平。坐次輪收法中，無論是認定順序還是抽定順序，其核心在於「次序一經決定，即按次收撥，無法通融。」〔註72〕

拈鬮搖彩法是合會中適用最普遍的一種方式，其「會額」的分配是按以下程序進行：「首期之會額，由會首坐收」〔註73〕。自第二期起，採用拈鬮搖彩的方式確定得會人，得會者在下一次集會時，無須搖彩。每期搖會，由會首預備「竹筒一隻，竹籤若干枝，會腳每人一枝，上書刻會腳姓名，會薄一冊，骰子六粒，以及搖缸等」〔註74〕，屆時委任「司正」、「速客」各一人，兩人均非合會成員。速客邀請會腳，待會腳到齊並收齊會金後，「由司政抽籤唱名，被抽出之會腳，即雙手捧搖缸，連搖三下，視其點數，將該該籤置於會薄點數一覽之上。」〔註75〕如「搖出十八點，即置於十八點之上，未搖之先，搖缸中之骰子必須擺成麼二三四五六，粒粒不同，而搖畢後，開缸視點，須由司正執行，搖會之人，不得自己動手。如被抽出之會腳，因事不到，可由司正會首或會總代搖。如此依次而搖，若遇新搖出點數，大於以前者，以新籤代替舊籤，置新籤於新搖出之某點上，或有以點數記入會薄者。會腳依次搖畢後，以點數最多者得會，如遇同點，以先搖者得會。」〔註76〕這也就

〔註71〕　王宗培著：《中國之合會》，南京：中國合作社印行，民國二十四年版，第125頁。
〔註72〕　王宗培著：《中國之合會》，南京：中國合作社印行，民國二十四年版，第125頁。
〔註73〕　王宗培著：《中國之合會》，南京：中國合作社印行，民國二十四年版，第125頁。
〔註74〕　王宗培著：《中國之合會》，南京：中國合作社印行，民國二十四年版，第125頁。
〔註75〕　王宗培著：《中國之合會》，南京：中國合作社印行，民國二十四年版，第125頁。
〔註76〕　王宗培著：《中國之合會》，南京：中國合作社印行，民國二十四年版，第125頁。

是上文表格中所舉搖會會規中「仍各拈鬮卜彩，比點不比色，准先不准後」規定的實際操作方式。

3. 會金「三不准」規定

合會的會規中有明令禁止事項，通常有三種。第一種，不准票物抵押。會腳繳納會金，僅限於現金，「不准堂名店票抵押」〔註77〕，故有「現錢卜彩」之說。第二類是「不准拖欠情讓」〔註78〕。合會雖是基於眾人日常感情與信任組成，但會金揆發時，會腳必須按期準時繳納，不能隨意拖宕，如「各友不得掛欠，會首毋得情讓」〔註79〕，「惟冀始終如一，決不延宕拖欠」〔註80〕。第三類，繳納的會金不得與會外款項糾葛。這一規定，幾乎每一種合會會規中都有此規定，故其十分之重要。「如有會外銀錢糾葛，一概不得在會內匯劃牽纏」，「如有別項帳目，不得會內扣除」〔註81〕。此規定之重要在於合會作為民間「人合」的信用組織，一旦出現會金與會外帳目的糾葛，容易影響彼此之間的信任度，對合會的內部穩定造成消極影響。

4. 得會權承買與退會

得會權承買。尚未得會的輕會腳如遇亟需用錢的情形，可以承買得會權，相應的要付出一定的購買代價，如「搖會之得主已定，需款較急之輕會，可向其情商讓渡，並貼與利息。」〔註82〕承買後原本的得會者變為輕會腳，依然在此後的集會中享有得會的權利。

退會。合會參與人如果遇到下列情形：因破產而不能繼續揆款時；貧病交迫時；會腳本人去世，繼承人無力繼續時；會腳因職務上關係，不得不離開現在居住地時；其他如天災人禍等情形時，可以要求退會，並讓渡

〔註77〕　王宗培著：《中國之合會》，南京：中國合作學社印行，民國二十四年版，第180頁。

〔註78〕　王宗培著：《中國之合會》，南京：中國合作學社印行，民國二十四年版，第180頁。

〔註79〕　王宗培著：《中國之合會》，南京：中國合作學社印行，民國二十四年版，第80頁。

〔註80〕　王宗培著：《中國之合會》，南京：中國合作學社印行，民國二十四年版，第181頁。

〔註81〕　王宗培著：《中國之合會》，南京：中國合作學社印行，民國二十四年版，第181頁。

〔註82〕　王宗培著：《中國之合會》，南京：中國合作學社印行，民國二十四年版，第131頁。

出自己在合會中的權利與義務。對於退會，合會要求更爲嚴格，即退會情形出於不可抗力所致，並非個人故意。退會者必須尋覓到權利義務的受讓人，「倘有中道寒盟，該總另覓頂補，會終償本。」〔註 83〕該受讓人可以是會首或其他會腳，也可是合會之外的人員，但需要得到會首與會腳的認可，且日後一旦出現紛爭，仍由退會者承擔責任。如果無合適人選，會首作爲合會發起人有義務承擔此責，「倘有中道寒盟，由會首擔負完全責任。」〔註 84〕

　　合會這兩種靈活性的規定，既能解窮困人家的燃眉之急，又不使合會成爲參加者的桎梏，使其可以有退出的餘地，眞正的考慮了百姓的實情。

（三）合會融資用途

　　中國的合會發端於民間，具體而言應是農村更爲恰當。正如民國學者林和成所言，「合會之組織，非在我國各種經濟階級之中俱可發展，惟在農村及貧困之社會方可以繁榮滋長。」〔註 85〕其原因在於中國的鄉村是一個流動性差卻極其穩定的社會結構，受宗族觀念的影響，鄉黨親友之間的關係較爲密切，「有無相濟」被視爲理所當然的行爲，因而鄉民這種淳樸的品行使得中國農村人與人之間的信任度也較其他群體更高，這就爲以「信」「義」爲核心發展出來的合會提供了存在的基礎。所以在南京國民政府時期，合會組織在農村各地隨處可見。加之合會中融資利率較低，如「在浙江，借貸的方式，除普通借貸，便是典當、合會……其利息，如以年來計算，則典當平均爲二分；合會在一分五以上。至於普通借貸，利息三分乃是平常事。」〔註 86〕因此合會更受農民青睞。1934 年中央農業實驗所農業經濟科就對全國的農村合會組織做了一個系統的調查，具體數據如表 2－4 所示。

〔註83〕　王宗培著：《中國之合會》，南京：中國合作學社印行，民國二十四年版，第181 頁。
〔註84〕　王宗培著：《中國之合會》，南京：中國合作學社印行，民國二十四年版，第182 頁。
〔註85〕　林和成編：《中國農業金融》，上海：中華書局，民國二十五年版，第 466 頁。
〔註86〕　行政院農村復興委員會編：《浙江省農村調查》，上海：商務印書館，民國二十三年，第 10 頁。

表2−4：1934年23省合會款額與年限調查表〔註87〕

省名	報告縣數	合會款項報告次數	合會款額%			合會年限報告次數	合會年限%		
			200元以下	200元至400元	400元以上		5年以下	5年至10年	10年以上
察哈爾	6	0	0	0	0	0	0	0	0
綏遠	11	1	100.0	0	0	1	100.0	0	0
寧夏	4	0	0	0	0	0	0	0	0
青海	5	1	100.0	0	0	1	100.0	0	0
甘肅	21	1	100.0	0	0	2	100.0	0	0
陝西	42	16	87.5	12.5	0	25	48.0	44.0	8.0
山西	75	27	92.6	3.7	3.7	21	85.6	14.2	0
河北	105	76	90.9	6.5	2.6	128	35.9	53.8	10.3
山東	83	43	96.1	11.6	2.3	58	65.5	29.3	5.2
江蘇	47	125	68.8	16.0	15.2	112	48.3	44.6	7.1
安徽	33	42	92.8	0	7.2	37	54.4	45.6	0
河南	63	30	76.8	6.6	16.6	40	77.5	15.0	7.5
湖北	25	24	91.7	8.3	0	21	42.9	47.6	9.5
四川	67	117	40.3	13.6	46.1	103	10.6	39.8	49.6
雲南	34	24	45.8	0	54.2	20	70.0	25.0	5.0
貴州	21	20	40.0	25.0	35.0	20	85.0	15.0	0
湖南	36	70	70.1	15.7	14.2	55	41.9	56.3	1.8
江西	27	34	82.5	5.8	11.7	27	18.5	77.8	3.7
浙江	46	69	84.2	7.2	8.6	54	24.1	72.2	3.7
福建	29	16	93.8	6.2	0	13	53.9	46.1	0
廣東	49	35	74.4	17.1	8.5	39	53.9	30.8	15.3
廣西	42	45	73.4	15.6	11	40	30.0	50.0	20.0
平均	871	／	79.6	8.6	11.8	／	57.3	35.4	7.3

〔註87〕 表中數據來源於實業部中央農業實驗所農業經濟科《農情報告》，第二卷第十一期，民國二十三年。

當時中央農業試驗所共統計了全國 871 個縣，合會組織共有 1922 個，這些廣布農村的合會組織爲農民融資提供了一個便捷的途徑，也爲農民的生產和生活增添了一份資金保障，具體到資金的用途大致分爲兩個方面。

1. 基本生活消費

南京國民政府時期連年的災荒和戰爭使得農業經濟衰頹，對於貧雇農而言生活尤爲艱困。據馮和法所統計的 20 世紀 30 年代中國的農村經濟情況，雇農和大多數貧農參加合會所籌集的資金，主要用於維持最基本的生活消費。例如在對金山縣新泖鄉的調查中，該地近 70％的村民參加合會的目的在於籌錢以應對婚喪嫁娶之事。常熟縣「平時歲收虧短，以及婚娶喪葬特項支出，均以此來彌補」〔註 88〕。又據《蘇南地區土地改革文獻》內記載，當地雇農從合會內所獲得的資金，有 62.96％是用於還債，37.48％用於婚喪嫁娶。貧農從合會中籌集的資金有 38.84％用於喪葬，15.38％用於家庭基本生活支出。中農在合會中所得資金並無生活性消費，主要用於農事生產。

2. 農業生產支出

雇農和貧農因生活所迫，從合會中籌資的資金多用於生活消費，但這並不意味著民間合會的資金融通只起著救濟性的作用，其也有促進農業生產和發展的一面。在《蘇南地區土地改革文獻》中，中農利用合會所籌集的資金，有 37.5％是用於買田置地，而剩餘的 62.5％則是購買耕牛；同樣，貧農除了一部分用於生活消費外，還有 23.07％的資金用於購買農具，發展農業生產。

從以上合會資金的兩種功用可以看出，不同的農民階層決定了合會資金相異的用途，對于連溫飽都難以相繼的貧雇農，合會主要還是起到了民間相互救濟、相互扶持的作用，對於基本生活有所保障的中農，合會則是幫助其擴大再生產的一個融資渠道。因而可以說，在南京國民政府時期鄉村的合會組織確實爲農業的發展提供了一定的資金支持。

概觀這一時期民間農業融資的法律規制，對於嚴重影響農民資金融通的私人借貸和典當的高息問題，政府從嚴進行了利率上限調控。但在實踐中仍有諸多鑽營法律漏洞的高利貸行爲，一方面有法律宣傳不到位和執法不嚴的問題，另一方面私人借貸和典當更多是受民間習慣法的調整，國家利率規制對其也有無可奈何之處。因而筆者認爲，在檢討這兩種農業融資方式的法律

〔註88〕　馮和法：《中國農村經濟資料續編》，上海：黎明書局，民國二十四年版，第31 頁。

規制問題上，要認可南京國民政府對此做的諸多努力，同時對於存在的問題不易過於嚴厲苛責，畢竟民間高息借貸問題時至今日都是難以攻克之題。至於當時的合會制度，國民政府對這種民間互幫互助的經濟組織並未加干涉，該制度之所以未出現私人借貸中突出的高息問題，主要是合會成員之間的經濟地位是平等的，如此使得彼此間的法律關係極為融洽。對於這種良性發展的民間習慣，國民政府採取的是以消極的法律手段保護該制度的發展，即無禁止性或強制性的國家法規範，而是默許其在鄉間自由發展，以調劑、補充農業資金融通。

第三章　農村合作社融資法律制度

南京國民政府時期，政府大力推行合作運動，合作社在城鄉普遍建立。因農村合作社是政府聯繫農民的紐帶和橋樑，它既有一定的社會組織功能，也具備一定的融資功能，故得到國民政府的高度重視。在國民政府相關法律制度和政策的支持下，農村合作社蓬勃發展，成爲當時農民融資的重要平臺，爲融通農業資金做出了一定的貢獻。

一、融資平臺的法制塑造

「同樣需要的人，以人爲主體，自動結合，平等相待遇，用和平方法，本互助精神，來組織一種連帶關係的合作社，以滿足其需求。」〔註1〕南京國民政府時期的農村合作社，從互助生產起步，發展到生產合作與融通資金的雙重功能，並成爲農業融資的綜合性平臺。農村合作社的融資功能從無到有是國民政府不斷進行法制塑造的結果。

（一）農村合作社融資能力的培育

中國近代合作社理論主要來源於歐美和日本的合作社實踐經驗與理論基礎，當時懷揣救國之夢的新青年多留學於這兩個地區，他們把當地最先進的合作社理論介紹到中國。他們之中有以合作社運動爲手段、以實現三民主義爲目的一派，如孫中山、陳果夫；有把合作社運動作爲群眾運動的有機組成部分，以此來推翻舊體制、建立新政權的一派，如共產黨人；還有希望通過

〔註1〕　丁鵬萹編：《合作概論‧合作社組織程序‧合作社組織經營要點》（合作講習會課本第二種），長沙：湖南合作協會印，民國二十五年版，第1頁。

發展合作社運動，避免資本主義社會的各種弊端，以改良社會，建立合作共和國的一派，如薛仙舟、徐滄水。各派雖政見不一，但都是想通過發展合作運動解決中國問題，其中最早把合作社理論運用到實踐的是薛仙舟一派。

薛仙舟先生認爲，「人類具有與生俱來，互助合作之天性」〔註2〕，爲此他在我國建立了第一個規模性的合作社，並擬定有《中國合作化方案》。隨後在其他合作運動先行者的倡導下，中國農村的合作運動廣泛興起，尤以華洋義賑會最爲典型。1921 年由中外慈善家組成救濟中國災民的中國華洋義賑救災總會成立，在應對各地救災過程中，發現中國農業問題不在於救災，而在於資金的缺乏，「農民窮困，乃是災荒之根本原因，若農民富裕，縱有凶歲，亦不致成災。」〔註3〕華洋義賑會結合中國實情，以德國雷發巽平民銀行爲模板，在河北香河縣創辦了中國歷史上第一個農村信用合作社。隨後，周邊地區紛紛傚仿建立農村信用合作社。爲了規範農村信用合作社，華洋義賑會專門制定了《農村信用合作社空白章程》和《中國華洋義賑救災總會處理信用合作社事件之方針》，以指導農村信用合作社開展業務。同時，華洋義賑會「對於提倡或發起人信用資格，必須認爲滿意，始得協助。」〔註4〕，給予合作社一定的資金支持，「合作社乃農民自身之組織，其發達與進展，應基於人民之自覺努力，但在農民能力尚在薄弱之時，本會應盡全力灌輸關於合作之知識技能及供給資金之便利。」〔註5〕如華洋義賑會向農村信用合作社放貸利率約爲 0.6～0.7%，合作社在獲得資金後轉向社員放款，利率約爲 1～1.2%，這在當時遠遠低於高利貸的利息。因此當地農民紛紛從合作社融通資金，解決生活困難，發展農業生產，合作社也在資金融通過程中得到了發展壯大，農村信用合作社的融資功能逐步被培養起來。根據《中國合作大紀事》統計，到1926 年已有農村合作社 337 所，絕大多數都是信用合作社。

北京政府時期，農村合作社在多方力量的推動下終於從理論走向實踐，但是在其發展過程中卻遇到了來自政府的極大阻力。當時農工部將合

〔註2〕 余中塘：《我所認識的薛仙舟先生》，《革命文獻》第 85 輯，中國國民黨中央黨史會，1980 年。

〔註3〕 孔雪雄：《中國今日之農村運動》，南京：中山文化教育館，民國二十三年，第219 頁。

〔註4〕 中國華洋義賑救災總會農利分委辦會編：《農村信用合作社空白章程》，北京：中國華洋義賑救災總會農利分委辦會印，民國十二年，第 16 頁。

〔註5〕 劉招成：「華洋義賑會的農村合作運動述論」，《貴州文史叢刊》，2003 年第 1期。

作社定性爲帶有共產主義色彩的組織，予以明令禁止，隨即取締了河北等地的農村信用合作社。雖然華洋義賑會多次與北京政府交涉，但最終農工部的答覆是「合作有益於民，原則上應爲贊同，現在社數眾多，唯恐其中有逾越範圍以及財產上發生糾葛情事，故有切實考察之舉，苟無流弊，不妨維持現狀」〔註6〕。由於北京政府的反對，這一時期的農村合作社發展步伐停滯。

（二）農村合作社融資功能的法制推進

中國傳統的農村經濟是以家庭或家族爲生產單位自給自足的小農經濟，抵御風險的能力較差，歷代對農業的支持一般是採取消極的辦法：一是減租減賦，通過降低農民負擔激活農業發展內部活力；二是賑濟災荒，當農業受到自然災害侵襲時向農民放糧放款，以挽救農業生產。歷朝歷代之所以大都不以積極的方式向農民放款支持農業生產，是因爲農民個體的信用程度難以衡量，即便可以衡量，因人數眾多也不具備操作性。民國初期，農村合作社的出現，改變了農村經濟組織結構，農民個人信用提升爲集體信用，爲社會資金向農業流動提供了可能，但是北京國民政府卻出於政治的考慮抑制了合作社的發展。與其相反，南京國民政府十分重視農村合作社在融通農業資金中所起的作用，於是大力推行合作運動，並通過立法的形式確立合作社的法律地位，對其融資功能予以肯定並加以制度保障。

1928年陳果夫主持成立了「中國合作學社」，該學社成爲南京國民政府時期對合作社運動貢獻最大的民間學術機構。1932年該學社向中國國民黨中央執行委員會提交一份名爲《以合作方式繁榮農村方案》，其中對如何推行農村合作社，組建合作主管機關以及如何實施都提有非常細緻之建議，如「我國人民智識程度之低淺，爲不可掩飾之事實，其中自以農民爲尤甚，合作社之組織雖以自動爲原則，但不能適應目下嚴重之環境，其理甚明，故欲求農村合作事業之發展，首在指導機關之健全……由國府設一強有力之獨立合作主管機關，專負責推進，監督各省市合作事業之責，各省市亦應設合作獨立機關，負各項實地設施任務」〔註7〕，爲國民政府在合作社立法上提供了很好的

〔註6〕　姚公振著：《中國農業金融史》，上海：中國文化服務社出版，民國三十六年版，第183頁。
〔註7〕　第二歷史檔案館編：《中華民國史檔案資料彙編》第五輯·第一編·財政經濟（七），南京：鳳凰出版社，1991年版，第62頁。

理論依據並爲立法者所接納，如後來各級政府均設有農村合作委員會對農業合作社的業務進行監督和管理。

1931 年實業部頒佈《農村合作社暫行規程》，要求「在合做法未經頒佈以前，各地農民所組織之各種合作社，均依本暫行規程之規定」〔註 8〕，同年，實業部又印發《合作運動方案》，「查合作社之組織爲解決社會經濟問題之要端，值茲訓政時期，尤應積極提倡。」〔註 9〕1932 年爲配合豫鄂皖三省剿匪總司令部所設置的農村金融救濟處農貸工作的開展，根據《「剿匪」區內各省農村金融緊急救濟條例》第三條之規定，「凡新收復匪區各縣，在保甲編組後，農村民眾實在無力恢復生業者，得准其取具所屬保甲長之證明，稽核九人以上，呈經該縣農村金融救濟分處核准，設立農村合作預備社，其章程另訂之」〔註 10〕，《「剿匪」區內農村合作預備社章程》迅速制定出臺。同年《「剿匪」區內各省農村合作社條例》及《農村信用合作社模範章程》先後頒佈，豫鄂皖三省內的合作組織開始按照上述條例、規程進行組織管理。1933 年豫鄂皖贛四省農民銀行成立，南京國民政府開始有了專門的農業融資機構，社會上對於正式的合作社立法的需求更爲迫切。1934 年國民政府通過了《中華民國合作社法》並於 3 月 1 日正式公佈，同年 9 月 1 日開始施行；實業部所制定的《合作社法實施細則》也一併出臺並與《合作社法》同日實施。根據《合作社法實施細則》規定，在《合作社法》施行前成立的合作社「應自本法施行之日起三個月內，向所在地主管機關依法申請登記」〔註 11〕，並統一由實業部的合作司自上而下進行垂直管理。至 1934 年「豫鄂皖贛四省已有農村合作社 2067 個」〔註 12〕，這比北京政府時期有了極大的發展。

這一時期有關合作社的法律法規的出臺，極大提高了合作社的信用度：合作社的成立必須由政府審核批准。根據《中華民國合作社法》的規定，合

〔註 8〕 第二歷史檔案館編：《中華民國史檔案資料彙編》第五輯·第一編·財政經濟（七），南京：鳳凰出版社，1991 年版，第 283 頁。

〔註 9〕 第二歷史檔案館編：《中華民國史檔案資料彙編》第五輯·第一編·財政經濟（七），南京：鳳凰出版社，1991 年版，第 284 頁。

〔註 10〕 中國人民銀行金融研究所編：《中國農民銀行》，北京：中國財政經濟出版社，1980 年版，第 294 頁。

〔註 11〕 第二歷史檔案館編：《中華民國史檔案資料彙編》第五輯·第一編·財政經濟（七），南京：鳳凰出版社，1991 年版，第 326 頁。

〔註 12〕 秦孝儀：《革命文獻》，第 85 輯，中國國民黨中央黨史會出版，1986 年版。

作社由一名「創立人」發起，並至少有七人才可設立。創立合作社應由「創立人」召集各會員召開創立會，制定並通過合作社章程，選出合作社的理事、監事，並組成社務會。創立會工作完結後，合作社僅屬於事實上的成立，若想得到法律上的認可還需要進行登記。在創立會召開後的「一個月內向所在地主管機關爲成立之登記」〔註13〕，登記的內容主要包括合作社的基本信息、內部人事組織及財務狀況。登記時一併向主管機關〔註14〕報送「創立會決議錄、章程及社員名冊」〔註15〕。主管機關「接到呈請後，應於十五日內爲准否之批示」，並「應呈請省主管廳備案並彙報實業部，在隸屬行政院之市由社會局彙報實業部。」〔註16〕得到批准後，由主管機關向合作社頒發合作社成立登記證，至此合作社才正式在法律上得到確認。合作社登記成立後若有變更，仍須報主管機關呈請省級官廳備案並彙報實業部。由此可以看出，合作社設立程序嚴格，由國家統一進行宏觀監督，自始至終處於政府機關的管理之下。這樣一來，合作社法制元素的滲透，提高了它的信用程度與抵御風險能力。因此，國民政府和金融機構更加傾向放貸給農村合作社而非農民個人。如《中國農民銀行農村合作社放款章程》第一條規定，「本行調查認爲組織合法之下列各種農村合作社，經過規定之借款手續後，皆得貸以款項：（一）農村信用及兼營合作社；（二）農村運銷合作社；（三）農村利用合作社；（四）農村供給合作社」〔註17〕；《中國銀行農村放款辦法》第二條規定，「本行農村放款，暫限於依法組織之農民合作社及類似合作社之農民團體」〔註18〕；《江蘇省農民銀行章程》規定「放款以貸與農民所組織合作社爲原則」〔註19〕；《上

〔註13〕　第二歷史檔案館編：《中華民國史檔案資料彙編》第五輯·第一編·財政經濟（七），南京：鳳凰出版社，1991年版，第327頁。

〔註14〕　此處的主管機關根據《合作社法施行細則》的規定主要是：主管機關在縣爲縣政府，在市爲市政府，在隸屬行政院之市爲社會局。

〔註15〕　第二歷史檔案館編：《中華民國史檔案資料彙編》第五輯·第一編·財政經濟（七），南京：鳳凰出版社，1991年版，第327頁。

〔註16〕　第二歷史檔案館編：《中華民國史檔案資料彙編》第五輯·第一編·財政經濟（七），南京：鳳凰出版社，1991年版，第328頁。

〔註17〕　王志莘、吳敬敷編著：《農業金融經營論》，上海：商務印書館，民國二十五年版，第445頁。

〔註18〕　王志莘、吳敬敷編著：《農業金融經營論》，上海：商務印書館，民國二十五年版，第474頁。

〔註19〕　王志莘、吳敬敷編著：《農業金融經營論》，上海：商務印書館，民國二十五年版，第352頁。

海商業儲蓄銀行農業合作貸款部放款章程》第一條規定「本行農業合作貸款，暫以貸與兩種合作社為限：甲、以農業生產運銷為目的的合作社；乙、以農村信用及兼營為目之合作社。」〔註20〕由此也就使得合作社成為當時社會資金向農業流動的重要樞紐，尤其是農村信用合作社，更是農村合作社作為資金融通樞紐的典型。

圖 3－1：農村信用合作社資金融通圖

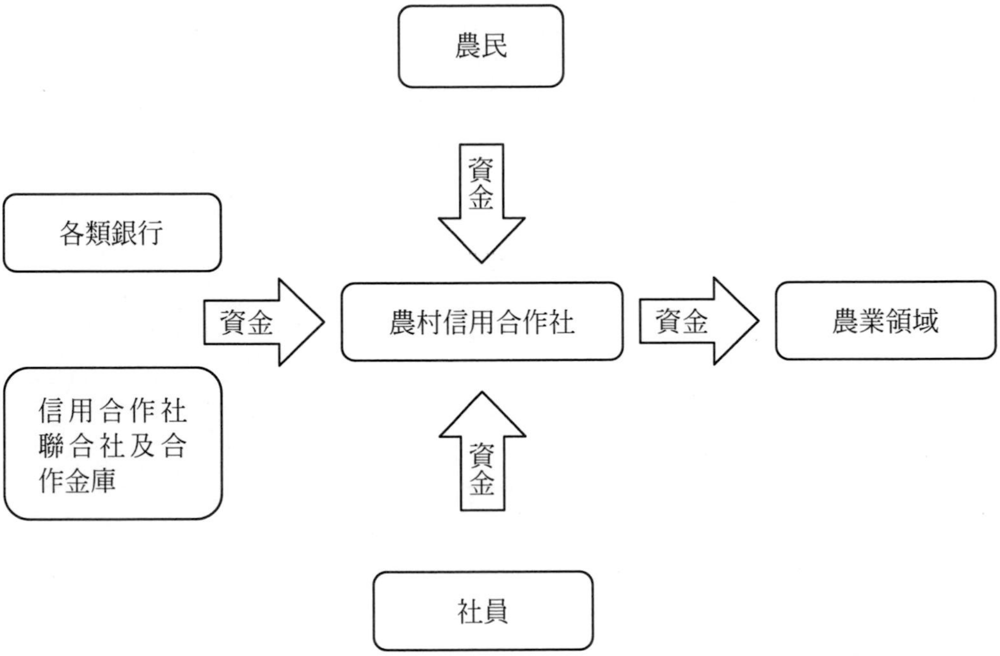

二、農村合作社融資規則

農村合作社是由農民本著共同利益自願組建的農事自律組織。南京國民政府時期，政府金融政策引導社會資金向農業投資，農村合作社作為政府專門打造的融資樞紐，成為接收金融機構資金的最佳載體。隨著其調劑農村經濟的作用日益顯著，國民政府加強了對農村合作社運營的監管，各省都成立有專門的農村合作委員會，制定了相關融資管理制度，促進了轄區內農業融資工作健康有序的開展。

〔註20〕 王志莘、吳敬敷編著：《農業金融經營論》，上海：商務印書館，民國二十五年版，第 477 頁。

（一）資金融入規則

這一時期農村合作社分爲兩大類，一類是信用合作社，一類是信用合作社之外的其他農村合作社。它們在缺乏資金時，都可以向上一級合作社聯合社、合作金庫借款，也可以向銀行貸款。信用合作社與其他合作社相比不同的是，還能以儲蓄的方式吸納本社社員、農民、社會團體的資金。對於農村合作社的融資行爲，當時都有一系列的制度規範。

1. 農村合作社體系內借款規則

爲了最大限度的滿足各基層農村合作社資金的需求，南京國民政府加強了信用合作社聯合社的建設，開拓了基層農村合作社體系內的融資渠道，使合作社資金在更廣的範圍內實現互助流動。爲保證這種借款資金的有序流動和資金使用效益，江西省、河南省、安徽等省的農村合作委員會都制定了相關借款規則，規範借款行爲。下面以較早制定的《江西省農村合作社借款規則》爲例進行分析。

其一，借款用途與限額規定。合作社向上級合作組織的借款並非是隨意的，而是受到了諸多條件限制，這主要是由此類借款的目的所決定的。根據《江西省農村合作社借款規則》規定，只有正式核准登記的合作社或合作社聯合社，在「遇有經營業務資金不敷運用時」才可以申請借款，借款主要是用於「維持或發展合作社或社員之生產爲主」，如果是與生產有間接關係或者確爲「生活上之急需」[註21] 的借款，省農村合作委員會可以根據申請的具體情況考慮借款。合作社借款都有明確的用途，此類借款的目的主要是幫助合作社維持正常的運轉，所以省農村合作委員會爲防止合作社濫用借款，對資金額度有明確的限制。首先，借款合作社「成立登記的年限、業務種類及成績優劣」[註22] 是其獲取資金多少的基本標準。如用於普通農業生產借款，「無供給大量資金之明確事項，僅爲信用放款者」，放款額度爲合作社已收股金的十倍，若同時伴有一定的抵押，可以適當提高借款額度，但總額以合作社「所負之責任爲限」[註23]；如果借款合作社經營特種農產，或手工業，

〔註21〕　江西省農村合作委員會編：《農村合做法規彙編》，南昌：江西省農村合作委員會印，民國二十六年，第 339 頁。

〔註22〕　江西省農村合作委員會編：《農村合做法規彙編》，南昌：江西省農村合作委員會印，民國二十六年，第 341 頁。

〔註23〕　江西省農村合作委員會編：《農村合做法規彙編》，南昌：江西省農村合作委員會印，民國二十六年，第 339 頁。

確需大力資金支持，並且有能力按時償還，借款額度可增至已收股金的二十倍，若伴有實物抵押，借款金額「得酌予提高，其限額臨時由合委會決定之。」〔註24〕以上兩種類型的信用借款在規定最大限額時，都以「責任範圍」來限定。當時的農村合作社分爲有限責任、擔保責任與無限責任三種類型，不同的責任類型有不同的責任範圍，同等申請借款的條件下，無限責任所得借款額度最高。除此之外，還有一種情況是由省農村合作委員會直接規定具體借款限額，如合作社建設農倉的借款，「建築倉庫，每一市石不得超過五角，修理倉庫，每一市石不得超過二角，其全部借款額，不得超過其所負責任」，若是有儲押產品則「不得超過產品時價百分之八十」〔註25〕。

其二，借款程序規定。符合借款條件的合作社在申請借款時「應膳具借款申請書，及有關該項借款所經營業務之具體計劃或辦法」〔註26〕，並將以上材料交給駐縣辦事處的省農村合作指導員，或縣農村合作委員會。因合作指導員或縣合委會駐紮農村基層，對管轄區域內的合作社發展情況更爲瞭解，由其簽署意見後，再轉呈省合委會審核。省合委會審核通過後，合作社即可「採用透支方法，隨時支取或付還」〔註27〕。對於利率的規定，此種借款的利息是由省農村合作委員會確定，並隨時根據本省社會上的借貸利率進行調整，以保證合作社的借款利率始終處於較低、較合理之位。

其三，借款處罰規定。合作社的借款應當按時歸還，如若至還款日無法償還時，應提前請求轉期，若有「舞弊或故意延期不還情事」則給予嚴厲的處罰：第一種情形是合作社把應當用於發展合作事業和農業生產的借款私自轉貸給其他人獲取高利回報的，除追繳借款外，「並科以原貸款額半數之罰鍰」；第二種情形是合作社在申請借款時，未眞正填寫實際用途，農村合作委員會在檢查時發現資金用途與申請不符的，「追還其借款之一部或全部」；第三類情形是合作社確將借款用於所申請的用途，但合作社本身的業務上已發生「重大不利之變化情事」，合委會出於保證資金安全的角度，可以要求合作

〔註24〕 江西省農村合作委員會編：《農村合做法規彙編》，南昌：江西省農村合作委員會印，民國二十六年，第 341 頁。

〔註25〕 江西省農村合作委員會編：《農村合做法規彙編》，南昌：江西省農村合作委員會印，民國二十六年，第 342 頁。

〔註26〕 江西省農村合作委員會編：《農村合做法規彙編》，南昌：江西省農村合作委員會印，民國二十六年，第 339 頁。

〔註27〕 江西省農村合作委員會編：《農村合做法規彙編》，南昌：江西省農村合作委員會印，民國二十六年，第 343 頁。

社償還一部分或全部的借款；第四種情形爲合作社未請求展期或請求展期未獲得批准，而拖延借款不還，其處罰爲「在延期內之利率，得按照情節在原訂利率上增加二釐至四釐之罰息，並追還其借款。」〔註28〕

其四，借款便農規定。便農規定主要表現制度的合理性和靈活性上。合理性主要體現在借款的償還期限方面，日常借貸的期限通常以整年計算，農村合作委員會考慮到農業生產的週期性，對不同用途的借款，規定了符合其客觀規律的還款期限。總的來說，就是「各社借款，力避整年，應按收穫季節，或收益時期訂定還款日期。」〔註29〕農村信用合作社的借款，如用於貸給社員資金購置種子、肥料、飼畜、及小件農具等，該筆資金應在一年內或者一個收穫季節後還清；如果資金是用於轉貸給社員購置土地、耕畜、各種製造工具及修造房屋的，應事先經過農村合作委員會核准，還款期限可以在三年內以分期的方式還清；如果合作社所借款項用於經營農倉業務或辦理儲押產品的，應在十個月以內償還；若是建造或修復倉庫，應於五年內分期償還。靈活性表現在以上的借款期限並非是固定不變的，如因發生變故必須延期的，合作社「應於到期至少一個月以前，聲敘理由，呈經省合作委員會核准」〔註30〕。此外，雖然農村合作委員會要求各合作社借款時應由其上級聯合社轉借或保證債務，但「遇必要時，經省合委會之核准，得由縣合作金庫或區信用合作社聯合社直接核放。」〔註31〕

2. 農村合作社貸款規則

南京國民政府時期在政府金融政策引導下，各銀行都新增農貸業務，爲農村合作社融資開闢了新渠道。爲確保農貸資金用途和安全，各銀行都根據本行實際制定了專門的放貸章程，如《中國銀行農村放款辦法》、《上海商業儲蓄銀行農業合作貸款部放款章程》、《江蘇省農民銀行合作社放款章程》等。各銀行的規則雖然有所差別，但內容基本是一致的。

〔註28〕　江西省農村合作委員會編：《農村合做法規彙編》，南昌：江西省農村合作委員會印，民國二十六年，第 343～344 頁。

〔註29〕　江西省農村合作委員會編：《農村合做法規彙編》，南昌：江西省農村合作委員會印，民國二十六年，第 343 頁。

〔註30〕　江西省農村合作委員會編：《農村合做法規彙編》，南昌：江西省農村合作委員會印，民國二十六年，第 343 頁。

〔註31〕　江西省農村合作委員會編：《農村合做法規彙編》，南昌：江西省農村合作委員會印，民國二十六年，第 344 頁。

（1）農村合作社申貸資格規定

「農村合作社」只是農村合作互助組織的總稱，具體還可分爲農村生產合作社、農村信用合作社、農村運銷合作社、農村消費合作社等等。這些名稱有別的合作社功能也各不相同，因此銀行在向不同類型的農村合作社放貸時規定略有差別。有些銀行對農村合作社的類型並無要求，只要合法成立並登記的合作社均可有貸款資格，如中國銀行規定：「本行農村放款，暫限於依法組織之農民合作社及類似合作社之農民團體。」〔註32〕江蘇省農民銀行規定只要成立六個月以上且組織健全、份子純正，且已登記的農村合作社均可申請貸款。有些銀行則對可申請貸款的農村合作社的經營性質有所限制，如中國農民銀行放貸對象限定爲「農村信用及兼營合作社；農村運銷合作社；農村利用合作社；農村供給合作社」〔註33〕；上海商業儲蓄銀行的《農業合作貸款部放款章程》規定農業貸款只貸給兩類合作社：以農業生產運銷爲目的的合作社，和以農村信用及兼營爲目的之合作社。

從上例看出，銀行農貸資金主要投向是農村生產類合作社和農村信用合作社，用於農業本身的發展。如增加農作物產量，提高勞動生產率，加速農產品流通和提高農產品附加值等；信用合作社獲得銀行資金後也是用於農事生產和經營。而其他的一些農村合作社，因不直接作用於農業生產經營，並非銀行資金投放的重點，如農村消費合作社。如此才保證把有限的支農資金用在發展農村經濟最關鍵的環節上。

（2）農村合作社申貸資金用途規定

銀行除了對申請貸款的合作社有明確的資格要求外，對符合放貸條件的合作社的貸款用途也有明確限制。從中國農民銀行和上海商業儲蓄銀行的放款章程中看，對貸款用途一般限爲三類：第一類是用於農業生產的基礎資金，即日常勞作所必須使用的「各種農業原料」，「牲畜及輕便農具」以及肥料、飼料等等；第二類爲農業生產的發展資金，主要用於「農業產品之精製、運銷及囤積」，「修造農業應用房屋及農產設備」〔註34〕等；第三類爲農業生產

〔註32〕 王志莘、吳敬敷編著：《農業金融經營論》，上海：商務印書館，民國二十五年版，第474頁。

〔註33〕 王志莘、吳敬敷編著：《農業金融經營論》，上海：商務印書館，民國二十五年版，第445頁。

〔註34〕 王志莘、吳敬敷編著：《農業金融經營論》，上海：商務印書館，民國二十五年版，第445頁。

的長期投資，這類資金的使用通常並不是立即見效，而是需要較長一段時間來運作，但其最終效果則是惠及更廣大區域的農民和農業生產，如「關於水利、開墾、造林、漁牧、果木、桑紡織以及農業改良上需要之費用。」〔註35〕

（3）貸款程序規定

銀行向農村合作社放款，一般程序都較爲嚴密，大致需要經過如下步驟：首先，對農村合作社貸款資格進行審查。合作社應先「填具承認申請書」交付銀行，由銀行對照章程審覈其貸款資格，合格者發給其承認證書，此時合作社才有貸款請求權。然後，由銀行審核農村合作社的信用及貸款用途。合作社向銀行提交貸款申請書後，銀行根據其填寫的內容作進一步調查。一方面對合作社的財務及信用狀況進行核實，即「對該社社務及賬冊文件，得隨時調查及審核之」〔註36〕，另一方面，對貸款用途進行實地調查，核定無疑後，合作社才能取得貸款。最後，銀行有權隨時對已放貸的資金用途進行稽核，「如發現借款有不符合申請書之處」，銀行會立刻取消其承認書，並且「立即向其索還本息」〔註37〕。銀行之所以對合作社從資格到資金用途都進行嚴格審查，目的是確保支農資金能夠真正用於農業生產，防止個別合作社挪用或濫用農貸資金從事其他非農業行爲，以賺取利潤，如高利放貸行爲。

農村合作社體系內借款和向銀行貸款都是資金吸納行爲，但從制度的設立上二者有明顯的區別。其一，資金利用目的有明顯差異。借款主要是在農村合作社自身發展過程中資金周轉出現困難時所申請的，目的是維持農村合作社的正常運營。向銀行貸款的目的則是在正常運營的情況下更好的發展合作社事業。其二，吸納資金的必要條件不同。銀行作爲盈利性機構，對農村合作社貸款除了審覈其信用程度外，通常還要求合作社提供一定的動產、不動產抵押或保證。如農村合作社向中國農民銀行進行抵押貸款，抵押品必須爲第一次抵押，且「價格低落時，得令借款者增加抵押品」〔註38〕，如果合作社不履行此規定，銀行可以立即拍賣抵押品以減少借貸風險。對於銀行而

〔註35〕　王志莘、吳敬敷編著：《農業金融經營論》，上海：商務印書館，民國二十五年版，第446頁。

〔註36〕　王志莘、吳敬敷編著：《農業金融經營論》，上海：商務印書館，民國二十五年版，第447頁。

〔註37〕　王志莘、吳敬敷編著：《農業金融經營論》，上海：商務印書館，民國二十五年版，第481頁。

〔註38〕　王志莘、吳敬敷編著：《農業金融經營論》，上海：商務印書館，民國二十五年版，第446頁。

言，僅僅有抵押物還不足以滿足其對資金風險控制的要求，因此銀行嚴格管控農村合作社貸款額度：合作社以青苗抵押貸款，放款的金額「不得超過其成本年生產估計總額百分之二十」；合作社購置農業囤積等所需設備，其借款金額「不得超過其設備估計總額百分之五十」〔註 39〕。除上述要求外，銀行對農村合作社貸款的慎重程度還表現在其通常更傾向於合作社採用「多重保險」的貸款方式，如中國農民銀行，在貸款規則中就直言不諱的指出「本行放款於農村合作社時，因其信用程度及環境關係，得兼用抵押及保證二項，或兩項以上之擔保辦法」，且「向本行借款之農村合作社，除有實物擔保及相當保證人外，該社全體社員，無論爲有限或保證責任，對於本行之債務須負連帶責任。」〔註 40〕與向銀行貸款相比，合作社體系內借款規則中沒有如此之多的條條框框。雖然借款規則內也會要求合作社以上級合作社聯合社爲擔保機構，或進行抵押，但這些限制並非是絕對的。尤其是抵押一項，僅是增加借款額度的一種保證形式，而非借款的必要條件。正因如此，借款和貸款的額度規定會有明顯不同，銀行等金融機構爲降低風險，通常貸款額度會根據抵押品的估價來定，無抵押品者亦要根據其保證人的經濟實力來確定；但借款則不然，借款額度主要還是考慮該項借款的用途，根據用途的實際需要來確定額度的大小。

3. 農村信用合作社儲蓄規則

（1）存款規則。農村信用合作社可以由社員大會制定並通過各自的存款規則，但通常各地區合作社的主管機關——合作委員會會專門制定此類規則範本，以供各地合作社學習、借鑒。如江西省合作委員會就制定了《信用合作社存款規則（範本）》，河南省亦有《村無限責任信用合作社存款規則》。兩省雖然相距千里，但這些規則內容卻十分相似，足見當時在信用合作社存款一事上，各地區的農村合作委員會都是相互學習和借鑒的。《合作社法》中規定農村信用合作社可以「收受社員之存款」〔註 41〕，但在實際運行中，農村信用合作社是面向全社會開展存款業務，除社員外「非社員及公私團體均得

〔註39〕　王志莘、吳敬敷編著：《農業金融經營論》，上海：商務印書館，民國二十五年版，第 446 頁。

〔註40〕　王志莘、吳敬敷編著：《農業金融經營論》，上海：商務印書館，民國二十五年版，第 446 頁。

〔註41〕　王志莘、吳敬敷編著：《農業金融經營論》，上海：商務印書館，民國二十五年版，第 385 頁。

單獨向信用合作社存款」〔註 42〕。在存款分類上，合作社與銀行相同，分爲定期和活期兩種。對於定期存款，通常合作社出於成本的考慮，會有最低額度限制。如江西省與河南省都規定最低存款三十元國幣，期限至少爲半年，利率則根據時間的不同有所浮動。存款人在首次存款時，「應先向信用合作社領取存款願書，依式填具，加蓋印章或指模」，然後連同存款一併交予合作社事務員驗收，日後存款人因故將所填內容或印章進行變更時，需向合作社發出聲明。合作社在收到存款後，確認無誤當即發給存款人有理事會主席蓋章的「定期存款證書或活期存款摺」，作爲日後取款憑證。因爲信用合作社的資金主要用於貸放給社員，社內不會儲備過多的現金，因而爲保證活期存款人能夠按時取款，在各合作社的存款規則中都要求活期存款人取款時必須提前通知合作社，以方便其準備資金。如江西省的規定就是，「凡取超過十元者，於三日前通知，超過五十元者，於七日前通知，超過百元者，於十日前通知。」〔註 43〕存款人在信用合作社存款後，可用未到期的存款證書向合作社進行抵押，借貸一定的資金用於農事周轉。

　　（2）儲金規則。儲金有別於存款，存款可以有定期與活期之分，流動性更強，且存款數目也沒有一定限制，但儲金不同，這部分資金更加穩定，是社員和其他非社員對合作社一種較爲長期穩定的投資。下面以河南省《村無限責任信用合作社儲金規則》爲例進行分析。

　　儲金的對象分爲「社員、非社員或公司團體」，其中對於社員，合作社有一定的優惠鼓勵措施，即同等條件下可以給與「社員之儲金以較優之利率」〔註 44〕。對於以上三類對象「無論以個人或團體名義」向合作社儲金，「每名只限一戶，且不得以兩人或兩人以上之名義聯合儲金」〔註 45〕。對於每戶存儲的金額，合作社有明確的上下限規定，記帳和計息的下線爲一角和五角。具體而言「每戶每次存入儲金，滿國幣一角者，始爲記入儲金分戶賬及儲金簿，滿國幣五角者，始計利息」，儲金額的上限則是「每戶儲金總額應以三百元爲

〔註42〕　江西省農村合作委員會編：《農村合做法規彙編》，南昌：江西省農村合作委員會印，民國二十六年，第 77 頁。

〔註43〕　江西省農村合作委員會編：《農村合做法規彙編》，南昌：江西省農村合作委員會印，民國二十六年，第 77 頁。

〔註44〕　河南省農村合作委員會編輯：《農村合做法規彙編》，河南：河南省農村合作委員會發行，民國二十五年版，第 65 頁。

〔註45〕　河南省農村合作委員會編輯：《農村合做法規彙編》，河南：河南省農村合作委員會發行，民國二十五年版，第 65 頁。

限」，對於儲戶多繳的儲金合作社不再支付利息，但經過理事會討論決議的，不受此規定的約束。在利率方面，儲金的利息並不算特別高，每年的年息爲六釐，「每年六月、十二月各結算一次，併入本金上利生利」，利息計算的時間，是「以整旬法計算，不及一旬者，概不計算」〔註46〕，起算時間爲每月一日、十一日、二十一日，截止日期定爲支款前一日。

合作社的儲金制度並非獨創的，而是借鑒了郵政儲金匯業局的儲金模式，故其在吸納資金時有一套獨特的出納方式，即以儲金薄替代存摺，此乃與一般存款的主要區別。在《村無限責任信用合作社儲金規則》中詳細記錄了此種儲金簿的使用方法，「本社爲便利小額儲金起見，發售每張國幣二分之儲金小票一種，並發行儲金券一種，全面劃五十格，凡購買儲金票五張以上者，即可無代價用儲金券一張，將儲金票按格黏貼於儲金券之上，請求本社在該票上加畫一定之圖章，逐一核銷，將券仍交儲金人保存，一俟該券上黏貼之票，值國幣一角時，即將小票剪下，作爲現款，依照前條規定，記入儲金賬及儲金簿。」〔註47〕其他儲金程序的規定，與合作社的存款規無太大差別。

（二）資金貸放規則

農村合作社中，具備向社員放貸功能的僅有農村信用合作社。因而，這一部分所論述的放貸規則專指農村信用合作社的放貸規則。

1. 社員資格取得制度

農村信用合作社放款的對象僅限於合作社社員，成爲合作社社員必須具備一定的資格。具備社員資格後方有向農村信用合作社申請貸款的權利。

《中華民國合作社法》第十條規定，自然人應當滿足下列兩項條件才具備社員資格：首先必須是年滿二十周歲具有中華民國國籍的人民，然後必須有正當的職業。這兩個條件的設立主要是考慮到社員在享有合作社帶給其經濟利益的同時，還要承擔一定的責任義務，如此要求入會者必須具有一定的民事行爲能力，能夠對自己的行爲承擔責任。根據《中華民國民法》第二十

〔註46〕 河南省農村合作委員會編輯：《農村合做法規彙編》，河南：河南省農村合作委員會發行，民國二十五年版，第 67 頁。

〔註47〕 河南省農村合作委員會編輯：《農村合做法規彙編》，河南：河南省農村合作委員會發行，民國二十五年版，第 66 頁。

條規定「滿二十歲爲成年」〔註48〕，因此《合作社法》對社員在年齡上的要求即必須爲成年人。正當職業的要求是出於社員必須有一定經濟實力的考慮。1939 年在修改《合作社法》時，立法者放寬了社員的年齡限制，「中華民國人民，年滿二十歲或未滿二十歲而有行爲能力者」都可申請入社，這主要是出於戰時人口減少和加速發展合作事業的綜合考慮。以上兩點是農民入社的基本條件，除此之外《合作社法》還對具備以上兩個條件的自然人做了禁止性規定，即具備下列任何一種情形的人員無資格入會，「褫奪公權；破產；吸用鴉片或其他代用品」〔註49〕。這三種情形裏面，第一種主要是出於政治上的考量，防止有觸犯刑法或與國民政府執政理念相左之人破壞合作社的發展；後面兩種情形則是出於經濟上的考慮，農村合作社是發展農業生產的農民聯合組織，而不是農民救助組織，沒有經濟來源或不務正業之人是不能積極發展農業生產爲合作社及各成員帶來利潤回報的。

自然人符合以上資格要求後，如有意願可通過兩種方式入會。第一種只需要有兩名以上的該合作社社員介紹即可，第二種則是無人介紹時，直接書面請求入會。書面請求入會必須根據合作社的責任形式分別滿足下列要求，如果自然人選擇加入有限責任或保證責任合作社，其申請「應經理事會之同意，並報告社員大會」〔註50〕。如果加入的是無限責任合作社，除了應經社務會同意外，還須得到「社員大會出席社員四分之三以上之追認」，此種追認是「合作社得以書面限期徵求全體社員之意思」〔註51〕，在不少於十五日的追認期內，社員只要無異議表示，就視爲追認。無限責任合作社之所以入會更加繁瑣，是由其責任形式決定的，「無限責任爲合作社財產不足清償債務時，由社員連帶負其責任」，而有限責任和保證責任合作社則是「以其所認股額爲限，負其責任」或「以其所認股額及保證金額爲限負其責任」〔註52〕。

〔註48〕　吳經熊校勘：《袖珍六法全書》，上海：法學編譯社，民國二十四年半，第 8 頁。

〔註49〕　江西省農村合作委員會編：《合作社法注釋》，南昌：江西省農村合作委員會印行，民國二十八年，第 11 頁。

〔註50〕　江西省農村合作委員會編：《合作社法注釋》，南昌：江西省農村合作委員會印行，民國二十八年，第 12 頁。

〔註51〕　江西省農村合作委員會編：《合作社法注釋》，南昌：江西省農村合作委員會印行，民國二十八年，第 11 頁。

〔註52〕　第二歷史檔案館編：《中華民國史檔案資料彙編》第五輯・第一編・財政經濟（七），南京：鳳凰出版社，1991 年版，第 306 頁。

由此可以看出，無限責任合作社的社員所要承擔的經濟風險更為巨大，對社員彼此間相互信任的要求更高，所以嚴格的入會審核是對其他社員權益的保障。正因如此，《合作社法》第十一條就規定「無限責任合作社社員不得為其他無限責任合作社社員」〔註53〕，即一個自然人只能加入一個無限責任合作社，這也是出於對其他社員權利的保護。

自然人加入合作社後資格不是一直保持不變的，可能因四種原因而喪失：第一種為法律規定的資格條件喪失，第二種為入社之後自然人出現了禁止性規定中的情形，第三種是自願退社，第四種是除名。社員自行退社「應於三個月前提出請求書」，各社可根據自身情況在章程中將此期限延長至6個月，但退社的辦理都統一在年終之時。無限責任合作社或保證責任合作的社員退社後，「對於出社前合作社債權人之責，自出社決定日起，經過二年始得解除，前項合作社於社員出社後六個月內解散時，該社員視為未出社。」〔註54〕社員若有違背合作社章程規定，如「不遵照條例及本社章則，履行其義務者；破壞本社名譽及信用者；假借本社名義，圖謀私人利益者；無故連續二次，或間接四次缺席各項會議，並未委託代表者」〔註55〕，符合除名要求時，「應經社務會出席理事、監事四分之三以上之決議，以書面通知被除名之社員，並報告社員大會」〔註56〕，社員除名之後，並非絕對的不能再入社，而是可以根據入社的申請條件再次申請加入。

2. 社員信用等級評價制度

《合作社法》僅規定了社員的基本資格條件，具體到各個農村信用合作社，對社員的放貸還有專門的信用等級評價制度，以便更精確社員貸款等級。如河南省就有《村無限責任信用合作社放款規則》和《村無限責任信用合作社信用評定委員會規則》。

信用合作社放款給社員並非平均分配，而是根據社員的信用等級來確定。社員信用等級由各信用合作社成立的評定委員會評定。信用評定委員會

〔註53〕 第二歷史檔案館編：《中華民國史檔案資料彙編》第五輯‧第一編‧財政經濟（七），南京：鳳凰出版社，1991年版，第305頁。

〔註54〕 第二歷史檔案館編：《中華民國史檔案資料彙編》第五輯‧第一編‧財政經濟（七），南京：鳳凰出版社，1991年版，第310頁。

〔註55〕 河南省農村合作委員會編輯：《農村合做法規彙編》，開封：河南省農村合作委員會印，民國二十五年，第55頁。

〔註56〕 第二歷史檔案館編：《中華民國史檔案資料彙編》第五輯‧第一編‧財政經濟（七），南京：鳳凰出版社，1991年版，第309頁。

由至少五人以上組成，其中合作社的「監事長爲當然委員」，其餘之人由社員在社員大會時互相推舉四人以上爲委員，共同組成信用評定委員會。該委員會委員的任期除了監事長外，均爲一年，監事長任職期間將一直擔任信用評定委員會委員。信用評定委員會成立之後，「由委員互推一人爲主席」。下面以河南省的《村無限責任信用合作社信用評定委員會規則》來說明評定標準和程序。

　　（1）信用評定標準

　　通常對放貸而言，申貸者的還款能力應是考察的關鍵，尤其是個人的資產狀況，但在南京國民政府時期，農村信用合作社對社員的考核並不僅僅限於個人經濟能力，還對個人品行、個人能力以及公益心有所考察評定。因而可以說，信用評定標準是對社員個人全方位多角度的綜合考察。

　　社員信用程度按分計算，一百二十分爲滿分，品行占六十分，具體分爲「誠實十分，勤勞十分，節儉十分，和睦十分，不爭訟五分，不賭博五分，不用洋貨五分，不吸紙煙五分」；個人能力占二十分，具體包括「普通生產技能五分、特種生產技能五分、識字五分、知算五分」；財產方面占二十分，其中「家庭經濟狀況十分、儲金五分、股金五分」，最後一項爲「熱心公益」，也有二十分的份額，主要涵蓋四個方面，「熱心本社社務五分，努力地方自衛五分，盡力農村教育五分，捐助慈善經費五分」〔註57〕。通過以上這些內容可以看出，對於農村信用合作社而言，社員個人的品性遠比財產更爲重要。因爲一個勤勞有生產技能的社員，哪怕目前經濟實力有限，但通過辛勤勞動一定能夠創造出相應的生產成果。「節儉」、「不賭博」、「不用洋貨」、「不吸紙煙」則能夠確保社員不浪費錢財，不管是對自己勞動所得還是日後信用合作社的貸款，都能夠很好的發揮這些資金的價值。「和睦」、「不爭訟」、熱心合作社社務並有一定的奉獻精神，能夠使該社員在社內有較高威信，故對此類綜合素質較高的社員，合作社相信憑其品性，能夠按期還款。相反，若有社員個人財產雖較爲寬裕，但好逸惡勞，陋習較多，也很難保證今後能按時還貸。因而在一百二十的滿分中，個人財產僅占二十分，體現個人品德、能力和愛心的內容占一百分之多。如此評定標準，放置今日來看，仍是較爲科學的。

〔註57〕　河南省農村合作委員會編輯：《農村合做法規彙編》，開封：河南省農村合作委員會印，民國二十五年，第 62 頁。

（2）信用評定程序

社員信用評定由合作社信用評定委員會評定。信用評定委員會每年召開兩次常會，通常半年一次，時間設定在二月和八月，會議由監事長召集。會議的召開必須「有委員四分之三出席始得開會，絕對不得委託代表」〔註58〕，會議期間由主席擔任記錄人。除固定常會外，若有需要可提議召集臨時會議，可由監事長一人提議，也可由其他委員兩人以上共同提議。

合作社信用評定委員會在評定各社員信用時，由主席提出社員姓名逐一評定，當評定委員會成員時，該委員應臨時避席。每一位社員均由信用評定委員會成員參照合作社的信用評定標準按表記分，總分 120 分，100 分以上者，屬於甲等，80 分到 100 分之間屬於乙等，60 分到 80 分屬於丙等，60 分以下40 分以上爲丁等，不滿 40 分者爲戊等。每位社員分數的確定，是由委員會主席彙集各委員所評定的分數，然後「以參與評定委員之人數除之，爲總平均分數，按次記錄列入信用程度表，由出席委員簽名蓋章。」〔註 59〕蓋章後的信用程度表由信用評定委員會統一交給理事會進行保管，且資料內容必須嚴格對外保密。由於會議內容的保密性，因而該會議不允許有社員等其他人旁聽。

3. 農村信用合作社放貸程序

農村信用合作社的放貸對象，僅以本社社員爲限，不可貸與其他合作社成員或農民。農村信用合作社的貸款種類分爲四種，即「憑信用借款，一次借去整數，訂定一期或分期償還本利」的定期信用放款；「憑信用借款，在約定借款限度及償還期間內得隨時向本社支取或歸還」的活期信用放款；「憑信用借款，並繳納抵押品一次借去整數，訂定一期或分期償還本利」的定期抵押放款；以及「憑信用放款，並繳納抵押品在約定借款限度及償還期間內得隨時向本社支取或歸還」的活期抵押放款。其中，定期借款的期限至長不得超過二年，活期借款的期限至長不得過一年，如有特別情形可另行商定。

〔註58〕 河南省農村合作委員會編輯：《農村合做法規彙編》，開封：河南省農村合作
委員會印，民國二十五年，第 62 頁。

〔註59〕 河南省農村合作委員會編輯：《農村合做法規彙編》，開封：河南省農村合作
委員會印，民國二十五年，第 62 頁。

　　社員在借款前，應先填寫借款申請書，並根據信用等級準備以下擔保：如果是甲等社員，借貸需要兩名以上社員作擔保，保證人需與債務人負同等責任。如果是戊等社員，則應具備以下任意之一的擔保物：第一種是田地、山林、屋宇等「合法並無糾葛情事」且「有永續確實收益」〔註60〕的不動產，第二種是衣物、有價證券及其他易於保存的動產，第三種是未收穫的農產品或飼養中的家畜。此處值得注意的是，對於不動產抵押放款，貸款數目不得超過合作社「固定抵押品價格百分之六十」，且該不動產契約應交至合作社收執；對於動產抵押，合作社在入庫保存前，應當清點物品數量、察驗物品質量，並對社員「酌收最低儲藏費」；而「凡以尚未收穫之產品與在飼養中之牲畜等作抵押品，不能以該項抵押品存於本社者，得將該項抵押品名稱、價額、數量等詳細注明於借款申請書內，同時證明在放款期限內，該項抵押品所有權屬於本社，並設法標明之」〔註61〕。乙、丙、丁等社員由理事會參照甲等與戊等的擔保情況予以定量。社員在交付抵押品後，合作社發一收據作為取贖的憑據，若在取贖之前社員不慎將該收據遺失，應將「存據號數、遺失原因」通知合作社請求掛失，同時還應「自行在遺失地方張貼告白聲明作廢」，一個月後若無糾葛，經「社員三人以上之擔保」，合作社可「補發抵押品的存據或者發還抵押品」〔註62〕。

　　信用合作社的放款利率「以月計息」，由社員大會「按當地最低利息為標準」，且「至多不得超過一分六釐」〔註63〕。若社員提前償還定期借款，經合作社同意後「按照實欠日期計算利息」〔註64〕。社員償還貸款的期限根據用途不同分為兩種，第一種是一年內或收穫後還清的，包括用於基本農業生產所需的資金投入，如購買種籽、肥料等，或經營農家副業時所購買的材料等；第二種是一年至兩年還清的，包括「購買舟、車、豬、牛、馬、羊或修理房

〔註60〕　河南省農村合作委員會編輯：《農村合做法規彙編》，開封：河南省農村合作
　　　　　委員會印，民國二十五年，第 74 頁。
〔註61〕　河南省農村合作委員會編輯：《農村合做法規彙編》，開封：河南省農村合作
　　　　　委員會印，民國二十五年，第 74 頁。
〔註62〕　河南省農村合作委員會編輯：《農村合做法規彙編》，開封：河南省農村合作
　　　　　委員會印，民國二十五年，第 74 頁。
〔註63〕　河南省農村合作委員會編輯：《農村合做法規彙編》，開封：河南省農村合作
　　　　　委員會印，民國二十五年，第 75 頁。
〔註64〕　河南省農村合作委員會編輯：《農村合做法規彙編》，開封：河南省農村合作
　　　　　委員會印，民國二十五年，第 75 頁。

屋，添置農具」以及爲發展農家副業所購買的器械等。社員在辦理借款且未償還之前不可再連續辦理第二次借款，但屬於期限爲三個月的短期貸款「經理事會商同監事許可者，不在此限」〔註65〕。

4. 違約處罰

合作社對「貸款社員之借款用途有隨時調查之權」，社員之間也有相互監督的權利，任何一個社員都可向社員大會或理事等檢舉有違反行爲的社員。社員違反貸款規定通常有兩類行爲，一是違反了貸款使用的規定，二是到期不還。合作社社員借款的用途都有明確規定，如有社員違反借款申請書所填具的用途或「轉貸於人」，合作社就可「責令其於一個月內全部歸還」，並處以「借款額十分之二之罰金」〔註66〕，如果該社員日後再有貸款「用途不實」或「轉貸」的行爲，除了罰金處罰外還應當由社員大會予以除名。對於前項所收繳的罰金，「得以半數獎勵給非職員之舉發者」〔註67〕。社員謹遵借款使用規定合理利用資金，在還款日到來時確有正當理由造成無法按期還款，應「事前報告理事會」，由理事會決定是否可以延期償還。若可以則還款日期至多延遲六個月，且理事會的這一決定必須事後得到社員大會的追認。如果六個月後仍不還貸或者社員到期未申請延期且無故不還，則應受到處罰：有抵押品的貸款，還款日過後合作社「應通知該社員定期變賣擔保品，有餘發還，不足追繳，其過期利息照原定利率，計算繳納」〔註68〕；無抵押品有保證人的貸款，過期後合作社應責令保證人代爲清償債務，且「在一個月內，其過期利息，照原定利率加倍計算」〔註69〕，但若超過一個月仍未償還時，貸款社員將要接受被合作社除名的懲罰。

〔註65〕　河南省農村合作委員會編輯：《農村合做法規彙編》，開封：河南省農村合作委員會印，民國二十五年，第75頁。

〔註66〕　河南省農村合作委員會編輯：《農村合做法規彙編》，開封：河南省農村合作委員會印，民國二十五年，第122頁。

〔註67〕　河南省農村合作委員會編輯：《農村合做法規彙編》，開封：河南省農村合作委員會印，民國二十五年，第122頁。

〔註68〕　河南省農村合作委員會編輯：《農村合做法規彙編》，開封：河南省農村合作委員會印，民國二十五年，第123頁。

〔註69〕　河南省農村合作委員會編輯：《農村合做法規彙編》，開封：河南省農村合作委員會印，民國二十五年，第123頁。

三、農村合作社「自享」資金融入制度──合作金庫制度

　　為做大做強農村合作社這一融資平臺，進一步增強合作社的融資能力，南京國民政府借鑒西方合作金庫的制度經驗，在全國各地普設合作金庫。「合作金庫的設立，目的在接收外來的資金，向農村作有系統有組織的貸放，使農村貸款業務，達到標準化、合理化，以後逐漸轉為農村自身的資金，使合作金庫股本，完全為農民所有，形成農民自有自營自享的合作金融制度。」〔註70〕這一制度的建立，為當時農村合作社的發展增添了一份資金助力。

（一）合作金庫法制建設

　　南京國民政府時期的合作金庫制度是仿傚西方而來，20世紀30年代初國民政府內部就已有對此制度設立的諸多討論。如1935年召開的「全國合作事業討論會」上，與會學者專家以及政府要員針對設立合作金庫一事提交了些許議案：《擬請建議政府，從速籌設中央農業合作金庫，負責調劑農業合作金融，扶持農業合作事業發展案》、《創辦中國合作銀行案》、《請建議政府通令各省，限期組設合作銀行，是否可行，請核議案》等。合作金庫制度從理論成為現實的標誌則是 1935 年豫鄂皖剿匪總司令部頒佈的《「剿匪區」內各省合作金庫組織通則》，該通則要求豫、鄂、皖、贛等省籌設合作金庫。1936年實業部頒佈了《合作金庫規程》，這是中國近代第一部全國性的合作金庫法規，成為當時合作金庫建設的主要法律依據。

　　自《合作金庫規程》實行之後，中國的合作金庫事業開始啟動建設，各級地方政府都在籌設本級的合作金庫並零星開始建立。抗日戰爭全面爆發後，國民政府為了確保軍需供應、穩定社會秩序，極為重視抗戰大後方的農業發展，這一時期在國家政策引導下，合作金庫在渝、蓉、雍等地發展較為迅速。在 1941 年國民黨第五屆九中全會上，陳果夫等人提出了《切實改善合作金融，發展合作事業，以奠定抗戰建國之社會經濟基礎案》，要求建立中央合作金庫，後被國民政府採納。1943 年 9 月國民政府頒佈《合作金庫條例》，1944 年社會部與財政部共同制定的《合作金庫條例實施細則》也正式頒行實施。基於此前陳果夫等人的建議，社會部與財政部在 1944 年

〔註70〕　經濟部農本局貴陽辦事處編：《縣（市）合作金庫的意義和進行步驟》，貴陽：經濟部農本局貴陽辦事處印，民國二十七年，第 10～11 頁。

制定的《中央合作金庫章程》中規定中央合作金庫「以調劑合作事業資金為宗旨」〔註71〕。經過兩年的籌備，1946 年中央合作金庫在南京正式成立。至此，從中央政府到地方政府都全面設立了支持農村合作社發展的合作金庫。

根據《合作金庫條例》、《合作金庫章程》的規定，合作金庫建設分為四個層級：中央合作金庫、省級合作金庫（包括直屬於行政院的市所創辦的合作金庫）、縣市級合作金庫以及「縣市以下之區域於必要時得設合作金庫代理處」〔註72〕。每一層級的合作金庫，都由所轄範圍內的合作社或合作社聯合社認股組成，如中央合作金庫是由全國範圍內的合作社聯合社認股組成。合作金庫採用股份制，資金來源主要依賴合作社組織或銀行等金融機構認購股份，同時為促進合作金庫的發展，各級政府也參與股份認購。如《合作金庫條例》第七條規定，縣市等地方合作金庫，由地方政府、金融機構、合作業務機關及各合作社共同出資認購，中央合作金庫由國庫、中央銀行機構認購五千萬，剩餘資本由各地政府、地方合作金庫及合作社共同認購。合作金庫作為金融機關，主要辦理存款、借款、放款、匯兌及代理收付各種業務。在放款方面，對象僅限於合作組織，中央合作金庫放款對象主要為省一級合作金庫和以全國為範圍的合作社聯合社，省一級合作金庫放貸於縣一級合作金庫及以省為範圍的合作社聯合社，縣一級合作金庫放貸於轄區內的信用合作社及合作社聯合社。

（二）合作金庫放貸規制

在中央、省、縣市及縣以下區域的合作金庫中，中央與省一級合作金庫更多的是起到全國性和區域性資金協調作用，真正將資金放貸於合作社社員手中的，主要是縣（市）級合作金庫。筆者通過經濟部專門編製的《縣（市）合作金庫規範彙編》中的《縣合作金庫放款規章》、《縣合作金庫信用放款細則》、《縣合作金庫抵押放款暫行章程》等規章細則等，對合作金庫的放貸制度進行研究。

〔註71〕 社會部合作事業管理局編：《現行合作金庫法規彙編》，重慶：社會部合作事業管理局印，民國三十四年版，第 12 頁。

〔註72〕 浙江地方銀行總行編：《金融法規輯要》，麗水：浙江地方銀行總行發行，民國三十年版，第 305 頁。

1. 資金貸放期限及用途

根據經濟部《縣合作金庫放款規章》第一條規定，縣一級合作金庫放款對象僅限於「業務區域內之社員（合作金庫的社員爲認購股份之各合作社）」〔註73〕。具體區分爲兩種：一是信用放款，對象以信用合作社及信用合作社聯合社爲限；二是抵押放款，對象是除信用合作社及其聯合社之外的其他農村合作社。在放款期限上除「初成立之合作社，信用借款期限以不超過一年爲原則」〔註74〕，其他合作社根據資金的用途或季節需求分爲一年期、兩年期和三年期。一年期的資金借貸主要用於「小買賣之資本或購買種子、肥料、飼料、小農具，繳納賦稅、租金、雇傭工人、畜工或用作營業資金及產品儲押」等，兩年期的主要用於「購買車輛、牲畜較大之農具或清償小額債務」，三年期的爲「清償巨額債務，購買或贖回田地，改良土地建築，房屋及購置設備」〔註75〕。

2. 申貸資料審核制度

農村合作社向合作金庫貸款，需要先提交申請書。申請書中各社員擬借數額及用途須經合作社理事會評定後方可送審。合作金庫對借款合作社的「合作社借款申請書，社員借款申請單，合作社及職員印鑑」〔註76〕等資料進行審核，若合作社此前已有借款行爲，可將每期結帳時的資產負債表作爲審核參考材料。

合作金庫對申請材料如有疑義，根據情節輕重不同做出三種處理：第一種，「先行派員前往借款合作社調查後，再定准駁」；第二種，「根據實際情形酌量減低其全部或一部社員借款數額」；第三種，「通知合作指導機關，必俟借款合作社之某種不合理或不合法情形改善後，再予核放」〔註77〕。縣級合作金庫在核准借款社的申請後，寄發貸款通知書及借款借據。申請借款合作

〔註73〕　經濟部農本局編訂：《縣（市）合作金庫規範彙編》，重慶：中央日報社印刷，民國二十九年，第34頁。

〔註74〕　經濟部農本局編訂：《縣（市）合作金庫規範彙編》，重慶：中央日報社印刷，民國二十九年，第33頁。

〔註75〕　經濟部農本局編訂：《縣（市）合作金庫規範彙編》，重慶：中央日報社印刷，民國二十九年，第33頁。

〔註76〕　經濟部農本局編訂：《縣（市）合作金庫規範彙編》，重慶：中央日報社印刷，民國二十九年，第34頁。

〔註77〕　經濟部農本局編訂：《縣（市）合作金庫規範彙編》，重慶：中央日報社印刷，民國二十九年，第34頁。

社在接到通知後，推選代表「隨帶已經填具之借款借據」即可前去合作金庫辦理領款。

在合作社借款未到期之前，無論其是否已還清本息，若有社員因正當用途而需繼續借款時，在該合作社借款總額「未超過所評定或已規定之全年借款額時」〔註78〕，合作金庫可根據實際情形予以核放。如有新增社員需要借款時，「須有合作社繳驗縣府所發變更登記或同樣批示，並另製變更登記表，連同新增社員借款表，社員全年借款額評定表，及借款申請書各一份」〔註79〕送至縣合作金庫查核，並須按照新增社員名額，添認本金庫股金，如此合作社方有資格再進行借款申請。

3. 資金監放制度

合作金庫的資金通常並不直接發放到合作社社員手中，而是由借款社轉而代發。為避免合作社在資金代發過程中有違規行為侵犯社員利益，《縣合作金庫信用放款細則》規定縣級合作金庫有權派專員對各合作社放款進行現場監督，「合作社向本金庫領到借款以備轉放各個社員時，應即與本金庫約定轉放日期及地點，俾使本金庫屆時派員並請合作指導員會同前往當地監放。」〔註80〕具體監放程序為：

合作社將全體社員集中於同一地點，待合作金庫的監放人員到達該地後，開始逐一為社員放款。合作社放款時，應準備社員借款借據和社員借款報告表，由借款社員當場分別蓋章或按指紋，然後由社員如數領取款項。為確保資金能夠順利到達每位農戶手中，故要求放貸時「社員務須親自領款，不得代領轉交」，凡不能親自領款者，除經合作金庫認可外，一律認為不需要借款，「該項未放之款，應由合作社立即如數歸還本金庫」〔註81〕。在放款之時，如發現有社員冒名頂替，或有其他不合情之事，「應將該社員借款立即停止貸放，不得任意轉放他人，所有該項未放之款，應由合作社隨即如數歸還

〔註78〕　經濟部農本局編訂：《縣（市）合作金庫規範彙編》，重慶：中央日報社印刷，民國二十九年，第33頁。

〔註79〕　經濟部農本局編訂：《縣（市）合作金庫規範彙編》，重慶：中央日報社印刷，民國二十九年，第33頁。

〔註80〕　經濟部農本局編訂：《縣（市）合作金庫規範彙編》，重慶：中央日報社印刷，民國二十九年，第34頁。

〔註81〕　經濟部農本局編訂：《縣（市）合作金庫規範彙編》，重慶：中央日報社印刷，民國二十九年，第35頁。

本金庫。」〔註 82〕合作社放款完畢，監放人員將所視的監放情形，填入監放報告表，報送合作金庫。此外，合作社應將社員借款報告表一份交由監放人員，由其交至合作金庫以存查。

4. 還款規定

在還款方面，合作金庫在各合作社借款到期前一個月寄送借款到期通知書，通知合作社按時還款。合作社收到通知後，「應即轉告社員早事籌措還款」〔註 83〕。根據《縣合作金庫信用放款細則》規定，爲方便合作社的社員隨時還款，經各合作社理事會同意後，社員可以「隨時逕向本金庫還款，本金庫收款後，即入該合作社賬，一面發給收據，由該社員持報本社會計入帳，並由本金庫隨時通知該合作社查照。」〔註 84〕若合作社到期未準時還款，則由合作金庫寄發借款過期通知書並派員催收。若借款社遇特殊情形可申請至多兩個月的展期，除此之外均視爲延期還款，延期內的利息應按原定利率增加四釐計算。

縱覽南京國民政府時期有關農村合作社的融資法律制度，國民政府創造性的將農民團體作爲融通農業資金的主體，解決了金融機構爲規避風險不願投資農業而農民又急需生產資金的這一矛盾。客觀言之，單個農民在生產中抵禦風險的能力確實較低，強制金融機構向農民個人放款有違金融業的發展底線，農村合作社的產生提高了農民抵禦各類風險的能力，使其信用程度大幅提升，如此金融機構就敢於憑藉農村合作社這個平臺向農業領域投資。再比較北京政府對合作組織的打壓與限制，就不難推斷出南京國民政府時期農村經濟的恢復離不開國家法律對合作社的認可、管理與監督，使農村合作社能夠充分吸納各方資金並有效的放貸給社員或直接投入農業領域。在上文的論述中，可以看出無論中央政府還是地方機關都十分重視農村合作社的法制建設，尤其是地方政府對合作社內部資金流通程序更是規範的極爲細緻，而中央政府爲確保農村合作社在資金上不受制於金融機構，後期還專門設立了服務於農村合作社的合作金庫這一金融機構，並以法律制度規範其資金運

〔註82〕　經濟部農本局編訂：《縣（市）合作金庫規範彙編》，重慶：中央日報社印刷，民國二十九年，第 35 頁。

〔註83〕　經濟部農本局編訂：《縣（市）合作金庫規範彙編》，重慶：中央日報社印刷，民國二十九年，第 35 頁。

〔註84〕　經濟部農本局編訂：《縣（市）合作金庫規範彙編》，重慶：中央日報社印刷，民國二十九年，第 34 頁。

作。因此從法律制度層面來看，南京國民政府對農村合作社的規範是值得認可的。

　　此外值得辨明的是，現有許多對合作社的研究中提及當時農村合作社社員大都是地主、富農，貧苦農民很難加入到合作組織中來，這使得富農愈富、貧農愈貧。對此，筆者有另一種闡釋：南京國民政府時期中國農村經濟岌岌可危，恢復發展農業生產勢在必行，當時的農民可以大致分爲兩類，一類是有耕地和較多財富的農民，一類是無地或少地勉強維持溫飽的農民。對於這兩類農民，國民政府在投資農業時必然政策不同。有地有錢的農戶無後顧之憂，自然可以將更多的資金用於農業生產中來，而這筆資金作爲生產投入必有產出。此類農戶借貸之後定能按期歸還，如此既發展了生產又確保了農貸資金的安全。對於無地無錢的農戶，他們得到資金後必然先用於解決溫飽之事，如此資金隨即被消費掉，且不會有任何價值產生。若將此類農戶納入合作組織，一方面會降低合作社的信用程度，使其他社員承擔無法按時還款的連帶責任，另一方也沒有達到用農貸資金發展農業的目的，因此對於這類農民，南京國民政府更多的採取救濟的措施，而非單純的給予農貸資金。總之，在筆者看來，南京國民政府如此作爲，其目的就是發揮富裕農戶在農業生產發展中的引領作用，帶動其他自耕農或佃戶發展生產，這一做法歷史地看是忽視了大多數農民的生產積極性，但在當的環境下也不失爲是一種良好的應急之策。因此對整個農村合作社法律制度的評價不應單純站在一個角度進行分析批判，而應考慮當時國內複雜的環境，作出客觀公允的評價。

第四章　商業性銀行農業融資法律制度

南京國民政府時期，商業性銀行在行政力的推動下農貸業務開展較早，加之分支機構布局廣泛，爲當時各省、縣鄉村百姓提供了一定的農業生產資金支持。商業性銀行能夠向營利預期不確定的農業領域投放資金，與當時中央及地方對其加強立法規制是分不開的。

一、商業性銀行農業融資制度建設

中國商業性銀行農業融資制度始於清末，初現於民國初期。到南京國民政府時期，商業性銀行農業融資制度基本完善，各商業性銀行在爲農業融資方面發揮了積極的作用。

（一）農業融資制度開端

清政府設立大清戶部銀行之後，中國銀行業開始起步。銀行有官辦的，有民營的；有設在上海這種大都市的，亦有處於江南紹興嵊縣近鄉村的。這些銀行最基本的業務就是存款、放款、貼現、匯兌或發行債票。隨著銀行業的發展和當局的關注，部分商業性銀行開始涉及農貸業務。

1. 商業性銀行農貸制度的雛形

商業性銀行中，最早設有農貸規定的是宣統三年所設立的殖業銀行。清政府頒行的《殖業銀行則例》中規定「以放款於工業農業爲宗旨……殖業銀行放款應以田地園林房屋等作抵押，於三十年內用分年攤還法歸清本利」〔註1〕，

〔註 1〕 中國國家數字圖書館・電子圖書・民國法律・殖業銀行則例，http://mylib.nlc.gov.cn/web/guest/minguofalv。

由此開啓了中國商業性銀行辦理農貸業務的先河。北京國民政府時期，農商部和財政部建議設立勸業銀行，主辦農工貸款業務。在向政府提交的「呈請設立勸業銀行」的呈文中陳述：「我國地大物博，夙擅天府之稱，惟農工各業，囿於小成，未能宏大規模，擴充營業，推其原理，端由農林墾牧水利工礦等項，非有雄厚資本，不足發展事業，而環顧內外，金融機關現未偏設，農工借貸又苦無從……亟宜特設銀行，藉以勸導實業。」〔註2〕在農商部和財政部共同起草的《勸業銀行章程》中明確該銀行主要業務之一是向「農林墾牧和水利放款」。勸業銀行因時局變幻未能興辦，但《勸業銀行章程》的制定和提出使得北京國民政府開始關注農業金融制度的建設。

2. 商業性銀行農貸制度的初現

北京政府時期，勸業銀行的籌設最終流產，其他商業性銀行如農商銀行，雖冠有「農」字，但在《農商銀行章程》第二條所規定的放貸業務範圍中，只有「實業放款」，並無支農放貸。1915年農工銀行成立，宗旨是「通融資財，振興農工業」〔註3〕。這一時期眞正建立農貸制度並落到實處的，唯有農工銀行最爲典型。

1915年財政部總長周學熙擬定《農工銀行條例》四十六條呈請公布施行。隨後北平的通縣農工銀行、昌平農工銀行先後成立。隨著中央財政部的倡導、各地政府的配合以及地方鄉紳的協助，在大宛、嵊縣、江豐等地都開設有農工銀行，並都開辦了針對農業的資金放貸業務，方便了各區域的農民融資。《農工銀行條例》內容構架業已較爲成熟——由放款方式、放款用途、抵押規則、償還規則、違禁處罰等構成，成爲後來其他商業性銀行辦理農貸業務的參照範本。同時，農工銀行開闢了向農民團體放貸的新模式。各地農工銀行在發展過程中，考慮到農民大多數貧困無依，個人信用等級較低，因而出現了通縣農工銀行放貸給「團體組織」這一特例。通縣農工銀行爲了滿足當時農民對資金的需求，「發動農民組織農工借貸聯合會與農工借款協助會，前者爲需

〔註2〕 中國國家數字圖書館·電子圖書·民國法律·財政部呈大總統修正勸業銀行章程繕摺呈核文 http://mylib.nlc.gov.cn/web/guest/search/minguofalv/medaData
Display?metaData.id=432601&metaData.lId=437082&IdLib=402834c3361f55da
01361f5dfbe4001e。

〔註3〕 王志莘、吳敬敷編著：《農業金融經營論》，上海：商務印書館，民國二十五年版，第361頁。

要借款農民之聯合團體，後者爲各地紳商協助農民借款之組織」〔註4〕。這樣，即提高了農民的信用度，又滿足了農民對資金的需求，同時還保證了銀行放貸安全，而「農民團體」後來也成爲各商業性銀行主要的放貸對象。

農工銀行的農貸制度有一定的進步之處，同時也存在明顯的不足。例如，《農工銀行條例》規定「五年以內分期攤還，以不動產爲抵押品……三年以內定期歸還，以不動產作爲抵押品……一年以內定期分期歸還，以漁業權做抵押者，除漁業權做抵押外，銀行得要求另以公債票或不動產作爲增加抵押。一年以內定期或分期歸還，以政府公債票、各省公債票、公司債票、股票作抵押……」〔註5〕從這些規定中可以看出，農工銀行的借貸以抵押借貸爲主，而抵押品主要限定爲不動產，這與當時的農村實際極爲不符：第一，有悖農村實情。中國的鄉村傳承幾千年文明，已經形成了一種宗法制和家族制，農民財產處於宗法社會制度與家族經濟關係下，鮮有個人所有權，多數爲家族共有。這般規定，不動產抵押貸款對於農民而言不夠實際；第二，規定「漁業權」或「政府公債票、各省公債票、公司債票、股票」等可作爲抵押物，這對於貧困的農民而言，更是不可想像之抵押品。綜此二項因由，農工銀行的農業資金借貸對農民而言，遠不如民間的典當、合會、高利貸更爲便捷。故在北京政府時期，商業性銀行的農業借貸未能全面發展起來。

（二）農業融資制度建立

南京國民政府成立後，更加重視農業的基礎地位，以復興農村經濟、改善農民生活爲目的，加強農業融資法律制度建設，制定了商業性銀行農貸業務的強制性規範。各級商業性銀行積極貫徹國家法律政令，普遍建立了配套的農貸制度，這一時期商業性銀行的農貸業務得到了長足發展。

1. 法律政令確保農貸業務開展

南京國民政府初期，受都市經濟衰退的影響，部分商業性銀行開始辦理農貸業務。但商業性銀行作爲盈利性的金融機構，資金流動多受市場牽引，

〔註4〕　姚公振著：《中國農業金融史》，上海：中國文化服務社出版，民國三十六年版，第 147 頁。
〔註5〕　王志莘、吳敬敷編著：《農業金融經營論》，上海：商務印書館，民國二十五年版，第 362 頁。

一旦都市經濟復蘇或有更好的投資領域，必然削減農貸業務。因而，單純依靠商業性銀行的自覺性向農業放貸是不現實的。爲此，國民政府在法律上對商業性銀行的農貸業務作了強制性規定，同時爲提高其放貸積極性，又給予一定的政策扶持。

（1）農貸業務的法律規範

1934 年立法院通過《儲蓄銀行法》，南京國民政府由此開始以法律規範強制銀行辦理農貸業務。該法第七條規定了儲蓄銀行的業務範圍，其中第七款和第八款分別規定儲蓄銀行必須向農村合作社開辦質押放款業務和向農戶開辦農產品質押放款業務。第八條規定「儲蓄銀行對於前條第七款第八款之放款總額不得少於存款總額五分之一」〔註6〕，如此就以法律的形式強制儲蓄銀行對農業的放貸額度不得少於其存款額度的 20%。

國民政府頒佈的《省銀行條例》，規定省銀行業務，「以貸予省內農、林、漁、牧、工、礦等生產事業及公用事業爲原則」〔註7〕。各省銀行在制定銀行業章程時，紛紛照此原則把開展農業放款業務納入其中。財政部核准的《西康省銀行章程》中就規定了須辦理「農產品抵押放款」〔註8〕業務。其他諸如《江蘇省農民銀行章程》、《廣西銀行章程》、《山東省民生銀行章程》、《浙江省農民銀行條例》、《湖南省銀行章程》、《福建省銀行章程》中都有類似規定。

國民政府頒佈的《縣銀行法》，對縣一級銀行的農貸業務也作出專門規定。縣銀行是由縣政府以縣鄉鎮的公款與人民依法合資設立的地區性金融機構，其放款範圍包括「農業生產之放款」和「農田水利之放款」。

（2）農貸業務的政策支持

商業性銀行是盈利性的金融機構，在法律法規強制規定必須開辦農貸業務之後，國民政府爲了提高各行農業放貸的積極性，增殖地方銀行農業金融資金，更好的調劑地方金融。1935 年國民政府頒佈了《地方省銀行領用或發行兌換券暫行辦法》，准予各銀行發行兌換券及輔幣，作爲農業金融資金。該

〔註 6〕 浙江地方銀行總行編：《金融法規輯要》，麗水：浙江地方銀行總行發行，民國三十年版，第 47 頁。

〔註 7〕 熊光前編：《金融法規》，重慶：大東書局，民國三十四年，第 27 頁。

〔註 8〕 趙麐編輯：《金融法規續編》，重慶：中央銀行經濟研究處出版，民國三十一年，第 123 頁。

辦法第十條規定，省銀行或其他相關銀行「為調劑農村金融起見，暫得發行」〔註9〕。1938年國民政府頒佈《改善地方金融機構辦法綱要》，第二條規定「各地方金融機構向中中交農四行頒用一元券及輔幣券時，除舊有業務外，應增開下列各項業務「農業倉庫之經營；農產品之儲押；種子、肥料、耕牛、農具之貸款；農田水利事業之貸款；農業票據之承兌或貼現……」，又於第四條規定「此項領用之一元券及輔幣券，以悉數流入農村，盡投於生產之途為原則。」〔註10〕概而言之，作為以營利為目的的商業性銀行之所以在南京國民政府前期願意貸放大量的資金於農業助其發展，離不開國家政策的引導和扶持。

2. 行業規範促進農貸業務落實

1933年，中國銀行開始辦理農業貸款業務，專門制定了《中國銀行農村放款辦法》，成為中央設立的商業性銀行中首個開辦農貸業務的金融機構。為了貫徹好該放款辦法，中國銀行總管理處設立農業放款委員會，「負責設計及指導農貸事項」，嗣後又「設農業放款調查所專管農村經濟之調查」〔註11〕。1934年交通銀行也開始參與向農業領域放貸，並重點扶持陝西省棉業發展。其農貸業務的主管機構是設立於該行總管理處儲信部的農貸課，在省一級分支機構中設立農貸股，由該股主任統管農貸事務，在縣一級分支機構中設農貸辦事處專管農貸業務。1935年，《郵政儲金匯業局組織法》第十一條第八款規定，郵政儲金匯業局經營範圍包括農業放款，於是呈准交通部在郵政儲金項下撥給資金五百萬元，並於鄉鎮郵局內敷設「農業抵押處」及「農業押匯運轉部」，舉辦農業合作貸款。試行之後效果良好，同年便頒佈《郵政儲金匯業局農產抵押放款章程》，規定經營農產抵押放款之宗旨在「輔助農業發展、調節農村金融」〔註12〕。

省一級商業性銀行中，農貸業務尤以江蘇省農民銀行發展最早。江蘇

〔註9〕　姚公振著：《中國農業金融史》，上海：中國文化服務社出版，民國三十六年版，第257頁。
〔註10〕　姚公振著：《中國農業金融史》，上海：中國文化服務社出版，民國三十六年版，第257頁。
〔註11〕　姚公振著：《中國農業金融史》，上海：中國文化服務社出版，民國三十六年版，第246頁。
〔註12〕　浙江地方銀行總行編：《金融法規輯要》，麗水：浙江地方銀行總行發行，民國三十年版，第84頁。

省農民銀行雖冠以「農民銀行」之稱號，但與後來的中國農民銀行之間並無隸屬關係，屬於地方商業性銀行。1927 年江蘇省遭受天災的同時又飽受北伐戰火侵襲，鄉村農戶無資金融通難以度日，於是江蘇省建設廳與財政廳聯名向省政府提議設立江蘇省農民銀行，以緩解本省農民經濟負擔。待得到省政府批覆後，省廳緊急募集銀行成立所需資金，孫傳芳時期對農民徵收的賦稅也成為該銀行的資金來源之一，在地方政府和商賈士紳的積極配合下，1928 年江蘇省農民銀行正式成立，同時頒行《江蘇省農民銀行放款章程》、《江蘇省農民銀行儲押放款章程》，把資金重點投放於農業領域。江蘇省農民銀行成立後，浙江省政府也傚仿籌辦，並頒佈了《浙江省農民銀行條例》，規範浙江省農民銀行放貸行為。此後，全國多數省份相繼設立了地方商業性銀行，兼辦農貸業務以輔助當地農業發展。如 1931 年上海商業儲蓄銀行頒佈《上海商業儲蓄銀行農業合作貸款部放款章程》和《上海商業儲蓄銀行農業合作貸款部放款程序》開始兼辦農貸業務。1933 年浙江省地方銀行頒佈《農工零星動產抵押貸款規程》、《農業青苗抵押貸款章程》、《農工不動產抵押貸款規程》、《農工連環保證信用貸款規程》，成立「農工貸款處」，在分支行設農貸組，各鄉鎮設農村貸款所，形成農貸機構三級網絡。湖北省銀行對於農貸有《農民貸款部章程》二十四條，並在 1936 年公佈了《農民貸款部放款章程》九十三條，該省的農貸結合本地農業生產特色，注重扶持農業經濟作物的生產與銷售，設有「桐油運銷合作貸款」、「苧蔴貸款」以及「茶葉產銷合作貸款」。湖南省銀行專門訂立《各分支行處辦理農貸簡則》十四條，規定「農放業務」為各分支行處業務的一部分。除此之外，陝西省銀行、福建省銀行、山東省民生銀行等都制定了農貸章程，設置了農貸科，專司農貸業務。

根據國民政府頒佈的《縣銀行法》規定，縣級商業性銀行都制定有專門的農貸放款規程，積極開展農貸業務。如 1932 年成立的湖南省湘西農村銀行，「總行設於鳳凰，於沅陵、保靖、乾城、辰谿、麻陽、永綏、古文、浦市、龍由、常德等縣設辦事處」〔註 13〕，可謂是遍地開花，能真正深入農村開展農貸業務，對當地農業發展很有促進作用。在縣一級設有商業性銀行的還有重慶的北碚農村銀行、棠香農村銀行，浙江省的餘姚縣農民銀行、崇德縣農

〔註13〕 姚公振著：《中國農業金融史》，上海：中國文化服務社出版，民國三十六年版，第 244 頁。

民銀行、平陽縣農民銀行，四川省有江津農工銀行，等等。這一時期，縣與縣之間也開始聯合舉辦農民銀行，如浙江的金武永農民銀行和義東浦〔註 14〕農民銀行，均是相鄰三縣合辦的區域性商業銀行，這樣可以增強銀行的資金實力，實現縣與縣之間在農業生產和資金利用上的互幫互助。以金武永農民銀行爲例，浙江省金華、武義、永康三縣的農民借貸所因資金缺乏，農貸業務難以開展，1934 年報浙江省財政廳後合併爲金武永農民銀行。爲辦理好農貸業務，該行成立了協調機構，設監理委員會，由金、武、永三縣縣長及合作事業指導員、縣農民協會代表、地方人民代表及技術專員組成，對該行農貸業務進行指導。

3. 合作銀團制度專項支持農業生產

二十世紀三十年代，國民政府的政權漸漸穩固，而面對戰後滿目瘡痍的農村，「政府與社會漸知改良農村之重要」〔註 15〕，金融界也開始把原本投資工商實業的資金轉投至農業，並出現了一種區域性的農貸聯合組織——中華農業合作貸款銀團。1934 年上海銀行、交通銀行、金城銀行、浙江興業銀行以及豫鄂皖贛四省農民銀行開始組建向農業放貸的聯合組織，次年中國農工銀行參與其中，正式成立了「中華農業合作貸款銀團」，制定了《中華農業合作貸款銀團章程》及《中華農業合作貸款銀團貸款辦法》，對銀團組織的農貸活動進行規範。

《中華農業合作貸款銀團章程》第二條規定該銀團是「以發展農業，及服務農村社會爲宗旨」，凡是「贊成本銀團之宗旨，遵守一切章則」〔註 16〕的金融機構都可參與進來。銀團成員須至少認擔一個單位的貸款金額，通常一個單位的貸款金額爲十萬元，各銀行可根據自身實力增加認擔數額。銀團雖是合作形式，但不具有強制性，各商業銀行「如不願意繼續合作，得於年度終了時聲明退出，其已參加之貸款，如尚未收回，仍照所訂貸款辦法之規定辦理。」〔註 17〕這使得銀團成員無後顧之憂，能夠在適宜之時加入，也能隨

〔註 14〕　義東浦是指浙江的義烏、東陽、浦江三縣。

〔註 15〕　姚崧齡：《張公權先生年譜初稿》，臺北：傳記文學出版社，1982 年版，第 128 頁。

〔註 16〕　王志莘、吳敬敷編著：《農業金融經營論》，上海：商務印書館，民國二十五年版，第 471 頁。

〔註 17〕　王志莘、吳敬敷編著：《農業金融經營論》，上海：商務印書館，民國二十五年版，第 471 頁。

時退出。到抗日戰爭爆發前，加入此銀團的組織共有十餘家商業性銀行，如新華銀行、中南銀行、大陸銀行等都是後期加入者，貸款總額也一度達到了三百餘萬元。此數額雖然不大，但對所支持的農業區域而言則十分寶貴。如1934 年銀團向陝西棉產區的十個合作社貸款二十五萬餘元，受惠的棉田達到一百萬畝，而銀團所設定的 9 釐月息，就爲當地棉戶節約資金近兩萬元，在農貸資金的幫助下「陝西省棉田數量從二百一十萬六千六百六十七畝增加到三百七十一萬九百三十八畝，上升了百分之七十六」〔註18〕。

《中華農業合作貸款銀團貸款辦法》對放款用途和放款程序規定的較爲嚴格。在放款用途上，主要是貸放給棉花生產、銷售、運輸等棉業發展方面。如 1935 年河南省的賑務會曾請求銀團給予部分貸款以資助災區，被銀團婉拒。在貸款管理方面，銀團實行理事會集體決定制。銀團理事會是「由參加各銀行各推理事一人組織之」，職權包括「決定貸款區域及組織各區域辦事處；決定各區域辦事處之貸款計劃；審核各區辦事處之業務狀態；稽核各區辦事處之貸款根目」〔註19〕。並且，理事會可以「隨時派員分赴各區辦事處視察業務狀況」〔註20〕，掌握各貸款區域資金使用情況。由於管理制度嚴格使該銀團貸放的資金能夠有效的用於棉業生產。如1935 年該銀團派楊萌薄等六人前去銀團放貸的主要區域——河南、河北、陝西三省考察，對受貸區域農村進行實地調研，了解農貸資金使用情況，並通過座談方式了解銀團農貸制度中存在的問題，據實撰寫了詳細的《中華農業合作貸款銀團理事會視察報告》，對視察省份農貸制度的利弊得失作出具體分析，銀團依此調整了新一年的農貸方針。

中華農業合作貸款銀團的業務一直持續到抗戰爆發，後因農本局的成立，農貸合放使命告已完成。該銀團雖只存續了四年，確爲中原及西北地區的棉業發展提供了資金支持，在支農利民方面也功不可沒。

（三）戰時商業性銀行農貸業務的變化

抗日戰爭期間，商業性銀行農貸業務呈現出諸多變化。抗戰初期，尤其

〔註18〕 馬長林：「民國時期上海金融界銀團機制探析」，《檔案與史學》，2000 年 06 期。
〔註19〕 王志莘、吳敬敷編著：《農業金融經營論》，上海：商務印書館，民國二十五年版，第 472 頁。
〔註20〕 王志莘、吳敬敷編著：《農業金融經營論》，上海：商務印書館，民國二十五年版，第 472 頁。

是 1942 年之前，中央一級的商業性銀行多是表現爲大力支持和發展農貸業務。如中國銀行在戰時就專門設立「農貸總稽核」、「副稽核」、「幫核」掌管農貸業務，在抗戰大後方的渝、蓉、雍三地和中國金融最發達的滬、浙兩地的分行還設有「農貸股」，專司農貸業務；在尚未淪陷的省份設立「農貸專員」，每區有「農貸視察」，各縣設農貸辦事處，並派主任、輔導員負責推進各縣農貸業務。中央信託局也在 1940 年設立「建儲農貸處」，開始在四川省開展農貸業務，並委託中國銀行和中國農民銀行在其他省進行農業放貸。這一時期國家商業銀行之所以擴大農貸業務，一方面在於抗戰當前，爲保證軍需供應，政府亟需各金融機關共同致力於農村經濟復興；另一方面，受戰爭影響，國家經濟不景氣，發展農業信貸也是謀求資金之出路。

相較於中央一級的商業性銀行，地方商業性銀行在抗戰初期的發展則呈現出分化態勢。一部分地區的商業性銀行面對突如其來的戰爭能夠迅速制定應對策略，堅持辦理農貸業務。如安徽地方銀行制定的《非常時期安徽省農工商業貸款處組織及貸款暫行規則》中設有耕牛、農具、紅茶、水利等農貸項目；1939 年陝西省銀行爲擴大本省農貸業務，在總行內又專門增設農貸科；1940 年，《福建省銀行民國二十九年份營業報告》中指出，「農漁業放款本年十二月底貸出總餘額，共計二八四二三八二三九元，占各種放款總餘額百分之八‧七一」〔註 21〕；而廣東省銀行更是在廣東失守又收復後，繼續辦理農貸業務，並在 1940 年「更訂農貸業務方針，將農貸區域擴至六十四個縣」〔註 22〕。與此相對的是，一些地方商業銀行受戰爭的影響被迫停辦農貸業務。

1942 年，四聯總處命中央各大商業性銀行逐漸將其所辦理的農貸業務交於中國農民銀行。同時，地方大多數商業性銀行的農貸業務，凡是之前爲四聯總處所核准的「單獨承辦各縣市農貸及應參加之各種聯合農貸，一律交由中國農民銀行負責辦理。」〔註 23〕至此，南京國民政府時期各商業性銀行完成了在農業融資方面的使命，商業性銀行與中國農民銀行共同辦理農貸業務的局面結束。

〔註21〕　福建省銀行編：《福建省銀行民國二十九年份營業報告》，福州：福建省銀行印，民國三十年，第 5 頁。
〔註22〕　姚公振著：《中國農業金融史》，上海：中國文化服務社出版，民國三十六年版，第 466 頁。
〔註23〕　中中交農四行聯合辦事總處秘書處編：《四聯總處三十一年度辦理農貸金融報告》，重慶：中中交農四行聯合辦事總處秘書處印，民國三十二年，第 7 頁。

二、商業性銀行農業融資的法律規制

南京國民政府時期的商業性銀行，從層級上可分爲中央、省、縣三級。各級商業性銀行都制定有相應的農貸制度和放款措施，並上下形成統一的制度體系，成爲其向農業放貸的有力保障。

（一）農貸制度基本規則

商業性銀行依據《銀行法》規定經由財政部核准後設立，並按照第三條「創辦銀行者應先行訂立章程……呈請財政部或呈由所在地主管官署轉請財政部核准」﹝註24﹞之規定，各行都制定有自己的「章程」或「條例」。如《交通銀行條例》、《江西裕民銀行章程》、《綏遠省銀行章程》、《浙江省農民銀行條例》、《餘姚縣農民銀行章程》等。針對農貸業務，各商業銀行也相應出臺了專門制度規範放貸行爲。如《上海商業儲蓄銀行農業合作貸款部放款章程》、《江蘇省農民銀行放款章程》、《餘姚縣農民銀行放款規則》《浙江省地方銀行農工貸款規程》等。筆者在閱讀南京國民政府時期部分商業性銀行的章程制度後發現，通常各商業性銀行會在「章程」或「條例」的「業務範圍」中以列舉的方式提出農貸項目，但具體放貸措施則由專門的放貸章程或辦法予以詳細規定。故研究這一時期商業性銀行農貸法制的基本內容，應以各行的「放貸章程」爲對象才能眞正的抽絲剝繭、探尋制度實質。以下就是筆者從當時眾多放貸章程中歸納出的商業性銀行向農業放貸的共性制度。

1. 放款對象規定

南京國民政府時期，商業性銀行農業放貸的對象大體可分爲四類，第一類爲由農民合法組織的合作社，如《江蘇省農民銀行合作社放款章程》第一條所規定，「凡農村合作社成立在六個月以上，組織健全、份子純正，並已經所在地市縣政府之登記者，得向本行申請借款。」﹝註25﹞第二類是在合作事業不發達之區域可貸予農業生產互助會﹝註26﹞。第三類是農民個人，商業性銀行直接

﹝註24﹞ 浙江地方銀行總行編：《金融法規輯要》，麗水：浙江地方銀行總行發行，民國三十年版，第 39 頁。

﹝註25﹞ 王志莘、吳敬敷編著：《農業金融經營論》，上海：商務印書館，民國二十五年版，第 454 頁。

﹝註26﹞ 生產互助會由農民七人以上組成，彼此負連環保證責任。組織較合作社爲簡單，無需縣政府登記的手續。此類組織實質上屬於過渡性質，其最終需改組爲合作社。

放貸給農民個人是極個別情形，如餘姚縣農民銀行也僅是規定在「合作社未普遍前得暫行兼辦特種農民放款」〔註27〕。第四類並不針對特定的對象，只要是有助於發展農業生產，都可成爲商業性銀行的資金扶持對象，如《江蘇省農民銀行章程》第二十三條規定：「各地合作事業未充分發達前，關於增進農產事業及副業等，亦得放款，但此等放款總額應由監理委員會議決之。」〔註28〕

2. 放款額度規定

商業性銀行爲便利農民融資，爲貸款對象提供了三種借款方式。其一爲信用貸款，其二爲抵押貸款，其三爲保證貸款。爲了規避風險，各商業性銀行對不同的貸款方式有不同的額度限制。信用貸款對象主要面向農村合作社，資金貸放的多寡與合作社的責任形式相掛鉤，「如果是貸給有限或無限責任的合作社，不得超過該合作社股金、公積金的總數，如果貸給保證責任的合作社，其數額不得超過該社股金、保證金及公積金的總數。」〔註29〕不動產抵押放貸中，借貸人所能貸到的數額與不動產本身價值密切相關。如江蘇省農民銀行規定不動產抵押貸款，額度不得超過該行「估定該項抵押物品額之五成」〔註30〕；餘姚縣農民銀行則規定「如係不動產抵押者，以本縣境內之產業爲限，其數額不得超過其抵押品時價十分之六」〔註31〕；中國銀行的規定則是「當地時價的十分之七」〔註32〕。因不動產價格並非一成不變，而是隨市場供需關係的變化而波動，所以當商業性銀行佔有的不動產價值出現較大波動遠低於所估價格時，「應由借款人提供相當價值之抵押品，或償還本貸款本息之一部分或全部」〔註33〕，否則銀行有權利按規定拍賣抵押品。動

〔註27〕 王志莘、吳敬敷編著：《農業金融經營論》，上海：商務印書館，民國二十五年版，第459頁。

〔註28〕 王志莘、吳敬敷編著：《農業金融經營論》，上海：商務印書館，民國二十五年版，第355頁。

〔註29〕 侯厚培、侯厚吉編：《農業金融論》，上海：商務印書館，民國二十五年，第318頁。

〔註30〕 王志莘、吳敬敷編著：《農業金融經營論》，上海：商務印書館，民國二十五年版，第456頁。

〔註31〕 王志莘、吳敬敷編著：《農業金融經營論》，上海：商務印書館，民國二十五年版，第461頁。

〔註32〕 王志莘、吳敬敷編著：《農業金融經營論》，上海：商務印書館，民國二十五年版，第474頁。

〔註33〕 中央銀行經濟研究處編：《中國農業金融概要》，上海：商務印書館，民國二十五年版，第328頁。

產抵押中，貸款額度與物品價值的關係與不動產的規定類似，通常「分別按照市價或估值加以適當折扣受押，並給取贖證書一紙以資憑守」〔註34〕。至於折扣額度，又因銀行而異，一般多為六成或七成。對於動產和不動產抵押貸款，借款人可以根據實情調換抵押品，但必須徵得銀行同意，且與「所有調換之物品，須與原抵押物估計之價額相等。」〔註35〕

3. 貸款清償規定

按時還本付息是借款人的責任，若無法按時歸還，應提前一個月通知商業性銀行進行轉期。轉期雖然推遲了還款期限，但因借貸者已經違反先前借貸之約，故一般銀行對於轉期都有一定的「懲罰性」規定。如申請轉期之後，先前「所押金額，得按照市價酌量更改」〔註36〕，或「利息須結清，不得一併轉期」〔註37〕。對於未能申請成功的轉期，借貸者逾期不償還本息，銀行可以自由變賣，先前銀行「出給之取贖證書亦即行作廢」，且「無需通知，即將抵押品變賣，借款人不得異言……所有變賣時，各種費用及虧耗，均歸借款人承擔」〔註38〕。此變賣行為可以由銀行發起，也可由銀行委託法院進行，如浙江地方銀行就採取委託法院的方式，「申請法院依法拍賣，所得價款若不敷抵償借款本息，應由借款人及保證人負清償責任，倘有餘剩得退還之」〔註39〕。除了直接拍賣，亦有銀行會給予借款人一個月的寬限期，如江蘇省農民銀行就有「借款到期，務須本利清償，倘有拖欠而未得本行之統一轉期者，在延期內之利息，本行得將本利一併按照原定利率加五釐計算，但延期不得過一個月」〔註40〕之規定。除此之外，各銀行針對借貸人抵押憑證的遺失也

〔註34〕 中央銀行經濟研究處編：《中國農業金融概要》，上海：商務印書館，民國二十五年版，第326頁。

〔註35〕 王志莘、吳敬敷編著：《農業金融經營論》，上海：商務印書館，民國二十五年版，第452頁。

〔註36〕 中央銀行經濟研究處編：《中國農業金融概要》，上海：商務印書館，民國二十五年版，第326頁。

〔註37〕 王志莘、吳敬敷編著：《農業金融經營論》，上海：商務印書館，民國二十五年版，第455頁。

〔註38〕 王志莘、吳敬敷編著：《農業金融經營論》，上海：商務印書館，民國二十五年版，第451頁。

〔註39〕 中央銀行經濟研究處編：《中國農業金融概要》，上海：商務印書館，民國二十五年版，第328頁。

〔註40〕 王志莘、吳敬敷編著：《農業金融經營論》，上海：商務印書館，民國二十五年版，第450頁。

做了規定，以避免銀行與借款人因此而產生糾紛。如「凡押戶遺失存據時，應邀妥保向本行掛失，並自行在當地報紙聲明作廢，如過一個月後，毫無糾葛，由本行另給新存據，但須繳掛失費一角。如於未掛失前，經人贖取，或贖後發生糾葛情事，應由押戶自行交涉，本行概不負責。」〔註41〕

（二）農貸制度精要

信用貸款、抵押貸款、保證貸款是商業性銀行向農業領域放款的三種方式。對於信用貸款，各銀行規定的比較原則，如《餘姚縣農民銀行放款規則》第十一條規定，「凡向本銀行申請定期或分期信用放款時，如爲信用不足者，得令其改爲他種放款。」〔註42〕從中可以看出，信用放款安全度較差，銀行出於自身利益的保護，一般不會採用此種方式，而是採用安全性較高的抵押放款和保證放款兩種方式。各銀行的農業放款章程中，都用較大篇幅規定了這兩種方式的貸放流程與細節，因此抵押貸款和保證貸款應是商業性銀行放貸制度的核心。

1. 抵押制度

農業資金的抵押借貸，根據抵押物性質不同分爲不動產抵押、動產抵押和青苗抵押，各銀行根據自身情況有選擇性的開展業務。如上海商業儲蓄銀行開設有動產抵押和青苗抵押兩種業務，浙江省地方銀行則對這三種抵押方式都做了專門的規定：《農工不動產抵押貸款規程》、《農工零星動產抵押貸款規程》、《農業青苗抵押貸款章程》。商業性銀行的三種抵押放款中，青苗抵押作爲一種具有創新性的農業融資制度將在第六章詳加論述，動產和不動產抵押在規定上多有相同之處，下文以比較的方式對二者進行闡釋。

（1）動產「抵押」解析

「抵押」與「質押」在學理上有嚴格的區分。根據《中華民國民法》規定，動產用「質押」一詞更爲準確。因爲「抵押權者，對於債務人或第三人不轉移佔有而供擔保之不動產，得就其賣得價金受清償之權」〔註43〕，而「動

〔註41〕　王志莘、吳敬敷編著：《農業金融經營論》，上海：商務印書館，民國二十五年版，第 452 頁。

〔註42〕　王志莘、吳敬敷編著：《農業金融經營論》，上海：商務印書館，民國二十五年版，第 460 頁。

〔註43〕　吳經熊校勘：《袖珍六法全書》，上海：法學編譯社，民國二十四年半，第 94 頁。

產質權者，謂因擔保債權佔有由債務人或第三人移交之動產，得就其賣得價金受清償之權」〔註44〕。質押與抵押最大的區別就在於物是否「轉移」。在南京國民政府時期商業性銀行的抵押放貸中，抵押物包括不動產亦包括動產，而且可以確定的是，動產抵押實質上都以物的轉移爲原則。如江蘇省農民銀行規定，「收到抵押品物時，即填發存據，交借戶收執，俟款項還清後，本行憑存據，將抵押品物交還借戶。」〔註45〕餘姚縣農民銀行規定「抵押品送到本行時，應由本行發給收據，俟借款還清，再由借款人持據領回。」〔註46〕銀行之所將轉移動產取得資金的方式稱之爲「抵押」，筆者認爲有兩方面之原因：

一是商業性銀行的一種制度習慣。南京國民政府時期的《民法》頒佈於1929年，但有些商業性銀行辦理農貸業務早於這個時期。由於當時法律制度並不完善，商業性銀行在制定放貸制度時，並沒有嚴格區分「抵押」與「質押」這兩個概念，而是籠統的稱爲「抵押」，導致後來各銀行在制定新的農貸章程時，繼續沿用了「抵押」這一名稱。

二是南京國民政府時期商業性銀行的動產質押雖然以「轉移」爲原則，但也有例外情形。如以農具等農業生產資料爲「質押物」時，銀行並不強制要求農戶必須將其交由銀行保管，而是「借戶須將該項押物名稱、價額、商標、製造廠等，詳細填入約內，並須另覓殷實人士具保管據。」〔註47〕由此看來，該制度又絕非單純的「質押」，故筆者認爲，南京國民政府時期商業性銀行將動產稱之爲「抵押」，亦是對特殊情形的一種考量。

（2）抵押物屬性

以不動產作抵押，必須爲「個人之私有產業」，其中「所有公庫、祠產、會產」等銀行一般不予受押；在檢驗借款方所抵押的不動產是否爲本人所有時，要求必須「將不動產之正式圖照、完納地價稅證、收據、戶摺、管業證、

〔註44〕 吳經熊校勘：《袖珍六法全書》，上海：法學編譯社，民國二十四年半，第96頁。

〔註45〕 王志莘、吳敬敷編著：《農業金融經營論》，上海：商務印書館，民國二十五年版，第451頁。

〔註46〕 王志莘、吳敬敷編著：《農業金融經營論》，上海：商務印書館，民國二十五年版，第461頁。

〔註47〕 王志莘、吳敬敷編著：《農業金融經營論》，上海：商務印書館，民國二十五年版，第451頁。

稅契、糧串等」〔註48〕交至銀行存驗。如果「全部契據如未經清丈者」，則按當地習俗慣例，把與之相關的全部證件交至銀行檢驗，若檢查有證件不齊全者，則需要「自行補具完全後，再行檢送」〔註49〕。銀行為保證不動產抵押物的清償功能正常行使，大都規定「貸款之不動產抵押品，須係第一次抵押」，如果因抵押人的原因造成該不動產「在他處戲押典賣，及發生一切糾葛事項」〔註50〕，作為貸方的銀行對此概不負責。鑒於此，有些商業性銀行為防止被抵押的不動產出現重複抵押或造假之嫌，會在辦理不動產抵押手續時，「呈請縣政府註冊以杜流弊」〔註51〕，餘姚縣農民銀行就有如此規定。

以動產做抵押，銀行更多的是強調其自身的價值，即「能儲藏久遠」，而且通常會在放貸章則中以列舉的方式進行說明。如《農工零星動產抵押貸款規程》中就明文列出「農產品、工藝品、原料、種子、肥料、衣服、金銀銅鐵器具」〔註52〕才可為抵押品。對於動產抵押，商業性銀行之所以並不強調必須為私人所有，是因為抵押物通常由銀行進行保管，即使出現所有權糾紛，根據民法規定他物權優於所有權，所以就有類似「抵押品如係盜竊賊物，本行未曾覺察而受押者，經物主認明，報告官廳，領有證明書者，得償還本利，收回抵押品，本行並不負刑事上一切責任」〔註53〕的規定。

（3）抵押物保管

動產抵押時，大多數抵押品須暫寄存在商業銀行中，銀行對該物品有保管之責。許多銀行在農業貸款章程中，對動產抵押物的管理有專門規定。對於可以預料的保管風險，銀行通常會以保險的方式避免損失。如「本貸款抵押品概由本行出資按照受押時市值投保水火險，將來遇有不測，當由本行在

〔註48〕　中央銀行經濟研究處編：《中國農業金融概要》，上海：商務印書館，民國二十五年版，第 327 頁。

〔註49〕　中央銀行經濟研究處編：《中國農業金融概要》，上海：商務印書館，民國二十五年版，第 328 頁。

〔註50〕　中央銀行經濟研究處編：《中國農業金融概要》，上海：商務印書館，民國二十五年版，第 328 頁。

〔註51〕　王志莘、吳敬敷編著：《農業金融經營論》，上海：商務印書館，民國二十五年版，第 461 頁。

〔註52〕　中央銀行經濟研究處編：《中國農業金融概要》，上海：商務印書館，民國二十五年版，第 326 頁。

〔註53〕　中央銀行經濟研究處編：《中國農業金融概要》，上海：商務印書館，民國二十五年版，第 327 頁。

賠款金額內扣除貸款及利息，如有餘剩，攤給各借款人」〔註 54〕。對於無法預料的意外，銀行則有概不負責的規定。如「抵押品如遇有兵災盜劫及事實上不能避免之損害，本行概不負賠償責任」〔註 55〕，或「因天災、時變及其他人力不能抵抗之事，以及物質上之變遷，致受損時，本行概不負責，借戶仍須將本息完全償還。」〔註 56〕對於不轉移的動產，銀行對其登記造冊後，由物主和具保人共同承擔保管之責。在不動產抵押上，並無保管責任的規定。

2. 擔保制度

擔保貸款制度是商業性銀行對農業領域放貸的一種重要方式。在這種方式中，雖然保證人只是農業資金借貸法律關係中的第三人，因其所承擔的責任不亞於農貸債務人，在各銀行的放款章程中，對其有專門要求。

（1）保證人條件

《中華民國民法》對保證人是如此界定的：「稱保證人者，謂當事人約定一方於他債務人不能履行債務時，由其代負履行契約之責任。」〔註 57〕因而出於對保證人償債能力的考慮，商業性銀行對其有明確的條件要求：首先，保證人的屬性上，即可為自然人，亦可為法人，如商鋪等；其次，在保證人的數量上，通常未有明確規定，如餘姚縣農民銀行規定只要有殷實可靠之保證人即可。但也有例外情形，如浙江地方銀行推出連環保證放款，要求債務人採用此種借款方式時，必須尋覓三人為保證人。再次，成為保證人者，必須自身資金充裕，故而銀行要求其經濟條件必須「殷實」；最後，保證人的「殷實」程度並非由債務人或保證人來斷定，而是必須由銀行進行審核，認定之後，方可為保證人。如浙江地方銀行的連環保證貸款中就規定，「借款人於申請借款時，將各保證人之姓名、履歷、財產、信譽等，分別填請本行審查，經認為合格後，方得辦理貸款手續」〔註 58〕。以上各條件中，最後兩項為實質條件，並且二者缺一不可。

〔註 54〕 中央銀行經濟研究處編：《中國農業金融概要》，上海：商務印書館，民國二十五年版，第 327 頁。

〔註 55〕 中央銀行經濟研究處編：《中國農業金融概要》，上海：商務印書館，民國二十五年版，第 327 頁。

〔註 56〕 王志莘、吳敬敷編著：《農業金融經營論》，上海：商務印書館，民國二十五年版，第 452 頁。

〔註 57〕 吳經熊校勘：《袖珍六法全書》，上海：法學編譯社，民國二十四年半，第 80 頁。

〔註 58〕 中央銀行經濟研究處編：《中國農業金融概要》，上海：商務印書館，民國二十五年版，第 330 頁。

（2）保證人責任

民法之中的保證人，在法律關係中的責任，若無契約專門規定則主要承擔保證債務，即「包含主債務之利息、違約金、損害賠償及其他從屬於主債務之負擔」〔註 59〕。具體到商業性銀行與農業資金借貸者之間的法律關係中，作為第三方的保證人其責任有更為嚴格的規定。保證人一旦在借據上簽字蓋章，當借款人不能按期清償農業貸款時，須承擔連帶的清償責任。如浙江地方銀行的《農工連環保證信用貸款規程》中就規定，「本貸款須訂立借據，借款人及保證人均須簽字蓋章，保證人對於本貸款互負有連帶清償責任，不得彼此推諉」〔註 60〕，而且，這種保證責任將一直延續到此借貸法律關係完結之時，不受中途契約變更之影響。借貸人到期暫無法還款申請轉期時，須與銀行重新簽訂新的借貸契約，保證人即使未在新契約上簽字，仍不影響其擔保責任。《江蘇省農民銀行放款章程》第二十六條如此規定，「借戶如訂立轉期契約時，原借據上，承還保證人，仍負保證之責任。」〔註 61〕

此外，不同的商業性銀行對保證人的責任做出了不同的限制。如江蘇省農民銀行，就要求保證人必須拋棄部分法定抗辯權，「承還保證人與借戶負同等之責任，經本行通知還款時，須拋棄民法第七四五條規定之權利，立即將被保人所欠本行本息，及本行因此項借款而損失之一切費用，如數代為清償，不得有異議」〔註 62〕，而《民法債編》第七百四十五條之規定是「保證人於債權人未就主債務人之財產強制執行而無效果前，對於債權人得拒絕清償」〔註 63〕。江蘇省農民銀行之所以如此規定，其主要目的還是為了降低銀行農業放貸的風險，最大限度的按期收回農貸本息。

〔註 59〕　吳經熊校勘：《袖珍六法全書》，上海：法學編譯社，民國二十四年半，第 80頁。

〔註 60〕　中央銀行經濟研究處編：《中國農業金融概要》，上海：商務印書館，民國二十五年版，第 331 頁。

〔註 61〕　王志莘、吳敬敷編著：《農業金融經營論》，上海：商務印書館，民國二十五年版，第 452 頁。

〔註 62〕　王志莘、吳敬敷編著：《農業金融經營論》，上海：商務印書館，民國二十五年版，第 452 頁。

〔註 63〕　吳經熊校勘：《袖珍六法全書》，上海：法學編譯社，民國二十四年半，第 80頁。

三、商業性銀行間農貸制度比較

南京國民政府時期，不同層級的商業性銀行都有各自的農貸制度，這些制度既有共性之處，亦有各自特點，這不僅體現在文本的規定中也展現於實踐中。

（一）農貸制度的共性

在中央商業性銀行中，中國銀行開展農貸業務較早，在地方當屬經濟相對發達的江浙兩省發展積極。故筆者以中國銀行、江蘇省農民銀行和浙江省的餘姚縣農民銀行為代表，以《中國銀行農村放款辦法》、《浙江省農民銀行放款章程》及《餘姚縣農民銀行放款規則》為主要研究對象，首先探尋這些農貸制度的共同之處。

1. 內容構架的相似性

《中國銀行農村放款辦法》、《浙江省農民銀行放款章程》和《餘姚縣農民銀行放款規則》三個制度的制定主體雖然各不相同，但在內容的編排上卻呈現出極大的相似性。特別是在農貸業務的宗旨、農貸的對象、農貸方式以及還款規定及違約責任等方面，都大致相同。如在農貸償還這一問題上，都統一分為三種情形，即按期償還、提前償還和延期償還。以《中國銀行農村放款辦法》為例，農業放貸的時間通常在一年以內，借貸方借款到期必須本息清償；如果出現特別情形無法按期還本付息時，中國銀行允許借貸方推遲還款，但必須履行相應的程序，即「須於前一個月繕具理由書向本行請求轉期，得本行核准並填就轉期契約後，方得轉期」，但是如果「借款到期未經本行核准轉期而拖欠」，根據《中國銀行農村放款辦法》第十一條的規定，銀行除了向借貸方索還全部的本息之外，「將過期之利息加二釐計算」〔註64〕，但期限僅為一個月，以此作為借款方籌集資金的緩衝期，若再有拖延，則按照契約規定或起訴或拍賣抵押品等；若借款尚未到期而借貸方已有能力償還時，銀行出於保護農民利益的考慮，允許「隨時償還其一部或全部」，並且「該借款之利息，按實在用款之日期計算」〔註65〕。這與《浙江省農民銀行放款

〔註64〕　王志莘、吳敬敷編著：《農業金融經營論》，上海：商務印書館，民國二十五年版，第 475 頁。

〔註65〕　王志莘、吳敬敷編著：《農業金融經營論》，上海：商務印書館，民國二十五年版，第 475 頁。

章程》和《餘姚縣農民銀行放款規則》基本一致。此一例可以看出，各級商業銀行對農貸內容出現相似性規定，主要是在農貸的程序方面，這屬於「應然」之規定，且具有一定的規律性，不是各商業性銀行在制度建設上能夠凸顯自身特色之處。

2. 制度凸顯商業性銀行本質

商業性銀行，顧名思義是以營利為目的，是通過較低的利率借入存款，以較高的利率放出貸款，來獲取利潤。南京國民政府時期的商業性銀行，無論再怎樣響應國家號召向農民貸予資金發展農業生產，都不可能改變重利的本質，這在三家銀行的農業放貸章程中顯露無疑。

（1）變相強制存款。對於農民或合作組織而言，從商業性銀行進行資金借貸通常應該是只要符合借貸條件即可獲取農用資金，如有不動產抵押，保證人擔保等。但部分商業性銀行為增加本行業務收入，變相要求農業資金借貸方在貸款的同時必須進行存款。如《中國銀行農村放款辦法》第十二條中規定，「本行為鼓動農民節儉及穩固合作社基礎起見，凡向本行借款之合作社或農民團體，須將股本、公積金及其他社款或團體公款之全部存於本行」；中國銀行規定的農貸程序中還有「合作社或農民團體接到放款核准通知書及空白借據後，將借據詳細填寫簽字蓋章，並派代表攜帶社款或團體公款存入本行並辦理手續領取借款」〔註 66〕的規定。存款成為獲得貸款的前提條件，即只有先存款才可領取借款。這一要求並非中國銀行的特例規定，其他商業性銀行也有類似規定，如《江蘇省農民銀行合作社放款章程》第二條，《上海商業儲蓄銀行農業合作貸款部放款章程》第十七條等。雖然這些商業性銀行也允諾給予農民組織存款的優惠條件，如上海商業儲蓄銀行就承若此類存款「利息得按本行儲蓄章程加息一釐優待之」〔註 67〕，但從民法的角度卻有違背當事人意願，強迫交易之嫌，商業性銀行重利的特點暴露無遺。

（2）風險意識強。在農貸放款方式中，各商業性銀行推出的方式有信用貸款、抵押貸款、保證貸款三種，但從中國銀行、江蘇省農民銀行和餘姚縣農民銀行的放款規則中，無一例外的都把抵押貸款和保證貸款作為主要方

〔註 66〕　王志莘、吳敬敷編著：《農業金融經營論》，上海：商務印書館，民國二十五年版，第 475 頁。

〔註 67〕　王志莘、吳敬敷編著：《農業金融經營論》，上海：商務印書館，民國二十五年版，第 479 頁。

式，大篇幅的規定了兩種貸款的種種要求。商業性銀行之所以強調「抵押」和「擔保」，根本目的就是爲了規避農業借貸風險，因爲農業資金的借貸主體爲並不富裕的農民，一旦採用信用借貸方式，若借貸主體無力償還則於銀行而言就會產生壞賬，造成資本損失，而抵押和擔保在同等條件下則有挽救的餘地，一定程度上降低貸款風險。

（二）農貸制度的差異

商業性銀行自成體系，相互之間是完全獨立毫無隸屬關係的，因而制度建設上亦不盡相同，差異性十分明顯。

1.「拘謹呆板」的中央商業性銀行農貸制度

中央商業性銀行與地方商業性銀行相比，在農貸制度的設計上相對「拘謹」、「呆板」，這主要體現在放款方式、放款額度和放款期限中。如中國銀行在《中國銀行農村放款辦法》中只規定了兩種放款方式，即「農產品抵押放款」和「小額信用放款」。特別是信用放款，強調「小額」二字，足見其對農民信用的擔憂。如果說貸款方式和貸款額度體現了中國銀行農貸制度設計上的「拘謹」，那麼貸款的期限則體現了其「呆板」的一面。《中國銀行農村放款辦法》第七條規定：「信用放款期限不得超過一年，農產品押款期限不得超過六個月。」〔註68〕而在地方商業性銀行中，貸款期限的規定中往往有「但書」，即允許例外情形存在。如《餘姚縣農民銀行放款規則》第六條規定，「放款期限定期最長六個月，分期最長一年，因特別情形期限一年以上者，應先陳由經理提交監理委員會議決」〔註69〕；《浙江省農民銀行條例》中更有規定，「如有特別情形得延長至十年以內」〔註70〕這較中國銀行的規定要靈活許多。

2.「靈活多變」的地方商業性銀行制度

地方商業性銀行在制定農貸章程時更能緊密結合當地實情，以促進當地的農業生產，它們的農貸制度比中央商業性銀行更加靈活多變。

〔註68〕 王志莘、吳敬敷編著：《農業金融經營論》，上海：商務印書館，民國二十五年版，第445頁。

〔註69〕 王志莘、吳敬敷編著：《農業金融經營論》，上海：商務印書館，民國二十五年版，第452頁。

〔註70〕 王志莘、吳敬敷編著：《農業金融經營論》，上海：商務印書館，民國二十五年版，第443頁。

　　其一，在放款對象上，並不絕對限於農民團體。如《江蘇省農民銀行放款章程》第二條規定，該行的農貸對象以「農民所組織之合作社爲原則」，但同時考慮到各地合作事業發展的情形各有差異，於是規定，「在各地合作事業未充分發達以前，關於直接或間接推進農業生產及運銷之事業，亦得酌量核放」〔註71〕，而中央商業性銀行則未有此類規定。其二，放貸客體更加多樣化，除了現金之外，江蘇省農民銀行還爲農業借貸者提供實物放貸，採用何種方式由銀行根據具體情形斟酌。其三，放貸額度具有「便民性」，對於銀行而言，每筆款項的借出與收回都需耗費一定的人力和財力，出借的資金額度越大則相應的成本越低利潤越高，相反，出借的額度越小則成本越高，但部分地方商業性銀行出於便民利民的考量，允許農戶借貸極小額資金，如《通縣農工銀行放款規則》就規定了「本銀行放款數目以十元爲起點」〔註72〕。其四，資金監管更細緻，南京國民政府時期，對於復興農村經濟、發展農業生產而言，農貸資金的投入固然重要，但資金使用中的監管同樣不可忽視。在這一方面，中央商業性銀行的規定略顯單薄，如《中國銀行農村放款辦法》中僅僅規定「對於借款之合作社及農民團體有隨時調查其內容及稽核帳目之權」〔註73〕，而省、縣級商業性銀行因管理範圍更明確，在制定放貸監管規定時考慮的更全面。《餘姚縣農民銀行放款規則》中，對於借貸方違反資金用途的行爲規定的極爲具體，除了類似中國銀行規定的有權對合作社貸款帳目隨時審核外，還以列舉的方式規定索還借款的情形，如「借款用途不依照申請書所規定者」、「保證放款之錢莊或商店，如遇保證能力不足時，本銀行認爲不能繼續保證者」、「借款之保證人如遇死亡無繼續爲之保證者」、「抵押借款之抵押品時價低落者」、「私將抵押品改變原狀或轉移其所有權者」、「合作社將款轉借社員，其利率超過月息一分二釐者」〔註74〕等。這般細緻的規定，使得銀行工作人員在開展農貸資金監管工作時更易操作，在保證資金合理利用的同時也能限制監管者的權利濫用。

〔註71〕　王志莘、吳敬敷編著：《農業金融經營論》，上海：商務印書館，民國二十五年版，第 449 頁
〔註72〕　王志莘、吳敬敷編著：《農業金融經營論》，上海：商務印書館，民國二十五年版，第 466 頁。
〔註73〕　王志莘、吳敬敷編著：《農業金融經營論》，上海：商務印書館，民國二十五年版，第 475 頁。
〔註74〕　王志莘、吳敬敷編著：《農業金融經營論》，上海：商務印書館，民國二十五年版，第 462 頁。

綜合以上商業性銀行農貸的制度可以看出，在南京國民政府時期中央商業性銀行雖經營區域大，但在農貸制度的設置上卻未能考慮地區的差異性及借貸個體的經濟狀況，而地方商業性銀行正因為其「地方性」的特點，反而能夠從當地農業發展和農民的實情出發，制定更切實有效的農貸章程，兩者相比，中央商業性銀行的制度略顯大而化之。

（三）商業性銀行農貸實踐中的差異

南京國民政府的黃金十年，是商業性銀行農貸業務的推廣期和發展期。在法律的引導和國家政策的扶持下，商業性銀行從中央到地方陸續開辦，並取得了一定的成效。下表〔註75〕為這一時期不同層級的三家商業性銀行的農業資金貸放比較。

表4-1：不同層級商業性銀行農業資金貸放比較表（1933年～1937年）

年份 銀行	1933年	1934年	1935年	1936年	1937年
交通銀行	／	／	33620200元	88465690元	386798427元
江蘇省農民銀行	2890000元	8900000元	9860000元	15400000元	／
湘西農村銀行	247000元			／	

從上表可以看出，中央和省一級商業性銀行自開辦農貸業務以來，資金的投放率逐年提升。在放貸額度上，中央商業性銀行要遠遠高於地方商業性銀行，縣級商業性銀行則相對最少，這與不同層級商業性銀行的經濟實力是分不開的。但實際上，若論農貸資金的投放比重，則地方商業性銀行遠高於中央商業性銀行。根據《中國銀行民國二十三年底營業報告書》所列，該年度中國銀行「放款總額洋四萬一千一百九十五萬餘元之中，農業放款占總放款額百分之五‧三八」〔註76〕，而湖南省的湘西農村銀行截止到「廿四年底止，存款即達十一萬六千元，放款逾二十四萬七千餘元」〔註77〕。如此比重一看即已明瞭，地方商業性銀行能夠把更多的資金投入到當地的農業發展中

〔註75〕　表內數據來源於姚公振著：《中國農業金融史》，上海：中國文化服務社出版，民國三十六年版，第248、191、244頁。

〔註76〕　林和成編：《中國農業金融》，上海：中華書局，民國二十五年版，第313頁。

〔註77〕　姚公振著：《中國農業金融史》，上海：中國文化服務社出版，民國三十六年版，第245頁。

來。因爲中央商業性銀行雖開展農貸業務，但卻把更多的資金投入到實業領域，賺取高額利潤回報，而地方商業性銀行一方面受經營範圍的地域限制，另一方面縣級地區多屬經濟欠發達區域，實業較少，農業也就必然成爲資金貸放的主要領域。

客觀的說，商業性銀行在當時融通農業資金中雖然沒有處於主渠道的地位，但所發揮的導向和支撐作用是不可低估的。在 20 世紀 30 年代初，國民政府的許多農業融資平臺尚未建立完善，作爲專業性的中國農民銀行也才剛剛成立，在資金量和機構分佈上遠不如已經營多時的商業性銀行更有優勢。在此種情形下調動商業性銀行放貸於農業領域是最爲有效便捷的方式。商業性銀行並非政策性銀行，營利是其生存和發展的根本，因而國民政府採取了一方面以法律的形式強制商業性銀行開辦農貸業務，另一方面以優惠政策鼓勵安撫商業性銀行的措施。在實施過程中，各商業性銀行放貸業務的開辦可能與預想有所出入，但卻爲正在發展的中國農民銀行等其他農業融資平臺減輕了融資壓力。加之這類銀行機構繁多，地域分佈廣泛，確爲當時資金快速深入農村做了較大的貢獻。隨著抗日戰爭的爆發，地方商業性銀行的業務開展日益艱難，同時伴隨前期農貸業務的推廣，一些問題逐步暴露出來，如同一地域不同的商業性銀行之間常常發生農貸業務衝突。國民政府出於戰略性的考慮，在 1942 年決定將各金融機構的農貸業務全部歸於中國農民銀行辦理，商業性銀行的政策性農貸業務使命結束。南京國民政府時期，雖然商業性銀行的農貸業務眞正開辦的時間也就十載左右，但其作用卻是無法替代和抹殺的。

第五章　中國農民銀行融資法律制度

　　爲恢復和發展農村經濟，南京國民政府專門設立了中國農民銀行，專司農業資金融通。中國農民銀行的發展是伴隨著法制建設的發展而逐步壯大，並在法律制度的保障下很快成爲這一歷史時期農民融資的主渠道和統轄全國農業金融的核心機構。

一、中國農民銀行融資法律制度的建立

　　北伐勝利後，南京國民政府成立，國內局勢並未因此得到平穩，農村經濟更加困難。1932 年 11 月國民政府在豫、鄂、皖三省成立農村金融救濟處，一方面救濟三省頹敗的農村經濟，一方面爲籌設四省農民銀行做準備。1933年 3 月豫鄂皖贛四省農民銀行正式成立，時任農村金融救濟處處長的郭外峰當選爲四省銀行總經理，並同時頒佈了《豫鄂皖贛四省農民銀行條例》，爲日後成立中國農民銀行積累了經驗。1935 年中國農民銀行成立，隨後頒佈《中國農民銀行條例》，中國農民銀行的融資法律制度基本建成。

（一）區域農業融資制度探索

　　1932 年因戰事原因豫、鄂、皖三省農村經濟形勢嚴峻，三省剿匪總司令部〔註1〕開始積極籌備農村金融組織，建立農業融資制度，以挽救農村經濟的衰頹。

〔註 1〕 1931 年 9 月，蔣介石對中央蘇區的第三次圍剿失利後，在漢口設立豫鄂皖三　　　　省「剿匪」總部，後又進駐江西並在南昌設立「行營」。此時的三省「剿匪」　　　　司令部和南昌行營全權負責「剿匪區」內黨政軍一切事宜，成爲「實際上的權　　　　利核心」，有權頒行法令、規章。

1. 豫鄂皖農村金融救濟制度的設立

三省剿匪總司令部在訓令中指出，「復興之道，首先恢復農業，進謀農村之發展。本部本此規劃，當經決定創辦豫鄂皖贛四省農民銀行」，但考慮到「農民銀行尤為救農之百年大計，資本務求雄厚，設備務求健全，經營締造至速當需數月才能成立」，當時農村經濟狀況是「孑遺之民，待救孔殷，亦恐緩不及事」〔註2〕。因此在豫鄂皖贛四省農民銀行成立之前，可先在「剿總」內部成立農村金融救濟處，頒發「匪區內各省農村金融救濟條例」，以安民心。「在四省農民銀行尚未開辦之前，由本部指撥公款一百萬元，並勸募賑款，委託中央銀行或其他著名殷實銀行經理收付，代向指定之匪區各縣辦理農村貸放業務」，同時為了監管農業貸款的發放，剿總司令部決定「設立農村金融救濟處，並在指定准設農村合作預備社各縣設立分處，以專責任。」〔註3〕為此頒佈了具有總領性的《剿匪區內各省農村金融緊急救濟條例》，明確了制定條例的宗旨是「促進匪區農民從速恢復生業」〔註4〕。為了確保資金能夠順利貸放給農民，又專門制定了《豫鄂皖三省剿匪總司令部農村金融救濟處放款規則》。同時為了完善農村金融救濟處的工作機制，加強對放貸程序的監管，配套制定了《豫鄂皖三省剿匪總司令部農村金融救濟處組織規程》和《豫鄂皖三省剿匪總司令部各縣農村金融救濟分處組織通則》。這四部法令的制定使豫鄂皖等省基本建立起了農業救濟性的融資制度，這些制度的探索為日後四省農民銀行的成立奠定了基礎。

2. 豫鄂皖農村金融救濟規範

豫鄂皖等省建立的農業救濟性融資制度中，「救濟」是目的，「融資」是本質，因而在《剿匪區內各省農村金融緊急救濟條例》等四部法律制度中，明確了該區域內農業融資法律關係的主體、客體及彼此的權利義務，規範了豫鄂皖農村金融救濟處的放貸行為和組織管理。具體規範的法律關係和融資程序分析如下：

〔註2〕 中國人民銀行金融研究所編：《中國農民銀行》，北京：中國財政經濟出版社，1980年版，第16頁。

〔註3〕 中國人民銀行金融研究所編：《中國農民銀行》，北京：中國財政經濟出版社，1980年版，第16頁。

〔註4〕 中國人民銀行金融研究所編：《中國農民銀行》，北京：中國財政經濟出版社，1980年版，第294頁。

（1）農業融資關係主體

四部法律規定中的農業融資法律關係，主體包括被融資方和融資方。根據《剿匪區內各省農村金融緊急救濟條例》的規定，發放貸款的被融資方分為間接被融資方和直接被融資方。間接被融資方即農村金融救濟處，之所以稱其為「間接」，是因為該處並不直接向農村投放資金，而是委託直接被融資方發放貸款，「農村金融救濟處，得委託銀行經理收付款項並代辦各種農業用品事宜。受委託銀行，應按照指定各縣，派人設立分支行或代理處，經理款項出納事宜」〔註5〕，故直接被融資方就是受農村金融救濟處委託的「中央銀行或其他著名殷實銀行」及其分支行和代理處。融資方主要包括「農村合作預備社〔註6〕」和「各該社社員」，而在這兩者之間還存在一個融資借貸關係，「農村合作預備社，得向各縣農村救濟分處承借款項，轉貸放於各該社社員」〔註7〕，即資金最終從合作預備社流向了社員手中，真正的惠及農民。

（2）農業融資關係客體

在四省農民銀行成立之前，豫鄂皖剿匪區內的農業資金主要通過撥款和募捐兩種方式取得，剿匪總司令部為救濟農村金融撥公款一百萬元，其餘資金為紳商捐款。放貸的客體包括現金和實物兩種形式。現金是借貸最常見的形式，此處無需解釋，但就實物而言，卻是現金的另一種表現形式。農村金融救濟分處根據各農業合作預備社所提出的農用物資申請，「轉請受委託銀行在該縣所設立之分支行或代理處，代為備貸耕牛、種籽、耕具，及其他必須品，按照實價折合國幣，代為其借款之一部或全部。」〔註8〕為了響應復興農村經濟的國家號召，這些用來恢復剿匪區農業生產的物資可以享受「由所在地財政主管署減免捐稅」或由「國營或省營交通機關減免運費為之運輸」〔註9〕

〔註5〕　中國人民銀行金融研究所編：《中國農民銀行》，北京：中國財政經濟出版社，1980年版，第294頁。

〔註6〕　凡新收復匪區各縣，在保甲編組後，農村民眾實在無力恢復生業者，得准其取具所屬保甲長之證明，集合九人以上，呈經該縣農村金融救濟分處核准，設立農村合作預備社。

〔註7〕　中國人民銀行金融研究所編：《中國農民銀行》，北京：中國財政經濟出版社，1980年版，第294頁。

〔註8〕　王志莘、吳敬敷編著：《農業金融經營論》，上海：商務印書館，民國二十五年版，第370頁。

〔註9〕　王志莘、吳敬敷編著：《農業金融經營論》，上海：商務印書館，民國二十五年版，第370頁。

的優惠政策。這種以實物放貸的形式，能夠確保國家的支農資金員正用到農業生產之中。

（3）農業融資關係中的權利義務

《豫鄂皖三省剿匪總司令部農村金融救濟處放款規則》中具體規定了借貸雙方的權利義務，就被融資主體而言，主要義務是按時按規定發放貸款。發放貸款時要遵守下列規定：放款額度方面，具體到每位社員，每人的借款總額「不得超過三十元」；具體到每個縣也有總量控制不能突破，「縣分處放款如已達分配該縣放款之總額時，得宣告暫行停止」〔註10〕。放款利率方面，農村金融救濟處向合作預備社發放的貸款，「以年息八釐計算」，同時還規定融資方如果「在未到預定歸還時期，得提前歸還，其利息以算至還款之日爲止」〔註11〕。

被融資方的義務也就是融資方的權利，而融資方的義務亦是被融資方的權利。作爲融資方最主要的義務就是按時歸還貸款。具體到償還期限上，農村金融救濟處根據合作預備社所報的資金用途，把還款的期限分爲兩種，一種是一年內還清貸款，主要爲「購買種籽、糧食、飼料、肥料者」，另一種是一至兩年還清，主要爲「購買農具、牲畜或修理房屋者」〔註12〕。在償還責任方面，從合作組織與被融資方來看，「在預備社未改組以前，由預備社負責償還，在預備社改組以後，由繼承之信用合作社負責償還」〔註13〕，如果合作組織無法按時償還貸款，則合作組織成員將負連帶責任。

（4）農業融資程序

前文在論述融資主體時提及，農業資金是經銀行發放到合作預備社再轉貸到社員手中的，這一具體的資金流動過程，《豫鄂皖三省剿匪總司令部農村金融救濟處放款規則》中有嚴格的程序規範，可分爲三個階段。

第一階段，合作預備社審核社員貸款申請。根據《剿匪區內各省農村金融緊急救濟條例》的規定，農民不可以直接向銀行機構申請貸款，只能通過

〔註10〕 王志莘、吳敬敷編著：《農業金融經營論》，上海：商務印書館，民國二十五年版，第 470 頁。

〔註11〕 王志莘、吳敬敷編著：《農業金融經營論》，上海：商務印書館，民國二十五年版，第 470 頁。

〔註12〕 王志莘、吳敬敷編著：《農業金融經營論》，上海：商務印書館，民國二十五年版，第 468 頁。

〔註13〕 王志莘、吳敬敷編著：《農業金融經營論》，上海：商務印書館，民國二十五年版，第 470 頁。

合作預備社來獲取資金。社員如需農業資金來恢復生產，首先應當「填具借款申請書，提交預備社」〔註 14〕。預備社在此時要承擔農業資金借貸的初步審核工作，即預備社在收到社員的申請書後，首先「應向該社員詳細詢問，填具復業預計表」，隨後要把各社員上交的申請書送交至社內評事委員會，由該委員會統一審查用途及金額，最終決定該合作預備社須向縣分處申請的借貸資金總額。爾後，合作預備社將此金額填寫在由農村金融救濟處所印發的三聯式請求借款書中，同時「附具社員借款用途分類表」〔註 15〕送至縣分處。

第二階段，縣分處審核合作預備社貸款請求。農村金融救濟處所轄的縣分處在接到本縣合作預備社送交的《請求借款書》和《社員借款用途分類表》後，「應派遣視察員攜帶該項書表前往該預備社實地調查，或就各社員分別抽查，由視察員擬具報告呈覆後，再行核定之。」〔註 16〕對於合作預備社的借款總金額，縣分處有權根據調查的實情「酌予核減金額」，被核減金額的合作預備社，「應按照核減數目，用比例法減少各社員對該所申請之借款金額，分別攤借之」〔註 17〕。縣分處最終確定借款金額後，「在請求借款書各聯騎縫上加蓋縣印，裁留一聯備查，餘二聯交由該預備社。」〔註 18〕

第三階段，銀行發放貸款。合作預備社在收到縣分處發給的已蓋章的二聯《請求借款書》後，「以一聯持向受委託銀行在該縣所設之分支行或代理處辦理借款手續，一聯存該預備社。」〔註 19〕放款銀行在接收到「經分處核准之請求借款書」後，「應即與預備社簽訂承借合同，交付款項」，此承借合同「應繕具三份，由銀行及預備社各執一份」〔註 20〕，另外一份合同，則須由

〔註 14〕　王志莘、吳敬敷編著：《農業金融經營論》，上海：商務印書館，民國二十五年版，第 468 頁。

〔註 15〕　王志莘、吳敬敷編著：《農業金融經營論》，上海：商務印書館，民國二十五年版，第 469 頁。

〔註 16〕　王志莘、吳敬敷編著：《農業金融經營論》，上海：商務印書館，民國二十五年版，第 469 頁。

〔註 17〕　王志莘、吳敬敷編著：《農業金融經營論》，上海：商務印書館，民國二十五年版，第 469 頁。

〔註 18〕　王志莘、吳敬敷編著：《農業金融經營論》，上海：商務印書館，民國二十五年版，第 469 頁。

〔註 19〕　王志莘、吳敬敷編著：《農業金融經營論》，上海：商務印書館，民國二十五年版，第 469 頁。

〔註 20〕　王志莘、吳敬敷編著：《農業金融經營論》，上海：商務印書館，民國二十五年版，第 469 頁。

放貸的金融機構送至縣分處存查。合作預備社取回款項後，根據此前社員提交的借款申請書所載明的款額轉貸給社員，轉貸利率爲年息一分。

3. 豫鄂皖農村金融救濟監督制度

農村金融救濟處是豫鄂皖三省剿匪區農業資金放款的總管理機構，亦是該項工作的監督機構。在《豫鄂皖三省剿匪總司令部農村金融救濟處組織規程》和《豫鄂皖三省剿匪總司令部各縣農村金融救濟分處組織通則》兩部法令中重點規定了農村金融救濟處對農業資金貸放的監管職能。

根據《豫鄂皖三省剿匪總司令部農村金融救濟處組織規程》第二條規定，該處的職責有三：其一，對「農村合作預備社之指導及監督」，其二，指揮和監督下級分處的工作情況，其三，對「救濟農村之款項分配及收支」〔註 21〕進行審核。故可謂農村金融救濟處的監督是自上而下，由內及外的監督：對於該處的基層工作人員而言，「本處得設視察員若干人，隨時派赴各縣視察辦理農村金融緊急救濟事務之成績，並考察各縣工作人員之勤惰」〔註 22〕；對於直接被融資方而言，受委託的銀行應按規定每十天編製一份「辦理收付款項及代辦農業用品等事」〔註 23〕的報告表，送交至農村金融救濟處審核並公佈；對於融資方合作預備社而言，各縣專門設有視察員，「隨時派赴各農村合作預備社，視察其業務成績」〔註 24〕，一旦發現承借者沒有按照請求借款書中所填寫的用途使用資金或有「其他虛偽情事，得隨時由縣分處勒令歸還借款本息」〔註 25〕。

（二）四省農民銀行融資制度創設

豫鄂皖三省的農村金融救濟處作爲創建豫鄂皖贛四省農民銀行的先聲，爲四省銀行的創辦爭取了時間，奠定了基礎。1933 年 4 月 1 日豫鄂皖贛四省

〔註 21〕 中國人民銀行金融研究所編：《中國農民銀行》，北京：中國財政經濟出版社，1980 年版，第 296 頁。

〔註 22〕 中國人民銀行金融研究所編：《中國農民銀行》，北京：中國財政經濟出版社，1980 年版，第 296 頁。

〔註 23〕 王志莘、吳敬敷編著：《農業金融經營論》，上海：商務印書館，民國二十五年版，第 370 頁。

〔註 24〕 中國人民銀行金融研究所編：《中國農民銀行》，北京：中國財政經濟出版社，1980 年版，第 299 頁。

〔註 25〕 王志莘、吳敬敷編著：《農業金融經營論》，上海：商務印書館，民國二十五年版，第 470 頁。

農民銀行成立，原農村金融救濟處處長郭外峰走馬上任，成爲四省農民銀行的第一任總經理。1935 年 3 月蔣介石發佈《國民政府軍事委員會委員長行營訓令》:「前豫鄂皖三省總司令部所設之農村金融救濟處，應即裁撤。」〔註 26〕對其尙未完結的借貸款項，全部「造具詳冊」移交給四省農民銀行。至此，應時局而產生的農村金融救濟處完成其使命，退出中國農業金融的舞臺。

四省農民銀行成立的同時，一併頒佈了《豫鄂皖贛四省農民銀行條例》和《豫鄂皖贛四省農民銀行章程》，剿匪總司令部明令「豫鄂皖贛四省政府遵照辦理」〔註 27〕。新頒佈的豫鄂皖贛四省農民銀行條例》和《豫鄂皖贛四省農民銀行章程》較之農村金融救濟處時的四部法令更爲規範、全面，爲指導四省區內的農業金融機構放貸提供了法律依據。

1. 四省農民銀行創設宗旨

農村金融救濟處的設置以及運行規則都是圍繞「救濟」而來，立法的著眼點在於盡快恢復剿匪區內農業生產。四省農民銀行創設恰逢全國復興農村經濟運動興起之時，如第二次全國內政會議中所提的「發展農村經濟以固國本案」指出「農村秩序日現動搖，農民生活日形艱窘」，導致「社會現象日陷於惡劣化」，這就成爲「中國政治最大隱患，不可不急謀救治」，而救治之法就是興復農村經濟，「此屬裕國計利民生而鞏固國本之積極要圖」〔註 28〕。受此國策影響，四省農民銀行的設立必然不再單純的僅是恢復農業生產一事。「念農村之興復，首在救濟農村經濟，乃國難財艱之際，力籌撥款創設本行，於四月一日在漢口成立總行，依據條例負下列重大使命。甲、供給農民資金。乙、興復農村經濟。丙、促進農業生產之改良進步」〔註 29〕，這三項重大使命也是《豫鄂皖贛四省農民銀行條例》第一條中所明確的立法宗旨，而這一宗旨後來也成爲中國農民銀行設立的宗旨，並在很長的一段時間內都成爲指導全國農業金融機關工作的總要求。

〔註 26〕　中國人民銀行金融研究所編:《中國農民銀行》，北京:中國財政經濟出版社，1980 年版，第 21 頁。
〔註 27〕　第二歷史檔案館編:《中華民國史檔案資料彙編》第五輯・第一編・財政經濟（四），南京:鳳凰出版社，1994 年版，第 511 頁。
〔註 28〕　第二歷史檔案館編:《中華民國史檔案資料彙編》第五輯・第一編・財政經濟（四），南京:鳳凰出版社，1994 年版，第 51 頁。
〔註 29〕　第二歷史檔案館編:《中華民國史檔案資料彙編》第五輯・第一編・財政經濟（四），南京:鳳凰出版社，1994 年版，第 515 頁。

　　四省農民銀行的這一設立宗旨，在《豫鄂皖贛四省農民銀行條例》中體現的尤為突出。《條例》規定四省農民銀行的主要業務〔註 30〕是辦理農業貸款、發行農業債券及農民流通券以及農業票據貼現及再貼現。在放貸方面，四省農民銀行與其他商業性銀行最大的區別在於放款範圍的唯一性，即所有放款必須全部用於農業領域。《豫鄂皖贛四省農民銀行條例》第六條規定放款用途為：「一、購買耕牛、籽種、肥料、畜種及各種農業原料。二、購買或修理農業應用器械。三、農業品之運輸及囤積。四、修造農業應用房屋及場所。五、其他與農業有密切關係而認為必要事項。」〔註 31〕這就保證了四省農民銀行所籌集的資金能夠全部用於發展農村經濟，實現該行復興農村經濟、促進農業生產進步的創立宗旨。

2. 四省農民銀行支農資金融資渠道

　　農村金融救濟處因倉促籌設，資金來源主要靠國家撥款，對於復興農村經濟而言，實乃杯水車薪。新制定的《豫鄂皖贛四省農民銀行條例》中增加了資金的來源渠道，明確了各被融資方的投資金額，保證農業資金的充實。首先，條例中明定四省農民銀行的資本總額為一千萬國幣。不過政府考慮到當時資金募集的時間和銀行經營的需要，為促使四省農民銀行的業務能盡快開辦以惠民利民，允許銀行的資本金在收足四分之一時就可開始營業。具體到資金籌集方法有三種：其一，政府財政撥款，分為「國庫投資三百萬元」和「四省省庫各投資國幣五十萬元」；其二，商股募集方式，計劃募集資金五百萬元；其三，發行農業債券，並規定「發行總額不得超過已收資本之十倍，並不得超過放款之總數」〔註 32〕。此外，為了保證四省農民銀行資金的循環運行，條例規定「營業所的純利，提百分之二十為公積金」〔註 33〕，公積金的作用就是為了填補資金放貸過程中的損失。

　　然而隨著四省農民銀行業務範圍的不斷擴大，營業之初的二百五十萬資本總額逐漸顯得捉襟見肘，於是第二任豫鄂皖贛四省農民銀行總經理徐繼莊

〔註 30〕　豫鄂皖贛四省農民銀行同時還兼辦一般商業性銀行的業務，如收受存款、辦理匯兌及同業短期往來、買賣生金銀及發行有價證券。

〔註 31〕　第二歷史檔案館編：《中華民國史檔案資料彙編》第五輯・第一編・財政經濟（四），南京：鳳凰出版社，1994 年版，第 509 頁。

〔註 32〕　第二歷史檔案館編：《中華民國史檔案資料彙編》第五輯・第一編・財政經濟（四），南京：鳳凰出版社，1994 年版，第 508 頁。

〔註 33〕　第二歷史檔案館編：《中華民國史檔案資料彙編》第五輯・第一編・財政經濟（四），南京：鳳凰出版社，1994 年版，第 508 頁。

在 1935 年 2 月提出,「調劑農村金融,一切業務自應注重農貸,以符名實。為業務之推展,資金之運用,宜取靈活」﹝註 34﹞,隨向蔣介石呈報《特貨押款辦法》和《特貨押匯辦法》請求批示,得到核准。此後,四省農民銀行的資金來源中多了「特貨」﹝註 35﹞的稅費以及經營特貨押款押匯的收入,這部分資金在中國農民銀行設立後更是成為秘而不宣的主要資金來源。

3. 四省農民銀行法人治理結構

在外部機構設置上,四省農民銀行分為總行、分行、支行、辦事處或代理處。這種上下級的機構設置方便組織管理,也利於農村信貸工作的開展,如四省農民的第一次營業報告中就指出,在兩個月的時間內,其分支機構就向「豫屬之潢川、光州、商城、經扶,鄂屬之黃安、羅田、沔陽、潛江、監利、通山、通城、陽新、英山,皖屬之六安、立煌等十五縣收復匪區各農村合作預備社緊急放款五十餘萬」,且成效顯著,「受貸之處青蔥一片,收穫可期」﹝註 36﹞。

在內部組織規範上,四省農民銀行為股份制銀行,設有股東大會、理事會和監事會。股東大會作為重要人事任免機關選舉理事和監事。理事會作為銀行業務的執行機關,主要負責「營業方針之審定;總、分、支行組織章程及各項規章之編訂;農業債券及農民流通券之發行;預算、決算之審定及資本增減之決定」﹝註 37﹞。監事會作為銀行內部的監督機關,主要負責「現金之檢查;帳目之稽核;預算、決算之審核」等工作。在三大機關的統籌下,總行有統轄全行事務的總理和輔佐總理辦理事務的協理,下設總務、業務、

﹝註 34﹞　中國人民銀行金融研究所編:《中國農民銀行》,北京:中國財政經濟出版社,1980 年版,第 242 頁。

﹝註 35﹞　特貨即土膏(鴉片),之所以說特貨相關的資金來源都是秘而不宣的,因為在當時禁煙督察處經營特貨、徵收特稅一事是極為秘密的,蔣介石任禁煙總監,全為內部電令,在《中國農民銀行》一書中所載的一份《上海政協文史資料》,其中就有「檢驗督察處的一切收支都歸農民銀行,與中央、中國、交通各行無涉……督察處設到哪裏,農民銀行就開到哪裏」,「各土膏行店請照時所繳的保證金為數頗巨。農民銀行收存這種保證金總在幾千萬元。這是農民銀行無本取利的一筆巨額的長期存款」,由此也可以看出,來自特貨的資金為何能成為其日後的主要資本來源。

﹝註 36﹞　第二歷史檔案館編:《中華民國史檔案資料彙編》第五輯·第一編·財政經濟(四),南京:鳳凰出版社,1994 年版,第 515 頁。

﹝註 37﹞　第二歷史檔案館編:《中華民國史檔案資料彙編》第五輯·第一編·財政經濟(四),南京:鳳凰出版社,1994 年版,第 510 頁。

券務、會計、調查五處分理銀行事務，各分行、支行、辦事處根據總行的人員設置模式對應調整。

從四省農民銀行的機關組織構成上，能夠明顯看出其與農村金融救濟處的差別，這種差別亦是一種進步：其一，提高了放貸效率。農村金融救濟處時期，農業融資法律關係中的被融資方分爲直接被融資方和間接被融資方，如此一來合作預備社在貸款的程序上須多一道關卡，而四省農民銀行成立後，被融資方只有一個，即農民銀行，如此便簡化了程序，提高了資金發放的審批效率。其二，形成合理統一的放貸經營及監管體系。農村金融救濟處時期，農業資金是由被委託的其他銀行放貸，各級農村金融救濟處對此進行監管，然而在當時人手有限的情況下，這種外部監管並不能做到時時監督。而四省農民銀行成立後，放貸機構與監督機構合二爲一，銀行自上而下統一設置科室、培訓人員，保證經營的同時，又有專門的監事會核查銀行內部的現金、帳目及預算、決算，形成一個完整的資金流動監管鏈條，眞正做到了時時、事事全方位的監督。

（三）中國農民銀行融資制度成型

豫鄂皖贛四省農民銀行經過兩年多的經營，對調劑農村經濟而言已頗有成效，「並爲適應事實之需要，營業陸續進展，現已及於陝甘閩浙暨京滬等省市。其他各省之農村金融，亦確有統籌調劑之必要」〔註38〕，因而1935年蔣介石電告行政院、財政部及實業部將豫鄂皖贛四省農民銀行改爲中國農民銀行，同年4月1日中國農民銀行正式在漢口掛牌營業。1935年6月4日南京國民政府正式頒布施行《中國農民銀行條例》，由此形成了中國農民銀行在全國統一的農業融資法律制度。

《中國農民銀行條例》是以《豫鄂皖贛四省農民銀行條例》爲基礎，總結四省實施經驗，結合全國農業融資的基本情況而制定的。兩條例相比，基本內容大致相同，《中國農民銀行條例》在以下幾方面又做了優化調整。

1. 中國農民銀行融資制度得到優化

《豫鄂皖贛四省農民銀行條例》中規定銀行資本總額一般是靠商股募集，在四省農民銀行開業時，加上政府撥款也僅籌到二百五十萬元，與其一

〔註38〕　中國人民銀行金融研究所編：《中國農民銀行》，北京：中國財政經濟出版社，1980年版，第31頁。

千萬的資本總額還有較大差距，這說明當時所採取的商股募集方式並未達到預期目標。針對資本募集難的問題，《中國農民銀行條例》規定了新的資本募集方式，由僅依靠商賈出資變爲鼓勵全民認購中國農民銀行股票。

在股票的發行上，《中國農民銀行條例》有如下規定：一是確認股票發行額度。中國農民銀行成立時，資本總額與四省農民銀行相同，均爲一千萬元國幣，分爲十萬股，每股國幣一百元。二是明確認購份額。中國農民銀行發行的十萬股股票，其中財政部和各級政府認購二萬五千股，爲保證此次資本總額能夠「一次徵足」，特別要求「各省市政府所認股額，均不得少於二千五百股」，剩餘部分則「由人民承購」〔註39〕。三是強調股東身份。中國農民銀行作爲國家控股的國營銀行，雖因財政窘迫大多數資本需由人民承購，但在當時外國勢力滲透下，爲防止其操控中國金融市場，《中國農民銀行條例》第四條特別強調：「中國農民銀行股票概用記名式，股東以有中華民國國籍者爲限」〔註40〕，這是此前募集資金的辦法中所沒有的。四是規定資本總額變動程序。立法者在制定此條例時，考慮到中國農民銀行作爲恢復、促進、發展中國農業的主要金融機構，日後的融資功能定然愈發重要，一千萬的資本總額必定會限制其業務開展，故條例規定「因業務上之必要增加股本時，得由股東會議決，呈請財政部核准增加」〔註41〕。事實上，1941 年《中國農民銀行條例》第三次修訂後，其「資本總額定爲國幣二千萬元」，相應的股數也增至二十萬股，其中「財政部認十二萬五千股」，各省、市認股額並未專門分配，其餘仍舊由人民認購。

2. 中國農民銀行支農業務得到強化

中國農民銀行新增了「放款於水利、備荒事業」的業務，取消了「買賣生金銀」的業務。同時，明確農貸總額，《中國農民銀行條例》第十條規定，該行的「農業放款，不得少於放款總額百分之六十」，並規定了配套的監管措施，要求每年年終銀行結算時，農業類放款必須「於資產負債表上以適當之科目表

〔註39〕　中國人民銀行金融研究所編：《中國農民銀行》，北京：中國財政經濟出版社，1980 年版，第 330～331 頁。

〔註40〕　中國人民銀行金融研究所編：《中國農民銀行》，北京：中國財政經濟出版社，1980 年版，第 331 頁。

〔註41〕　第二歷史檔案館編：《中華民國史檔案資料彙編》第五輯・第一編・財政經濟（四），南京：鳳凰出版社，1994 年版，第 525 頁。

現之」〔註42〕。在農業放貸用途上，比豫鄂皖贛四省農民銀行規定的範圍又有所擴大，如增加了「農產品製造」和「農業改良」有關的內容，對農業的支持更加全面。值得注意的是，四省農民銀行的資金放貸是全部用於農業，而中國農民銀行對農業的放貸只規定了「不得少於放款總額百分之六十」，這其中雖然比例有所減少，但因爲中國農民銀行資本總額的增加，其放貸資金總額實際上是提高了。此外，中國農民銀行不僅在業務經營上拓展了支農業務，還比之四省農民銀行新增了業務禁止規定。《中國農民銀行條例》中的禁止性業務包括三種：第一種爲股票交易限制，即中國農民銀行及其分、支行等下屬機構，不可「收買本銀行股票」，亦不能放款給「以本銀行股票爲擔保」的融資方；第二種爲不動產買賣限制，即中國農民銀行作爲農業資金的放貸機構，不可進行不動產買賣業務，但是此項規定有排外情形，如果該不動產爲融資方抵押之用，則可在不能按時歸還本息時，對此財產進行拍賣；第三種爲有價證券交易限制，中國農民銀行「經國民政府之特准，得發行農業債券」〔註43〕，同時亦可買賣國民政府發行的其他有價證券，但是「以投機目的而從事於有價證券之買賣」〔註44〕的行爲則爲法律所禁止。透過以上三種禁止性業務規定，可以看出立法的初衷在於控制銀行經營風險，目的仍是確保中國農民銀行能夠順利開展農貸業務，發揮其在農業融資中的主渠道作用。

3. 中國農民銀行組織結構完善

中國農民銀行沿用四省農民銀行的股份制管理模式，同時又做了進一步的調整規範。其一，強化股東會權力。四省農民銀行時期，股東大會主要享有人事任免權，到了中國農民銀行時期，由於股票的認購不再限於商賈，爲了保證持股人的權利，《中國農民銀行條例》專門強化了股東會的權力。首先，股東會有決議中國農民銀行內部章程的權力，經其決議的制度「呈請財政部、實業部備案」即可通令施行。其次，規範了股東會的召開情形，賦予股東更多的決策權。中國農民銀行的股東會，分爲兩種，即股東常會和股東臨時會。「股東常會每年於總會所在地開會一次，由董事會召集之」；在遇有重大事項

〔註42〕　第二歷史檔案館編：《中華民國史檔案資料彙編》第五輯・第一編・財政經濟
　　　　　（四），南京：鳳凰出版社，1994 年版，第 527 頁。
〔註43〕　中國人民銀行金融研究所編：《中國農民銀行》，北京：中國財政經濟出版社，
　　　　　1980 年版，第 332 頁。
〔註44〕　第二歷史檔案館編：《中華民國史檔案資料彙編》第五輯・第一編・財政經濟
　　　　　（四），南京：鳳凰出版社，1994 年版，第 527 頁。

時，爲了保障股東權利，可以召開股東臨時會，如「董事會認爲有重要事件必須開會時」和「遇有董事過半數、或監察人、或有股份總數二分之一以上之股東，因重要事件請求會議時」〔註45〕，由董事會召集臨時股東會。其二，改設董事會。中國農民銀行把權力執行機關由四省農民銀行時期的理事會改爲董事會，設董事十五人，「由股東在百股以上中選任之」〔註46〕，這就確保了股東的權利，使中國農民銀行的股票認購者能更好的參與到銀行內部的管理中來。董事會任期也由四省農民銀行時期的六年降爲三年，並且要求「每年改選三分之一」，可連選連任。在董事會內「設常務董事七人，由董事互選之」，而董事長則由常務董事內部選任一人，董事長統領全行工作。其三，增加監察人數。「中國農民銀行設監察人五人，由股東會在百股以上之股東中選任之，任期一年，連選得連任。」〔註47〕

　　從 1932 年 11 月到 1935 年 4 月，經過兩年多時間的探索實踐，中國農民銀行融資制度逐步建立起來，形成了比較完整的制度體系，在農業融資方面發揮了主渠道作用。

二、中國農民銀行專項農業融資制度開拓

　　中國農民銀行成立之後，針對農業發展的實際，積極拓展專項農貸業務，尤以土地放貸和農田水利放貸兩項業務最爲突出。之所以重視這兩方面的農業資金扶持，一是因爲土地是農業生產的根本要素，提高土地產出率是發展農業的首要任務；二是中國農業基礎薄弱，受自然災害影響較重，發展水利事業可以防禦洪澇和旱災，降低自然因素對農業生產的影響。

（一）土地融資立法

1. 土地改良融資制度

1936 年財政部專門制訂《中國農民銀行經營土地抵押放款及農村放款辦法》，明確了中國農民銀行此項放貸的職責。此項資金專門用於「以投放於農

〔註45〕　第二歷史檔案館編：《中華民國史檔案資料彙編》第五輯・第一編・財政經濟
　　　　　（四），南京：鳳凰出版社，1994 年版，第 528 頁。

〔註46〕　中國人民銀行金融研究所編：《中國農民銀行》，北京：中國財政經濟出版社，
　　　　　1980 年版，第 332 頁。

〔註47〕　第二歷史檔案館編：《中華民國史檔案資料彙編》第五輯・第一編・財政經濟
　　　　　（四），南京：鳳凰出版社，1994 年版，第 527 頁。

村土地為原則」，目的是「改良土壤、整理農地」〔註 48〕。《辦法》要求中國
農民銀行「至少應以五千萬元，經營土地抵押放款及農村放款」〔註 49〕。根
據放款辦法的規定，凡是設有中國農民銀行總、分、支行及辦事處的區域都
要辦理此業務，在「尚未設分支行或辦事處」的地區，如屬於「農業重要區
域或農村金融亟待救濟地方」，應盡快設立機構開展此項業務。放貸對象重點
強調「應特別注重自耕農之救濟」〔註 50〕。為此要求各地方應「盡速組織健
全之合作社，以資投放」〔註 51〕，同時還要求放貸利率要低利融通。財政部
為督促農村土地改良資金的發放，特在《中國農民銀行經營土地抵押放款及
農村放款辦法》中規定，中國農民銀行所辦理的土地抵押放款及農村放款，
在每月的月末，「應將放款種類、數目及投放地方」報與財政部「以憑查核」
〔註 52〕。

2. 土地放款制度

1940 年 9 月中央委員蕭錚氏等十二人向七中全會提議：「擬請設立中國土
地銀行，以促進土地改革，實現平均地權，活潑農村金融，改善土地利用案」，
後得批覆為「查平均地權為三民主義基本要政，土地銀行自為推行此種政策
之樞紐……所有土地銀行業務……責成農民銀行暫行兼辦」〔註 53〕。1941 年
《中國農民銀行條例》第三次修訂，新增「中國農民銀行於總管理處設土地
金融處，兼辦土地金融業務」〔註 54〕一項，同年 9 月國民政府公佈了《中國
農民銀行兼辦土地金融業務條例》。為貫徹該條例的施行，財政部制定了《中
國農民銀行總管理處土地金融處組織規程》、《中國農民銀行土地金融處地價

〔註 48〕 第二歷史檔案館編：《中華民國史檔案資料彙編》第五輯・第一編・財政經濟
（四），南京：鳳凰出版社，1994 年版，第 531 頁。

〔註 49〕 第二歷史檔案館編：《中華民國史檔案資料彙編》第五輯・第一編・財政經濟
（四），南京：鳳凰出版社，1994 年版，第 531 頁。

〔註 50〕 第二歷史檔案館編：《中華民國史檔案資料彙編》第五輯・第一編・財政經濟
（四），南京：鳳凰出版社，1994 年版，第 532 頁。

〔註 51〕 第二歷史檔案館編：《中華民國史檔案資料彙編》第五輯・第一編・財政經濟
（四），南京：鳳凰出版社，1994 年版，第 532 頁。

〔註 52〕 第二歷史檔案館編：《中華民國史檔案資料彙編》第五輯・第一編・財政經濟
（四），南京：鳳凰出版社，1994 年版，第 532 頁。

〔註 53〕 中國人民銀行金融研究所編：《中國農民銀行》，北京：中國財政經濟出版社，
1980 年版，第 165 頁。

〔註 54〕 中國人民銀行金融研究所編：《中國農民銀行》，北京：中國財政經濟出版社，
1980 年版，第 338 頁。

調查辦法》、《中國農民銀行土地金融處地籍調查辦法》、《中國農民銀行土地金融處地價估計辦法》、《中國農民銀行土地金融處放款擔保實施細則》等一系列融資管理制度，使土地融資有章可循。

按照《中國農民銀行兼辦土地金融業務條例》的規定，土地金融業務的宗旨就是「協助政府實施平均地權政策」〔註 55〕，具體業務範圍包括五大方面：照價收買土地放款、土地徵收放款、土地重劃放款、土地改良放款、扶持自耕農放款。其中前三項放款主要是為配合土地改革制定的土地金融政策，後兩項放款則直接作用於農業生產。據有關資料表明，在中國農民銀行土地放款制度的實施中，資金重點流向了「扶持自耕農」和「土地改良」兩個方面。如《中國農民銀行三十六年度業務報告書》中稱，「三十六年土地金融貸款額度，奉核定為三百六十億元，貸款方針以扶持自耕農及土地改良兩項放款為重心。前者占全部貸款百分之四十八，預計貸放一百七十億元，兩者合計共占全部貸額百分之八十六。」〔註 56〕因此筆者重點對這兩項放款作制度上的分析。

（1）土地改良放款制度

針對中國農民銀行發放的土地改良款，財政部專門制定《中國農民銀行土地金融處土地改良放款規則》（財政部渝發特字第四六三一八號指令備案地字第九號通函），作出了十七條規定。

土地改良放款分為兩種：墾殖放款和農田水利放款。墾殖放款是指「政府機關開發公有荒地，及承墾人或代墾人依法承墾或代墾公有荒地之放款」〔註 57〕。農田水利放款是「政府機關興辦長期性質農田水利之放款」〔註 58〕。在墾殖放款中，政府機關、人民團體和農人都可成為資金借貸主體，農田水利放款只能以政府機關為對象。這兩種放款都需要由借款人尋覓承還保證人，並同時出具擔保：具體到墾殖放款，如果借款人為政府機關，「以

〔註 55〕　中國人民銀行金融研究所編：《中國農民銀行》，北京：中國財政經濟出版社，1980 年版，第 338 頁。

〔註 56〕　中國人民銀行金融研究所編：《中國農民銀行》，北京：中國財政經濟出版社，1980 年版，第 169 頁。

〔註 57〕　中國農民銀行章則修訂委員會編：《中國農民銀行規章彙編》（第十一輯　土地金融），重慶：中國農民銀行章則修訂委員會印，民國三十一年，第 20 頁。

〔註 58〕　中國農民銀行章則修訂委員會編：《中國農民銀行規章彙編》（第十一輯　土地金融），重慶：中國農民銀行章則修訂委員會印，民國三十一年，第 20 頁。

開發之公有荒地及所收之地租爲擔保」〔註 59〕，借款人爲承墾人時以所承墾的荒地爲擔保，借款人爲代墾人時，「以開墾資產及應收回之墾價爲擔保」〔註 60〕；農田水利放款則以「改良水利之受益土地或因此而徵收之稅費爲擔保」〔註 61〕。符合借款主體資格並出具保證後，借款人可向中國農民銀行申貸資金，兩類放款額度均不得超過開墾、代墾或興修水利工程所需費用 80%的資金。還款以分期攤還爲原則，期限長短可與銀行商定，最長不得超過 15 年。中國農民銀行考慮到此項放款利於國家土地資源的改造，故將利率定爲月息八釐，具體可根據「一般利率及資金成本酌爲增減」〔註 62〕。在借款期內，中國農民銀行可以隨時派員稽核土地改良業務的實施情況，借款人如不按契約履行責任，銀行有權立即停止付款，並要求即可償還已放款的本息。借款到期後，若借款人無故不按時償本付息，銀行可通過依法處分擔保物來收回借款本息，「因此而發生之一切費用並得責由承還保證人即時清償之」〔註 63〕。

（2）扶持自耕農放款制度

針對中國農民銀行開辦的扶持自耕農放款業務，財政部專門制定《中國農民銀行扶持自耕農放款規則》（財政部渝發特第四六三一八號指令備案地字第九號通函），並作出了十九條規定。

扶持自耕農的放款分爲兩種，一種是「政府爲直接創設自耕農，依法徵收或購買土地之放款。」〔註 64〕另一種是「農民購買或贖回土地自耕或依法呈准徵收土地自耕之放款。」〔註 65〕放款對象包括「徵購土地直接創設自耕

〔註 59〕 中國農民銀行章則修訂委員會編：《中國農民銀行規章彙編》（第十一輯 土地金融），重慶：中國農民銀行章則修訂委員會印，民國三十一年，第 20 頁。

〔註 60〕 中國農民銀行章則修訂委員會編：《中國農民銀行規章彙編》（第十一輯 土地金融），重慶：中國農民銀行章則修訂委員會印，民國三十一年，第 20 頁。

〔註 61〕 中國農民銀行章則修訂委員會編：《中國農民銀行規章彙編》（第十一輯 土地金融），重慶：中國農民銀行章則修訂委員會印，民國三十一年，第 20 頁。

〔註 62〕 中國農民銀行章則修訂委員會編：《中國農民銀行規章彙編》（第十一輯 土地金融），重慶：中國農民銀行章則修訂委員會印，民國三十一年，第 20 頁。

〔註 63〕 中國農民銀行章則修訂委員會編：《中國農民銀行規章彙編》（第十一輯 土地金融），重慶：中國農民銀行章則修訂委員會印，民國三十一年，第 21 頁。

〔註 64〕 中國農民銀行章則修訂委員會編：《中國農民銀行規章彙編》（第十一輯 土地金融），重慶：中國農民銀行章則修訂委員會印，民國三十一年，第 22 頁。

〔註 65〕 中國農民銀行章則修訂委員會編：《中國農民銀行規章彙編》（第十一輯 土地金融），重慶：中國農民銀行章則修訂委員會印，民國三十一年，第 22 頁。

農」〔註66〕的政府機關,「農民為購買或贖回土地自耕或依法呈准徵收土地自耕」〔註67〕所組織的農民團體,以及農民個人。政府機關借款須以所購土地的地價或購買後分配給農民所得地租為擔保;農民團體或個人需要以回贖或所購的土地為擔保,且必須覓取承還保證人。此項放款以中國農民銀行發行的土地債券進行支付;利率定為月息八釐,可根據一般利率和資金成本隨時增減;放款最高額度以購買或回贖土地估價的八成為限;放款最長期限為 15年。還款以分期攤還為原則,政府機關徵購土地分配給農民後,以所收地價或地租抵充借款本息,農民團體和個人所借款項「以逐年繳納地租之方式攤還本息」〔註68〕,可用實物或現金兩種方式繳納。在借款期內,中國農民銀行可以隨時派員稽核業務的實施情況,借款人若不履行責任,銀行可立即停止付款,並要求立即償還已放款的本息。借款到期後,若借款人無故不按時償本付息,銀行可通過依法處分擔保物來收回借款本息,因此發生的一切費用得由承還保證人承擔。

3. 土地債券融資制度

1936 年中國農民銀行依據《中國農民銀行條例》第十二條制定了《發行農業債券大綱》。《大綱》規定農業債券的發行總額為五千萬元,主要用於土地抵押放款及改良農業放款,以拓寬土地融資的渠道。該《大綱》受戰事影響,並未得到有效實施。

1941 年中國農民銀行為辦好土地金融業務,亟需大量資金支持,「本行自奉令兼辦土地金融業務……經一年之籌維擘劃,實際業務次第展開。但以資金有限,需要日增,極需廣闢來源,藉資應付。」〔註69〕用什麼樣的方式融資是擺在國民政府面前的一個難題,在增發紙幣還是發行債券問題上,國民政府最終選擇了發行土地債券。原因有二:其一,土地金融業務的性質決定發行債券是最佳方式。「土地抵押放款之性質,為長期、低利與攤還,所有活

〔註66〕 中國農民銀行章則修訂委員會編:《中國農民銀行規章彙編》(第十一輯 土地金融),重慶:中國農民銀行章則修訂委員會印,民國三十一年,第 22 頁。

〔註67〕 中國農民銀行章則修訂委員會編:《中國農民銀行規章彙編》(第十一輯 土地金融),重慶:中國農民銀行章則修訂委員會印,民國三十一年,第 22 頁。

〔註68〕 中國農民銀行章則修訂委員會編:《中國農民銀行規章彙編》(第十一輯 土地金融),重慶:中國農民銀行章則修訂委員會印,民國三十一年,第 22 頁。

〔註69〕 中國人民銀行金融研究所編:《中國農民銀行》,北京:中國財政經濟出版社,1980 年版,第 166 頁。

期定期等存款，均不便利用，故非另關蹊徑，別圖籌集不可。且本行兼辦土地金融業務所需資金，爲數甚巨，自不能全部以現金貸放，致增加發行，刺激物價，有違中央戰時財政金融政策。發行土地債券，減少現金之需要。」〔註70〕其二，西方國家經驗的借鑒。中國農民銀行在《民國三十一年度土地債券發行計劃》中提出，「查各國辦理土地金融，莫不以發行土地債券爲吸收資金之唯一法門」〔註71〕，而中國土地金融業務尚在發展的初期，學習西方的經營模式自是一條穩妥之路。出於以上考慮，國民政府於1942年頒行《中國農民銀行土地債券法》，建立了土地債券融資制度。

（1）土地債券融資制度內容

依據《中國農民銀行土地債券法》的規定，土地債券融資制度主要包括五大方面的規制。在發行上，該法規定土地債券的發行與回收機關只能爲中國農民銀行，而債券的兌付主體除了中國農民銀行之外，「爲持券人之便利，得委託其他金融機關或郵局，代爲兌付本息」〔註72〕。在債券償還擔保方面，爲提高土地債券的民間信用度，該法第二條規定中國農民銀行的土地債券，「以中國農民銀行兼辦土地金融處之全部資產及其放款取得之土地抵押權爲擔保」〔註73〕。在發行額度上，該法第三條規定債券發行總額不得超過辦理的土地抵押放款的總額，而且償還的額度，「不得少於收回土地抵押放款百分之八十」〔註74〕。在債券償還方面，中國農民銀行以發行記名式債券爲原則，以無記名式爲例外，對債券利息，每年至少支付一次，「還本在記名式債券，得定期一次或數次爲之；在無記名式債券，得分期以抽籤行之」〔註75〕，本金通常五年之後開始還本，若有需要可在年滿兩年之後提前還本。中國農民

〔註70〕 中國人民銀行金融研究所編：《中國農民銀行》，北京：中國財政經濟出版社，1980年版，第166頁。

〔註71〕 中國人民銀行金融研究所編：《中國農民銀行》，北京：中國財政經濟出版社，1980年版，第166頁。

〔註72〕 羅醒魂著：《各國土地債券制度概論》，北平：正中書局，民國三十六年版，第78頁。

〔註73〕 羅醒魂著：《各國土地債券制度概論》，北平：正中書局，民國三十六年版，第77頁。

〔註74〕 羅醒魂著：《各國土地債券制度概論》，北平：正中書局，民國三十六年版，第77頁。

〔註75〕 羅醒魂著：《各國土地債券制度概論》，北平：正中書局，民國三十六年版，第77頁。

銀行在向債券持有人還本時，記名式則直接通知所有權人，無記名式則「將債券到期或中簽號數，償還金額及支付日期，登報公告」，兩種債券持有人都應「憑券於十年內，向中國農民銀行領取本金，五年內，領取息金」〔註76〕，逾期不取，請求權消滅。在債券流通方面，中國農民銀行發行的土地債券依據《中國農民銀行土地債券法》的規定，能夠自由的買賣、抵押，並且能夠「充公務上一切保證金之用」〔註77〕。

（2）土地債券融資制度的實施

國民政府頒行《中國農民銀行土地債券法》的當年，中國農民銀行就開始積極籌備土地債券的發行，在發行過程中既嚴格遵照《中國農民銀行土地債券法》規定，又根據當時社會狀況作出適當調整。《土地債券法》中規定了五種類別的債券票額，分別是五千元、千元、五百元、百元、五十元五種，中國農民銀行在遵照這一規定的同時，根據當年的「地價高漲，幣額增多」的實際情況，為節省券料，而靈活的「多發大額券而少發小額券」〔註78〕。此外，中國農民銀行兼辦土地金融業務主要包括五項內容，根據不同類型的業務，農民銀行的發行方式也有所區別。對於土地重劃和土地改良所用資金，債券的發行直接「按金融市場情形，公開推銷，吸收現金」；對於辦理「照價收買土地放款、土地徵收放款及扶持自耕農放款」，則由農行在辦理業務時，「隨時發行，由借款人支付地主，以補償地價」〔註79〕，之所以有此種搭配貸款發行的措施，主要是鼓勵民眾更多的參與到債券購買中來，以支持國家土地金融工作的開展。

（二）農田水利融資立法

抗戰期間農業產量的提高是保障前線軍糧供應的必要條件，當時影響糧食產量的因素，除了戰爭的波及，更重要的是自然災害的侵襲。所以戰時國

〔註76〕 羅醒魂著：《各國土地債券制度概論》，北平：正中書局，民國三十六年版，第78頁。
〔註77〕 羅醒魂著：《各國土地債券制度概論》，北平：正中書局，民國三十六年版，第78頁。
〔註78〕 中國人民銀行金融研究所編：《中國農民銀行》，北京：中國財政經濟出版社，1980年版，第167頁。
〔註79〕 中國人民銀行金融研究所編：《中國農民銀行》，北京：中國財政經濟出版社，1980年版，第167頁。

民政府在抵禦日本侵略的同時，仍不放鬆對農業生產有促進作用的農田水利
設施的建設。《抗戰建國綱領》第十八條就規定，「全力發展農村經濟，獎勵
合作，調節糧食並開墾荒地，疏通水利。」〔註 80〕中國農民銀行爲了配合戰
時發展農田水利這一國策新增了水利事業貸款，並在 1940 年專門制定了《關
於發放農田水利貸款的具體辦法》來規範此項業務的運營。根據《辦法》規
定，「農田水利貸款按工程性質計分大型與小型水利兩種」，大型水利工程主
要包括「開渠、築堰」等，小型水利工程則以「挖塘、鑿井」爲主。兩種類
型的水利工程貸款實施辦法亦有不同。

表 5－1：南京國民政府農田水利貸款規範

	大型水利	小型水利
資金來源	行政院水利委員會出資一成，其餘由中國農民銀行放貸	設有中國農民銀行之區域，資金全部由農行貸放。
		未設中國農民銀行之區域，由該省政府「統借統還」，「所需工款除借款方自籌若干成外」，不足之數，由農林部與中國農民銀行按二八比例配貸。
貸款對象	省政府	受益區內農民所組織的水利團體
申貸程序	借款方擬具工程計劃交水利委員會駐省的水利專員和中國農民銀行駐省的督導工程師，由其雙方共同簽注初步意見送水利委員會審核有關工程之安全、水權之給予、施工方法、工程期限及施工機構能否配合等問題，並擬具意見，交中國農民銀行研討工程經濟價值等問題。如認爲有舉辦價值，同意該計劃，則在年度開始前，匯案一次列報四聯總處核定。	在農林部已設有督導機構之區域，由部方擬定當年款額，洽商本行貸放。其他地區，由省府在每年度開始前，擬具各縣推進計劃及預算送農林部審查。經中國農民銀行同意後，報請四聯總處核定辦理。各縣貸款分配後，由水利團體填送申請書、會員名冊、業務計劃、組織章程及擔保品（即全部收益田畝）記載表，送中國農民銀行各分支行處。經派員調查，就該縣分配額內分別核定。
貸款撥付	借約成立後，借款方應將核定的預算及圖表交由中國農民銀行駐省的督察工程師，由其蓋章證明，然後根據工期的長短，經督察工程師簽證撥款。	借款成立後，分兩期撥付，開工前撥付貸款總額的 50%，工程完成過半時，再付剩餘款項。

〔註80〕《抗戰建國綱領》，重慶：青年書店，民國二十九年，第28頁。

	大型水利	小型水利
放貸監督	中國農民銀行「派駐督察工程師及稽核人員，分任督察工程進行及稽核帳目與貸款用途事宜」。	如貸款由省府統借，則在約定的放貸區域由省政府核對貸款金額，中國農民銀行可以隨時派員稽核工程及帳目。
貸款期限	以完工後分三年攤還爲原則	以一年爲原則，最長不得超過四年
貸款的收回	工程完成後，經有關各方會同驗收，由借款方按章徵收水費，並將每年所收水費及應攤還之貸款本息列入國家預算依約還款，所收水費應組織設立保管委員會專門負責保管，專戶存儲本行。每屆償還日期，再按實收實支數額，報請國庫轉帳。如還款資金不夠，須由借款戶負責籌集資金補齊貸款。	償還貸款分爲每半年一起，每期並結算全部利息。到期前一個月，由經放行處通知借款方準備還款。

通過以上所列內容可以看出，中國農民銀行的農田水利貸款有以下特點：

一是政府在資金上給予扶持。提高糧食產量離不開農田水利設施的輔助，在當時開渠、鑿井、興修塘壩對農民及合作組織而言，都是一項極大的資金投入。如此才有了中國農民銀行專門針對農田水利建設的放貸，並且兩種類型的水利建設都受到政府的支持和指導。大型水利工程有中央水利委員會負責出資一成進行幫扶，其餘款項由中國農民銀行予以資金貸放，小型水利工程由農林部、省政府等機構根據實際情況按需予以扶持。

二是申貸程序嚴格。農田水利的投資比起其他農業投資而言，相對數額較大，因而無論是政府還是金融機構都對該類款項的貸放有嚴密的程序，以確保資金能夠用到利國利民的水利事業中去。以大型水利工程貸款爲例，作爲申貸方的省政府若想從銀行籌集到資金，必須經過四道關卡：第一道關卡是水利委員會駐省的水利專員和中國農民銀行駐省的督導工程師，他們要對借款方擬具的水利工程計劃進行初步審核並共同簽注意見，向上一級提交；第二道關卡是水利委員會，它要對申請貸款的水利工程從「工程之安全、水權之給予、施工方法、工程期限及施工機構能否配合」等工程本身入手，進行嚴格把關，並擬具意見，送至中國農民銀行；第三道關卡是中國農民銀行，它要對申報的水利工程自身的經濟價值等問題進行審核，如果認爲該項目有舉辦價值，將材料繼續向上提交；第四道關卡是四聯總處，在每一年度開始前，四聯總處對各地匯總而來的水利工程借款統一進行最後的核定，審核通

過才可進入貸款程序。

三是款項回收有力。國家雖然爲各地的水利建設積極籌措資金，但資金的運行完全是按市場化的模式進行操作，這尤其體現在貸款收回方面。以大型水利工程爲例，工程資金的借貸方是各級省政府，爲保證工程完工後，出資方——中央政府和中國農民銀行，能夠順利回收資金，國民政府每年制定國家預算時，會專門將應還水利貸款的省份列入資金收入預算中，並要求水利工程經驗收後，借款省政府應當按規定徵收水費，將所收水費交專門設立的保管委員會專門負責保管，專戶存儲於中國農民銀行。每屆償還日期，再按實收實支數額，報請國庫轉帳。如還款資金不夠，省政府必須籌集資金補齊貸款。

三、中國農民銀行農業融資制度的調整

中國農民銀行成立兩年後，抗日戰爭爆發。中國農村經濟形勢發生了急劇變化，中國農民銀行隨國情與農村形勢的變化對農貸政策及時作出了調整，特別是加強了對戰區農貸資金的支持力度。1942 年國民政府又將各商業性銀行的支農放貸業務全部交由中國農民銀行統一辦理，中國農民銀行成爲統管全國農貸業務的金融機關。戰後隨著農村經濟的恢復，中國農民銀行對農貸政策又進一步的作出相應調整。此外，中國農民銀行針對綏靖區域的農業實際施行了有針對性的小本農貸政策。

（一）戰區農業融資救濟制度

1937 年抗日戰爭爆發，不僅改變了中國國內的政治格局，也使得國家各方面的政策全部進入「戰時緊急」狀態。《國民黨臨時全國代表大會宣言》：「抗戰期間，首宜謀農村經濟之維持，更進而加以獎進，以謀生產力之發展。」[註81]《戰時國家總動員》也指出國家財政金融的總動員包括「農村金融的調節」[註82]。《非常時期經濟方案》更是強調了抗戰期間於農村政策而言，首先應確保農民生活安定，進而提高農產品產量以供應軍需，爲前線戰鬥提供充足的物質保障。要實現這幾點，離不開國家對農村經濟的財力扶持。中國農民銀行在這一時期響應政府號召，主動調整農業放貸政策，積極應對戰爭所給

〔註81〕 姚公振著：《中國農業金融史》，上海：中國文化服務社出版，民國三十六年版，第 302 頁。

〔註82〕 羅敦偉：《戰時國家總動員》，國民政府軍事委員會政治部編，民國二十七年，第 130 頁。

中國農村經濟帶來的巨大衝擊，力求經營業務更符合農民的需求，注重農貸業務的區域性調整，在重點發展西南、西北等抗戰大後方的農村信貸業務的同時，亦不忘關注戰區農民的資金需求。

1938 年 4 月國民政府軍事委員會委員長核准實行《戰區農村救濟貸款辦法》，這是在四聯總處針對全國金融系統提出《擴大農村貸款範圍辦法》之後，由中國農民銀行響應中央政府號召而新設的一項農業貸款制度。其與和平時期的農貸辦法有三個明顯的區別。

1. 低息放貸。《戰區農村救濟貸款辦法》頒佈於戰時，必然是為適應戰爭形勢所立，故其適用的範圍僅限於「毗連戰區之農村」，而貸款對象以「原有及新組織之合作社或互助社為限」〔註83〕。同時，由於戰區農民飽受炮火的摧殘與蹂躪，發展農業尤為艱難，償債能力比平時大為下降，故該辦法把農貸的利率降至月息七釐，如此低息，救濟意味明顯。

2. 政府擔保。一般的農業放貸，法律關係只限於銀行與農民團體，而在《戰區農村救濟貸款辦法》中，戰區的省政府被作為融資關係的「中間人」納入其中。其職責包括：一是向中國農民銀行領取農貸資金，轉發給本行政區域內各農村的貸款對象；二是與中國農民銀行簽訂還款合約，一旦此筆貸款戰區農民無力償還，由「省政府暨合作行政主管機關負保證償還之責」〔註84〕。

3. 還貸人性化。和平時期中國農民銀行對農貸還款通常設有連帶責任，即農民團體的組成人員對其中不能按時歸還農貸的農民負有連帶賠償責任。而在此辦法中，中國農民銀行考慮到該筆農貸資金主要起到救濟戰區農村經濟的作用，故設置還貸期限「以農產品收穫時期為標準」，如果屆時因戰爭等原因造成農產品滯銷無法償還現款時，中國農民銀行出於保護農民利益的角度出發，在本辦法中規定，農民可將農產品交「經放機關（省政府暨合作行政主管機關）負責代為運銷，扣還貸款本息」〔註85〕，這樣就解除了農民還款難的後顧之憂。

〔註83〕　中國人民銀行金融研究所編：《中國農民銀行》，北京：中國財政經濟出版社，1980 年版，第 335 頁。

〔註84〕　中國人民銀行金融研究所編：《中國農民銀行》，北京：中國財政經濟出版社，1980 年版，第 335 頁。

〔註85〕　中國人民銀行金融研究所編：《中國農民銀行》，北京：中國財政經濟出版社，1980 年版，第 335 頁。

（二）戰後農貸政策的調整

1945 年四聯總處第二九六次理事會議通過《中國農民銀行辦理農貸辦法綱要》，該《綱要》第一條就指明，此農貸辦法的制定是以「爲謀促進農業生產，發展農村經濟」〔註 86〕爲目的，由此標誌著戰後中國農民銀行農業金融業務進入了一個制度上的全面發展期。

1. 融資主體擴大

抗戰結束後，國民政府開始全面復蘇國內經濟發展，農業作爲國家的基礎性產業必然受到重視。《中國農民銀行辦理農貸辦法綱要》中，把融資對象由戰前的一類增加爲三大類，除了原有的「合作社、農會及其他農民合法組織」爲代表的農民團體外，新增的兩類融資對象，一類是「農業改進機關及企業機構」〔註 87〕，包括農業機關，農業學校，農業團體及企業機構等，另一類是農場、林場、漁牧場、墾殖場等。之所以擴大農貸範圍，一是爲了給農業科研類機構和企業提供充足的資金，以改良農作物品種，研發新的農用原材料，如化肥、農業器械等；二是國民政府戰後資金不再拮据，除了扶持種植業外，已經有能力開始全面推進農、林、牧、副、漁等大農業的發展，朝著農業現代化方向前進。

2. 農貸用途拓寬

戰後中國農民銀行拓寬了融資主體範圍，相應的農貸範圍和用途也隨之而變。《綱要》第二條規定，戰後中國農民銀行的貸款種類包括：農業生產貸款、農田水利貸款、農業推廣貸款、農村副業貸款以及農產運銷貸款。具體到每一種貸款，使用上又有明確的限制。

農業生產貸款主要是爲了扶持自耕農基本農田耕作，農戶購買「種籽、肥料、農具、耕畜飼料、血清防止病蟲害藥劑、器械」〔註 88〕等都屬於此項借款的合理用途。此外，中國農民銀行尚未列舉但被認爲是有關生產上必須

〔註86〕 浙江地方銀行總行編：《金融法規輯要》，麗水：浙江地方銀行總行發行，民國三十年版，第 279 頁。

〔註87〕 「中國農民銀行辦理農貸辦法綱要」，中國國家數字圖書館‧民國法律 http://mylib.nlc.gov.cn/web/guest/search/minguofalv/medaDataDisplay 跡 metaData.id=433509&metaData.lId=437990&IdLib。

〔註88〕 「中國農民銀行辦理農貸辦法綱要」，中國國家數字圖書館‧民國法律 http://mylib.nlc.gov.cn/web/guest/search/minguofalv/medaDataDisplay 跡 metaData.id=433509&metaData.lId=437990&IdLib=402834c3361f55da01361f5dfbe4001e。

之費用，同樣可以申請此類貸款。

農產運銷貸款主要是用於「支付集中產品之價值，加工運銷費用及設備費用」〔註89〕，同時，建造倉庫、購置儲藏設備所需的費用或農民個人自有產品辦理儲押所需的費用都可借助此項貸款完成。如此就解決了當時農業產出之後，農產品難以迅速流入市場的難題。

農村副業貸款「以視當地情形，購買副業原料、工具、種畜飼料及購置有關設備等爲限」〔註90〕，這是因爲各地副業發展差異很大，如江南多桑蠶養殖、北方多家畜飼養，因此給予中國農民銀行「以視當地情形」，確定副業貸款的範圍與額度。

以上三類是農民生產中遇到的最基本的資金需求，而此後兩種農貸則是扶持農業向更高層次發展的資金助力。農田水利貸款在戰時就已開辦，並取得一定的成效，故戰後中國農民銀行繼續開展了此項業務。此類貸款仍是以「用於修渠、築堰等大型工程，開塘、磐井等小型工程及辦理農村水利事業爲限」〔註91〕。農業推廣貸款則主要用於諸如繁殖優良種籽種苗種畜、製造防止病蟲害之藥劑或新的機械、血清及農具肥料等，該項貸款主要是解決農民耕種舊習、土地產出率低以及農業生產受自然災害影響的問題。國民政府意在通過資金支持，研發和推廣新品種、新農藥、新肥料、新機械，從根本上提高農業產量，增加農民收益。

中國農民銀行依據以上的貸款用途分類，把農貸資金的額度和期限分爲三個檔次。用於農耕生產、農產運銷等方面的流動資金貸款，《綱要》規定貸款額度以時值或費用之六成爲最高額，此類貸款的償還期限最長以十個月爲限，但耕畜和農具的農貸除外。因爲購置耕畜和農具相對花費較高，使用週期長，利潤回本慢，故這兩種貸款農人可分兩年攤還。用於購置設備的貸款，貸款的最高金額可以達到設備價格的七成，還款期限最長以兩年爲限，可分

〔註89〕 「中國農民銀行辦理農貸辦法綱要」，中國國家數字圖書館‧民國法律 http://
mylib.nlc.gov.cn/web/guest/search/minguofalv/medaDataDisplay 跡 metaData.id=
433509&metaData.lId=437990&IdLib=402834c3361f55da01361f5dfbe4001e。

〔註90〕 「中國農民銀行辦理農貸辦法綱要」，中國國家數字圖書館‧民國法律 http://
mylib.nlc.gov.cn/web/guest/search/minguofalv/medaDataDisplay 跡 metaData.id=
433509&metaData.lId=437990&IdLib=402834c3361f55da01361f5dfbe4001e。

〔註91〕 「中國農民銀行辦理農貸辦法綱要」，中國國家數字圖書館‧民國法律 http://
mylib.nlc.gov.cn/web/guest/search/minguofalv/medaDataDisplay 跡 metaData.id=
433509&metaData.lId=437990&IdLib=402834c3361f55da01361f5dfbe4001e。

期攤還。水利貸款不同於前兩項貸款，工期較長，若等工程全部完工則不利於銀行資金的回流，因而《綱要》規定，修建農田水利的貸款，「於每一工程局部完工可資利用時起，其大型工程最長以五年爲限，小型工程最長以三年爲限，陸續分期攤還」〔註92〕，可貸款金額最高不超過全部工程及設備費用的八成。

3. 擔保標的多樣化

抗戰勝利前，中國農民銀行的農貸多以實物、個人、商鋪爲擔保，抗戰勝利後，根據《綱要》的規定，針對不同的貸款對象和貸款用途，中國農民銀行的農貸擔保規定發生變化，擔保的標的呈現多樣化。

（1）實物與保證人爲擔保。這兩種擔保是最傳統的擔保標的，在《綱要》中對這兩種擔保的應用有兩種方式。第一種，實物擔保與保人擔保二選其一。對於最普遍的以農民團體爲融資對象的貸款，根據民法的規定，借款人當然成爲「應付之經濟責任」主體。除此之外，中國農民銀行還要求此類融資者必須在實物擔保和保人擔保兩種方式中擇其一作爲補充性擔保，如果融資主體選擇保證人擔保方式，則該保證人必須由貸款機關認可。其二，以實物擔保爲主，必要時輔以保證人擔保。農業改進機關及團體、農業學校、農場、林場、漁牧場、墾殖場等申請農業貸款時，鑒於其有別於農民團體，並非「人合」性質，且這些機構的資金較爲雄厚，故《綱要》規定通常情形下這些機構以實物爲擔保即可。但各省分支行處在審核時認爲這些機構所提供的擔保實物與借貸數額有較大差距時，可要求以上機構增加保證人，且必須由貸款機關認可之保證人擔保。

（3）農業保險爲擔保。南京國民政府時期就已開始推行農業保險，並曾制定過《農業保險法草案》來指導農業保險工作，據《農業保險法草案》第五條可知，「農作物及農業或其副業之各種產物，凡得以貨幣估價者，均得爲農業保險之標的物」，而農民一旦投保，「凡因事變或災害致保險標的物消滅或發生損害及費用時」〔註93〕，保險機構將按保險契約之內容進行賠償。鑒

〔註92〕 「中國農民銀行辦理農貸辦法綱要」，中國國家數字圖書館·民國法律 http://mylib.nlc.gov.cn/web/guest/search/minguofalv/medaDataDisplay 跡 metaData.id=433509&metaData.lId=437990&IdLib=402834c3361f55da01361f5dfbe4001e。
〔註93〕 王志莘、吳敬敷編著：《農業金融經營論》，上海：商務印書館，民國二十五年版，第443頁。

於有此類規定，中國農民銀行對於可以保險之農產品及原料、設備等，設置的擔保要求有了新的變化，「凡借款購置、加工原料設備及辦理運銷之貨品，均應盡可能全部保險，並以之作貸款擔保」〔註94〕。如此既減輕了農民以實物擔保的負擔，又提高了借貸的安全性。

（4）國庫與受益權為擔保。農田水利建設利國利民，但資金耗費巨大，貸款數額並非一個或數個農民團體所能承受，故南京國民政府時期，農田水利貸款一向只借貸給各省政府，由省政府組織各地水利建設，而此筆借貸的擔保，則直接由國庫擔保，又考慮到各地政府財政情況的差異，《中國農民銀行辦理農貸辦法綱要》中又為此類貸款增加了第二擔保，即以受益田畝及水費為國庫擔保的補充，兩項擔保之下就可確保農田水利工程項目貸款資金按時回收。

4. 貸款利率彈性化

抗戰結束後，除大後方之外的全國其他省份都受到不同程度的經濟重創，中國農民銀行的農貸資金雖面向全國各地，但限於各地農村經濟實情的不同，對利率的設置也做了彈性的調整。「各項農貸利率，由本行斟酌各地情形，隨時規定其最高額及最低額」〔註95〕，因此戰後中國農民銀行的農貸利率不再是全國統一標準。此外，「對於合作社或農會之放款」各地分支行處應加收月息一釐作為合作指導事業或農會指導事業輔助費，但利率和輔助費之和以不超過當地的一般利率為原則。

1945 年《中國農民銀行辦理農貸辦法綱要》出臺後，中國農民銀行的農貸業務全面發展，農業融資成效顯著，如下圖所示。

〔註94〕 「中國農民銀行辦理農貸辦法綱要」，中國國家數字圖書館‧民國法律 http://mylib.nlc.gov.cn/web/guest/search/minguofalv/medaDataDisplay 跡 metaData.id=433509&metaData.lId=437990&IdLib=402834c3361f55da01361f5dfbe4001e。
〔註95〕 「中國農民銀行辦理農貸辦法綱要」，中國國家數字圖書館‧民國法律 http://mylib.nlc.gov.cn/web/guest/search/minguofalv/medaDataDisplay 跡 metaData.id=433509&metaData.lId=437990&IdLib=402834c3361f55da01361f5dfbe4001e

表 5－2：1945 年至 1947 年農貸結餘額按貸款用途分類統計表〔註 96〕

（單位：千萬）

種　類		三十四年		三十五年		三十六年	
		餘額〔註97〕	百分比	餘額	百分比	餘額	百分比
農業放款	生產	1221973	23.8	10316844	20.8	223465479	25.5
	運銷	368820	7.2	19462769	39.3	115063786	13.2
	大型水利	2603430	50.8	6277305	12.7	23783031	2.9
	小型水利	187330	3.7	1924064	3.9	16614997	2.1
	推廣	227324	4.4	3063129	6.2	92986906	10.6
	副業	163554	3.2	3410262	6.9	24270836	3.0
	收復區	21267	0.4	21487	／	24449	／
	戰區	120555	2.4	57853	0.1	38840	／
	邊區	9503	0.2	30089	0.1	198024	／
	小本	／	／	／	／	15214098	1.8

（三）戰後綏靖區小本貸款制度

抗戰勝利後，許多地方的百姓居無定所食不果腹，導致盜匪猖獗。國民政府派軍隊前去駐防，防止百姓鬧事，剿滅土匪滋事，隨之劃定「綏靖區」。「綏」與「靖」都有安撫、平定之意，爲達到「綏」「靖」目的，解決百姓溫飽問題是當務之急。財政部依據《綏靖區財政金融緊急措施實施辦法》第四條規定，於 1946 年制定並頒行了《中國農民銀行辦理綏靖區小本農貸辦法》，確立了「以救助綏靖區之貧苦農民及小工商人復耕復業等」〔註 98〕爲主旨的融資政策。

〔註96〕　中國人民銀行金融研究所編：《中國農民銀行》，北京：中國財政經濟出版社，1980 年版，第 162 頁。

〔註97〕　貸款餘額是指截止到某一日以前商業銀行已經發放的貸款總和，其與貸款數額不同，貸款數額是指合同數額，是一個不變的數額。而貸款餘額更能眞實的反應實際放貸的情形。

〔註98〕　「中國農民銀行三十六年──三十七年度業務報告書」，轉引自中國人民銀行金融研究所編：《中國農民銀行》，北京：中國財政經濟出版社，1980 年版，第 160 頁。

1. 制度內容

綏靖區小本農貸的借貸對象「以貧苦之農民、小手工業者即小本經濟人為限」，同時允許貧農、小手工業者等組織團體共同申請貸款，以提高此類人群的信用度。以上融資主體在申請貸款時，借貸的額度會由農行的小本農貸辦理處通過考察申請人的家庭狀況從而做出判斷。考察內容主要包括「借款用途」、「過去生產情形」以及「家庭人口多寡」，但每人的貸款最高額度「不得超過十萬元」，每一區的小本貸款總額也有一定限制，具體由財政部核定。

綏靖區的小本農貸本身是出於救濟目的而發放的，故國民政府對此貸款給予了極高的優惠——小本農貸「一律免收利息」，但需按月酌收百分之一的手續費。在償還期限上，對農民和小手工業者也相應的有所照顧，通常是以一年期為標準，如果無法按時償還可以適當推延，但至遲不得超過六個月；同時為了減輕融資者的還貸壓力，農行還規定在小本農貸到期後可以分期償還。

對於該筆資金的用途，《小本農貸辦法》做了專門的限定，即「小本商販所需之流動資金」，「小手工業所需購買原料及工具之資金」以及「農民所需購備種籽、肥料、農具之資金及修葺農舍之費用」〔註 99〕，如果借款人申領資金後未按申請用途使用，辦理借貸的金融機構有權隨時追還。

綏靖區的貧農、小手工業者若要申請貸款，首先得向「小本農貸處領取借款申請書、借款人經濟狀況表及借約，逐項填寫」〔註 100〕，然後依照規定送當地小本貸款審查會，由其核交中國農民銀行小本貸款處洽商借貸事宜。值得注意的是，小本農貸與其他農貸同樣都需要由保證人擔保，農行要求借貸人必須尋找當地「殷實商店或具有信譽之人士為保證人」〔註 101〕，如果是團體借款，則該團體成員應負連環保證責任。

2. 實施效果

《中國農民銀行辦理綏靖區小本農貸辦法》出臺後，各綏靖區紛紛向中國農民銀行申請此項貸款。如皖東北急賑委員會發給農民銀行的電報所言：

〔註 99〕　中國人民銀行金融研究所編：《中國農民銀行》，北京：中國財政經濟出版社，1980 年版，第 340 頁。

〔註 100〕　中國人民銀行金融研究所編：《中國農民銀行》，北京：中國財政經濟出版社，1980 年版，第 340 頁。

〔註 101〕　中國人民銀行金融研究所編：《中國農民銀行》，北京：中國財政經濟出版社，1980 年版，第 340 頁。

「查皖省東北地區，慘遭敵匪蹂躪達九年之久，十室九空，廬舍爲墟，人民流離失所，工商業摧毀殆盡，經發放難民急賑款物，暫時維持生活。但春耕將屆，農具農舍無力整理，肥料、種籽無力購買，小型手工業及小本經濟，尤須速急扶持，使其恢復生產，自謀生活。」〔註102〕依此份電報可以想像出當時綏靖區農業生產之慘狀，農民生活之困苦。

中國農民銀行自 1947 年開始發放小本農貸後，受益區域達到 13 省內 16 區，208 縣，21 蒙旗，遍及江蘇、安徽、山東、河南、河北、熱河、察哈爾、綏遠、山西、湖北、陝西、甘肅、寧夏等地，截止 1947 年底，「已貸放一百三十四縣一十五蒙旗，共貸出一百五十億元，受貸人數十二萬五千餘人」〔註103〕。又根據《民國三十七年中國農民銀行農業貸款概況》介紹，截止 1948 年 6 月底「兩期共貸出一百六十四億元，借款十四萬戶。綏區久經匪亂，田園荒蕪，人民流離，生活無依」，凡是辦理了小本農貸的地區「得以復耕，流離難民，亦因貸款之協助返籍復業，對於安定社會，裨益戡建工作匪淺」〔註104〕。由此可見，當時中國農民銀行的此項農貸業務確起到一定的「綏靖」作用。

從中國農民銀行的發展路徑看，每一個環節都離不開南京國民政府的行政推動和法制引領。從豫鄂皖農村金融救濟處的成立到豫鄂皖贛農民銀行的設立，它的作用由暫時的農村經濟救濟轉變爲融通農業資金，改組爲中國農民銀行後進一步確立專司農貸業務的職能，即在全國範圍內開辦農貸業務，專門爲農業發展提供資金支持。中國農民銀行比其他金融機構開辦了種類更爲齊全，資金貸放對象更爲明確的農貸業務，如土地金融業務、農田水利貸款等，並在行政院各部門的引導或督促下制定規章制度，完善放貸細則。1942 年以前，在國民政府的政策鼓勵和法律強制下，從中央到地方各類金融機構大都涉足農貸業務，爲農村輸入資金血液的同時，也存在著資金重複發放、區域間農貸資金不平衡的問題，金融機構之間在開展業務時也多有摩擦。同時，農業作爲國家的基礎性產業，它不像工業、商業一般有地域上的集中，

〔註102〕 中國人民銀行金融研究所編：《中國農民銀行》，北京：中國財政經濟出版社，1980 年版，第 159 頁。
〔註103〕 中國人民銀行金融研究所編：《中國農民銀行》，北京：中國財政經濟出版社，1980 年版，第 161 頁。
〔註104〕 中國人民銀行金融研究所編：《中國農民銀行》，北京：中國財政經濟出版社，1980 年版，第 161 頁。

相反以農爲生者分散在全國各地，因而建立一個統一管理農業金融業務的銀行是十分必要也是應該的。因此 1942 年四聯總處決定將全國各金融機構的農貸業務交由中國農民銀行辦理。中國農民銀行從最初的專門服務於農業領域資金流通到最後成爲統領全國農貸業務的專業化銀行，是多方實踐的結果。南京國民政府時期正是因爲有了這樣一個由政府參股的專門性的金融機構，才能使中央的各項農貸方針和政策更好的在金融領域推廣開來。

第六章　南京國民政府時期農業融資制度創新

典當、合會、高利貸是中國歷代傳承的民間融資方式，在融通農業資金方面發揮著一定的作用；近代以來銀行等金融機構以及合作社的出現進一步拓寬、優化了中國農業資金融通渠道。由於 20 世紀 30 年代初中國農業面臨的特殊情況，已有的渠道仍不能滿足各層次農民對資金的需求。爲此，國民政府和相關機構針對農村實際和農民經濟狀況，適時創制出一些新的融資制度，對復興農村經濟發揮了不可忽視的作用。

一、農倉儲押制度

農倉制度，中國古已有之，如漢代的常平倉，隋朝創制的義倉，以及南宋設立的社倉。這些農倉設立的目的，多是平衡物價儲糧賑災，「使歲穰輸其餘，歲凶受而食之」﹝註1﹞。儲糧的來源最初多由百姓及殷實人家捐贈，後逐漸發展爲一種賦稅，由政府強制百姓繳納。常平倉與義倉雖是取之於民用之於民，賑濟災荒，但在實際運行中，這兩種倉庫多設於縣、邑、州、郡等，遠離鄉村之地，農民難享其利，又多易滋生腐敗，故在歷史上這兩種制度時興時廢。南宋的社倉實際上是對常平倉、義倉的繼承和發展，彌補了前兩者的不足，把倉儲之地置於每村的祠堂或廟宇處，用以儲藏糧食，糧食來源亦是勸捐或募捐，「存豐補欠」。社倉事務的管理比之常平倉與義倉也有所進步，

﹝註1﹞（宋）曾鞏撰，陳杏表、晁繼周點校：《曾鞏集》，北京：中華書局，2004 年版，第 678 頁。

不再由州縣官員掌管物資發放，而是變爲由本地推舉出的社首來管理社倉事務，使農民能夠眞正從中得到實惠，故農倉制度也就一直延續了下來。近代以來，隨著戰爭的頻發、時局的混亂和農村的破產，主要爲賑濟作用的農倉逐漸凋敝。爲重啓農倉利民之功用，南京國民政府在傳統農倉制度的基礎上，發展出了一種新型的且兼有資金融通作用的農業倉庫制度。

（一）農倉儲押制度的探索

南京國民政府在創制新式農業倉庫之前，曾改進過舊式農業倉庫，1928年內政部鑒於倉儲事業的重要性，頒佈了《義倉管理規則》。兩年後又修訂爲《各地倉儲管理規則》，規定建倉的資金由當地政府出納並負責管理和監督。該《規則》規定各農戶最多向當地農倉存儲積穀一石，而各地農倉的職能主要爲積存穀糧、調節糧價以及對災民貸糧。但該倉儲制度的實施並未達到預期效果，反而借貸多而積穀少，最終使這些農業倉庫大都淪爲銀行商號的堆棧。舊式農業倉庫改進的失敗使國民政府開始考慮創制一種新型的倉庫制度，在儲存糧食的同時，還能夠促進農村資金的流通。

1929 年《江蘇省農民銀行放款章程》第四條對放款業務分列了九大類，其中第五類即爲「倉庫儲押放款，凡借戶以農產品，向本行倉庫抵借款項者，歸入此類。」〔註2〕江蘇省農民銀行的這一規定，是在當時農民尤其是自耕農和佃戶無甚經濟財力，用其他諸如不動產抵押等方式難以獲得貸款的情形下，拓展出來的一項扶助農民發展農事活動的業務。在農倉業務起步階段，倉庫最初僅設立在農產品豐富、交通便利的地區，後逐步由區鎮推廣至各鄉。作爲農倉的房屋多是借用或租用當地的公產，並未專門投資建設新倉。根據江蘇省農民銀行第二十二年度的報告來看，農倉儲押業務在當時辦理的較爲順利，「各分行之經營倉庫業務者計有十行，在計劃進行中者亦有三行。統計已成立之倉庫有三十三所，房屋八百餘間，堆積穀米容量二十萬餘石，儲押放款總額六十七萬三千餘元」〔註3〕。

江蘇省作爲當時國府所在省，農民銀行農倉儲押業務的開展以及所取得的良好效果，很快得到了政府關注，並給苦於改進舊式農倉弊端的執政者一個很好的啓示。1933 年 5 月 6 日行政院農村復興委員會在第一次大會

〔註2〕 王志莘、吳敬敷編著：《農業金融經營論》，上海：商務印書館，民國二十五年版，第 450 頁。

〔註3〕 徐淵若撰：《農業倉庫論》，上海：商務印書館，民國二十六年版，第 180 頁。

上議決了農民銀行須在各縣設立農業倉庫。隨後實業部定制的《二十二年度農業行政計劃綱要》中，首條即爲籌辦農業倉庫，並飭令各省市主管機關按此綱要內容切實遵辦。同年 5 月中旬實業部又令中央農業推廣委員會與江蘇省所轄的各農業救濟協會聯合舉辦中央模範農業倉庫。中央模範農業倉庫由中央農業推廣委員會與江蘇省農業救濟協會彼此推舉五人爲委員，組成農業倉庫管理委員會，籌設模範倉庫的建設，選址於「殷巷、龍都、淳化鎮、秣陵關四處」〔註4〕，籌設資金由實業部按月撥款二百五十元爲經費。

　　1933 年 9 月實業部核准實行《修正中央模範農業倉庫暫行章程》、《中央模範農業倉庫儲押秈稻規則》。中央模範農業倉庫作爲實業部發展農業倉庫的試點，四個倉庫的選址均在南京市轄區範圍內。建倉資金「由實業部及寧屬農業救濟協會分別擔任之」〔註5〕，暫定資金額爲十萬元國幣，籌足一半即可開始經營業務。實業部在制定中央農業倉庫章程時，即爲將來農業倉庫制度的全面推行做了更好的打算，國家資金投入固然必要，但要長久運行下去還需要廣大農民參與其中。因而在《修正中央模範農業倉庫暫行章程》第三條中規定，中央農業倉庫在營業之後，逐步「指導業務區內之農民」，以合作社爲單位認股加入農業倉庫建設，待到「社股集有成數，及農民能自行管理時」〔註6〕，對農業倉庫再行改組，變爲眞正由農民組織管理、政府監督的機構。以上這些想法僅僅是開展農業倉庫試點工作之初的一些設計，現實之中受農民貧困狀況所限，章程中的一些長遠設想，在後來立法院頒佈的《農倉業法》中均有所變動。

　　《修正中央模範農業倉庫暫行章程》主要規定了農業倉庫的建設與管理，具體的儲押制度則由《中央模範農業倉庫儲押秈稻規則》進行規範。該規則依據《修正中央模範農業倉庫暫行章程》第二條的規定所釐定，對中央模範農業倉庫的儲押工作從四個方面做了規定。

1. 儲押主體

　　《中央模範農業倉庫儲押秈稻規則》第二條規定，「凡以秈稻儲押者，須

〔註 4〕　徐淵若撰：《農業倉庫論》，上海：商務印書館，民國二十六年版，第 179 頁。
〔註 5〕　徐淵若撰：《農業倉庫論》，上海：商務印書館，民國二十六年版，「附錄」第　　　7 頁。
〔註 6〕　徐淵若撰：《農業倉庫論》，上海：商務印書館，民國二十六年版，「附錄」第　　　7 頁。

爲自行耕種之農戶，其耕種面積在五十畝以下者均爲合格」〔註7〕。由此條規定中的「自耕農」和「耕種面積在五十畝以下者」可以看出，中央模範農業倉庫儲押業務的對象主要爲中下層農民：首先，限定了儲押對象必須爲「自耕農」，而自耕農主要是指自己佔有土地和其他生產資料，依靠自己和家庭成員進行農業經營的個體農民。一般情形下，自耕農既不剝削他人，亦不被人剝削，當然也不排除輕微剝削的可能，但從根本上而言，自耕農的生產主要屬於自給自足性質。在耕地面積上，民國時期各地區地主、自耕農等所佔土地面積差異較大，中東部平原地區地主可占田百畝之上，而戰亂貧瘠之處則幾十畝也可爲地主。1927 年國民黨中央土地委員會對全國土地情況的有如下調查結果：「我國耕地自一畝乃至十畝之貧農，占人口百分之四十四；自十畝乃至三十畝之中農，占人口百分之二十四；自三十畝乃至五十畝之富農，占人口百分之十六；佔地自五十畝乃至一百畝之中小地主，占人口百分之九；佔地一百畝以上之大地主，占人口百分之五。」〔註 8〕依此結果可知，《中央模範農業倉庫儲押秈稻規則》第二條從耕地面積上，限定「耕種面積在五十畝以下者均爲合格」，實質上是限定了富農及以下農民這個範圍，這就涵蓋了農村 80% 以上的農民，成爲農倉儲押的主體。

2. 押糧存儲

辦理儲押業務，必須先要對糧食進行存儲。中央模範農業倉庫每年辦理儲押業務的時間爲「本年九月十五日起，至明年一月十五日止」〔註9〕。這一期間，農戶須到指定的地點進行申請登記，經調查核准後，才可辦理儲押業務。被核准儲押的農戶需要「自行將稻運交指定倉庫，同保管員過秤、裝袋、加封編號或分別歸倉」〔註 10〕。由於農業倉庫經營儲押業務所能承受的貸款金額有限，爲了保證更多的農戶能夠享受到此種便利，中央模範農業倉庫對各儲押貸款的數量做了限制，「每戶儲押貸款之數量，以五十擔爲限。每石以

〔註 7〕 徐淵若撰：《農業倉庫論》，上海：商務印書館，民國二十六年版，「附錄」第 11 頁。

〔註 8〕 林和成編：《中國農業金融》，上海：中華書局，民國二十五年版，第 24～25 頁。

〔註 9〕 行政院農村復興委員會編纂：《農村復興委員會會報》，南京：農村復興委員會秘書處發行，民國二十二年版，第 20 頁。

〔註 10〕 行政院農村復興委員會編纂：《農村復興委員會會報》，南京：農村復興委員會秘書處發行，民國二十二年版，第 20 頁。

新制衡百斤爲準。」〔註11〕農業倉庫在對農戶所儲押的秈稻進行保管時，「無論何種，均需隔開，以免混亂」〔註12〕。若用圍席堆積者，則每擔應加二斤，以預防消耗。由於糧食是易燃品，根據儲押規定，各個農業倉庫應當購買火險，手續由倉庫代理，而「保險費由各儲戶分擔」〔註13〕，如果儲戶不願參加保險，一旦因火險而儲糧受損時，其損失應當自擔。若「遇有天災匪患及其他人力不能防禦之損害」〔註14〕，各農業倉庫概不負賠償責任。

3. 押糧變現

各儲戶在存儲完秈稻之後，農倉幹事立即向其填發儲押證書，該證書是農戶押稻的憑證，憑此證書農戶可以向農業倉庫貸款，亦可「向金融機關及商店抵押，或變賣」〔註15〕。由於糧食的市價隨時處於波動之中，以秈稻進行儲押其貸款金額自然需要比照市場價格進行折算，以降低貸款的風險。中央模範農業倉庫爲了促進當地水稻品種的改良，對儲押秈稻的折算按品質分爲三等，一等者，要求「米質優良、乾燥、純淨，如洋尖顆及黑稻等品種」；二等者，爲「米質中平，乾燥、純淨，如各種黃稻品種」；三等者，爲「米質次劣，乾燥、純淨，如麻殼秈等」〔註16〕。以上三種品質的秈稻，每擔押款數「照最低市價百分之九十」爲基礎額度，具體再由各農倉根據市價在「開始儲押時公佈之」〔註17〕。儲押貸款利率，統一定爲每月一分四釐。計息方式爲按月計息，「若期前回贖，其不足一月者，按日計息」，若逾限回贖則「該月過五日者，即以一月計息」〔註18〕。

〔註11〕 行政院農村復興委員會編纂：《農村復興委員會會報》，南京：農村復興委員會秘書處發行，民國二十二年版，第 20 頁。

〔註12〕 行政院農村復興委員會編纂：《農村復興委員會會報》，南京：農村復興委員會秘書處發行，民國二十二年版，第 21 頁

〔註13〕 行政院農村復興委員會編纂：《農村復興委員會會報》，南京：農村復興委員會秘書處發行，民國二十二年版，第 22 頁。

〔註14〕 行政院農村復興委員會編纂：《農村復興委員會會報》，南京：農村復興委員會秘書處發行，民國二十二年版，第 22 頁。

〔註15〕 行政院農村復興委員會編纂：《農村復興委員會會報》，南京：農村復興委員會秘書處發行，民國二十二年版，第 21 頁。

〔註16〕 徐淵若撰：《農業倉庫論》，上海：商務印書館，民國二十六年版，「附錄」第 12 頁。

〔註17〕 徐淵若撰：《農業倉庫論》，上海：商務印書館，民國二十六年版，「附錄」第 12 頁。

〔註18〕 徐淵若撰：《農業倉庫論》，上海：商務印書館，民國二十六年版，「附錄」第 13 頁。

4. 押糧回贖

爲了促進農產品的流通，保證新一年秈稻的儲藏空間，農業倉庫對秈稻的儲押期限規定爲五個月和八個月兩種。儲押日期都是自每年九月十五日起，同時爲保證新一年的秈稻能得到儲押，農戶必須在到期前回贖秈稻。如滿期不能回贖，農戶應先提前半月申請展期，經農業倉庫專員調查之後，確有理由者，可以延期一月回贖。若延期之後仍不能回贖者，「即由本倉將押稻拍賣，扣還本息，有餘退還，不足追補」〔註19〕。雖然倉庫儲押並沒有如銀行或合作社貸款一般，強制規定資金用途，但是如果農戶利用儲押貸款「轉放高利貸，或購買他人之稻，儲押以圖射利者。一經本倉查出，定予依法嚴懲」〔註20〕。

5. 農倉管理

根據《修正中央模範農業倉庫暫行章程》第九條規定，儲押開始前各區應當「選聘公正農民代表三人至五人，爲該區農倉之監事」〔註21〕。這樣，既能夠讓農民逐步參與到農業倉庫的管理工作中來，對外起到一定的宣傳作用，又能增加農戶對農業倉庫的信任度，減少政府干預。秈稻儲押期間，各區域應從農戶之中推舉代表一人至三人爲保管員，「對內負保管倉庫之全責，對外爲全體儲戶之信用代表」，如此規定就又在「農民監事」的基礎上，進一步帶動農民參與到農業倉庫的具體工作中來，爲日後實現農民自營農業倉庫作好充分的準備。

（二）農倉儲押制度的推廣

中央模範農業倉庫的設立爲全國推廣新農倉制度揭開了序幕，各地區紛紛傚仿設立。如山東省府在二十二年度第三季度的「農政計劃」中規定，「令催各縣籌設倉庫」；浙江省政府制定的二十三年度各縣施政綱要，其中必辦的事項有「各縣農業金融機關應辦理農業倉庫至少一所」；湖北省政府二十三年第一季度的「農政計劃」內，第一條規定「舉辦農倉，先與有志

〔註19〕 徐淵若撰：《農業倉庫論》，上海：商務印書館，民國二十六年版，「附錄」第13頁。

〔註20〕 行政院農村復興委員會編纂：《農村復興委員會會報》，南京：農村復興委員會秘書處發行，民國二十二年版，第21頁。

〔註21〕 侯哲葊著：《農業倉庫經營論》，南京：正中書局，民國二十六年，「附錄」第13頁。

投資農村之銀行，先在武陽襄三縣試辦」；四省農民銀行安徽分行，擬定各縣農村合作社兼營食糧儲押，制定辦法大綱十六項，規定「合作社得設置倉庫兼營食糧儲押，社員得以倉庫向合作社抵押借款，借款利息不超過月息一分五釐」〔註 22〕。各地農業倉庫立法之中，不乏較中央模範倉庫更爲嚴密的制度規範，其中江蘇省句容縣農倉制度就是典型之一，下面以此爲例作以分析：

　　1933 年江蘇鎮江的句容縣大旱，農業歉收。縣政府會同國民政府國防設計委員會成立農業倉庫，在縣城夫子廟、天王寺、下蜀竹裏廟設 3 個總庫，下設 13 個分庫，從駐南京的上海商業儲蓄銀行貸款 4 萬元，開始辦理糧食儲押貸款業務。次年倉庫資金由省農民銀行供給，總分庫共收抵押糧食折價 1.5 萬元，發放貸款 37505.3 元，爲中下層農民提供了一定的農業生產資金扶持，其功用的發揮離不開句容縣農業倉庫制度規範化的運行。

1. 句容縣農業倉庫管理制度

　　根據《句容縣農業倉庫暫行辦法大綱》第二條規定，句容縣農業倉庫專門設有管理委員會，爲句容縣管理農業倉庫之最高機關。委員會的組成人員「由句容縣縣政府選聘」〔註 23〕，並須經貸款銀行同意。從組織構成上就可看出句容縣的農業倉庫已與中央模範農業倉庫有所不同，中央模範倉庫更多的是引導農民參與到農業倉庫的管理之中來，爲日後農民自營做準備；句容縣的農業倉庫則由政府主導管理，這必然與當地合作運動發展及農民思想開化有所關聯，體現出農業倉庫發展的地區差異性。句容縣在成立管理委員後，按照《句容縣農業倉庫暫行辦法大綱》第二條要求，專門制定了《句容縣農業倉庫管理委員會組織大綱》，並報縣政府備案。

　　在《句容縣農業倉庫管理委員會組織大綱》中，主要規定了委員會的人員構成、管理權限以及運行模式。在人員組成上，句容縣縣長爲該委員會的「當然委員」，並擔任主席，有按月召集委員會會議之責，亦有臨時召集會議的權力。召開「倉庫管理委員會會議時，貸款銀行得派員列席」〔註 24〕。其餘委員由縣政府聘請，全體委員任期均爲一年。由以上不難看出句容縣政府

〔註22〕　徐淵若撰：《農業倉庫論》，上海：商務印書館，民國二十六年版，第 181 頁。
〔註23〕　徐淵若撰：《農業倉庫論》，上海：商務印書館，民國二十六年版，「附錄」第 29 頁。
〔註24〕　徐淵若撰：《農業倉庫論》，上海：商務印書館，民國二十六年版，「附錄」第 30 頁。

在當時對農業倉庫一事極爲重視，縣長擔任委員會主席能夠更好的從全縣大局出發，管理農業倉庫事業。在管理權限上，委員會有五項職能，一是「指揮及監督各部事宜」，二是「任免倉庫職員」，三是「核定營業預算」，四是「審核營業報告」，五是「代表對外接洽」〔註25〕。通過這五項職能可以看出，管理委員會主要是在宏觀上把握農業倉庫的運行和發展，並不直接參與到農業倉庫日常工作之中。管理委員會爲了方便行使職權，內部又有具體分工。設立了常務委員會，「由委員互推三人組織之」，在常務委員會內，又設「總務、稽核、幹事三股，由常務委員分別擔任，處理倉庫日常事宜」；總務股主要負責委員會內部文書、會計等工作，稽核股負責稽核各倉庫儲藏物及出納等事宜，幹事股設總幹事一人，幹事若干人「負直接指揮管理各倉庫營業事宜之責」〔註26〕。管理委員會爲方便管理各農業倉庫，可命委員會委員在各倉庫擔任幹事，直接指揮倉庫各項業務。

農業倉庫管理委員會是句容縣農業倉庫綜合管理機構，具體到每一個倉庫，內部又有一定的人員組成和職能劃分。根據《句容縣農業倉庫暫行辦法大綱》第十八條的規定，句容縣內每一個倉庫均由管理委員會任命，並經貸款銀行同意，設會計員一人，倉庫管理員一人。會計員的職責主要爲「辦理儲押收付款項、登記帳目、製填日報、旬報」等事項，日報及旬報需要「按期分報管理委員會及特約放款銀行以備查核」；倉庫管理員的主要負責「管理食糧儲取事務，並登記報告之責」〔註27〕，兩者不得相互兼任。會計員辦理儲押付款，以倉庫管理員簽字或蓋章收款後發還之儲藏證爲憑。管理員對於食糧儲取保管，會計員對於銀錢出納，負絕對責任。

2. 句容縣農業倉庫儲押資金保障制度

建立農業倉庫是一項利國利農的事業，農業倉庫建設和儲押貸款發放以及日常經營運轉都需要一定的資金，加之農業倉庫本身並不具有盈利性，使得資金問題成爲發展農業倉庫事業的頭等大事。句容縣農業倉庫由政府主導的管理委員會負責管理，倉庫所需各項資金亦是由句容縣政府籌措。對於農

〔註25〕　徐淵若撰：《農業倉庫論》，上海：商務印書館，民國二十六年版，「附錄」第33頁。

〔註26〕　徐淵若撰：《農業倉庫論》，上海：商務印書館，民國二十六年版，「附錄」第33頁。

〔註27〕　徐淵若撰：《農業倉庫論》，上海：商務印書館，民國二十六年版，「附錄」第31頁。

業倉庫儲押糧食所需要流動資金，由政府出面「向特約銀行貸款，其數額暫以五萬元爲限」〔註28〕，遇到特殊情形雙方可再協議增減資金。句容縣各農業倉庫儲押糧食的放款數額，不如中央模範農業倉庫一般折抵額較高，而是「以照當地食糧市價七成爲標準」〔註29〕，且在操作過程中，農倉出於保證經營資金的正常運轉，還可適當降低此標準。

從模範農業倉庫規定中就可以看出，南京國民政府時期所發展的新式農倉主要是承載儲存農產品，並以此爲農戶提供貸款之功能。貸款資金多來源於財政或銀行，儲押貸款只收取必要的保管費及人工費，這就容易導致農業倉庫在經營過程中出現入不敷出的財務狀況。一旦出現此種情形，農業倉庫須按約以其保管的農產品來彌補損失或抵償銀行貸款。在句容縣，政府爲鼓勵農倉事業發展，扶持當地貧農生產生活，規定當地各農業倉庫「每年開支不敷，準備金不足以抵補時，其不敷之數，由句容縣縣政府負責撥款補足之」〔註30〕，這一措施極大的保護了儲押人的利益。

3. 句容縣農業倉庫儲押貸款規定

句容縣農業倉庫與中央模範農業倉庫相比，設立目的是「爲調劑貧苦農民金融而設」，「對於行商儲押及類似者，概行拒絕，如經查出行商蒙蔽儲押時，本倉可即呈縣府究辦」〔註31〕，因而在儲押貸款規定上又與中央模範農業倉庫有所區別。

首先，在儲押物的範圍上，句容縣的農業倉庫更爲豐富。「以稻、米、小麥、元麥、黃豆五種爲限」〔註32〕，其中不同種類的農產品對儲押的數量也有不同的限制。如「稻，至少須在一石以上，至多不得超過五十石（每石合新稱一一八斤）；米，至少須在五斗以上，至多不得超過二十石（每石合新稱一七七斤）；黃豆，至少須在五斗以上，至多不得超過二十石（每石合新稱一

〔註28〕　徐淵若撰：《農業倉庫論》，上海：商務印書館，民國二十六年版，「附錄」第30頁。

〔註29〕　徐淵若撰：《農業倉庫論》，上海：商務印書館，民國二十六年版，「附錄」第30頁。

〔註30〕　徐淵若撰：《農業倉庫論》，上海：商務印書館，民國二十六年版，「附錄」第32頁。

〔註31〕　侯哲葊著：《農業倉庫經營論》，南京：正中書局，民國二十六年，「附錄」第30頁。

〔註32〕　侯哲葊著：《農業倉庫經營論》，南京：正中書局，民國二十六年，「附錄」第30頁。

七五斤）」〔註33〕。元麥和小麥則爲同種標準，要求至少儲押五斗以上，至多不得超過二十石（每石合新稱一六〇、一六五斤）。對於儲押農產品之標準，則是要求淨純、乾燥、數量準確，「由本倉庫負責人員戳兩評價」〔註34〕，不能達到以上三點者，農業倉庫概不收受。

其次，在儲押放款期限上，句容縣農業倉庫有了更合理的調整。句容縣農業倉庫的糧食儲押放款，「每年分春秋二季，收進糧食期間約定四十日，清償期間每季以六個月爲限」〔註35〕。在儲押期限內，農戶可以隨時取贖，到期後若無法立即取贖農產品，可以延期兩個月，但前提是必須先繳清儲押貸款的利息，否則倉庫「將儲押品自由變賣抵償，有餘發還，不足追繳」〔註36〕。在儲押期限內如果農產品價格跌落，「將違押款本息數目時」，農業倉庫應立即通告「押戶限期增加抵押品，另換儲藏證」〔註37〕。如果農戶未在規定期限履行此責任，農倉出於兼顧押本的考慮，有權直接將該農戶的儲押品變賣以抵償本息，有餘發還，不足追繳。

第三，在儲押放款及取贖手續上，句容縣的農業倉庫更注重流程細節的規定。在《句容縣農業倉庫辦事細則》中規定農產品儲存時，須有五步程序：農倉工作人員先將儲戶之儲押品詳細檢閱，然後過秤折合斗升——填給儲藏證及存根——填寫倉庫小票及掛牌，隨後將儲押品存儲倉庫——儲戶持儲藏證向會計員取銀——會計員依據倉庫管理員簽字或蓋章之儲藏證付給押款，將儲藏證收存，填給押款證。在取贖時須經過六步程序：儲戶先將押款證交會計員計算利息，會計員核收本息後，加蓋（本息收訖）的戳記，並將押款證收存——會計員退換儲藏證（本息收訖）戳記及私賬——押戶持此儲藏證交倉庫管理員——倉庫管理員憑（本息收訖）之儲藏證與儲押品登記薄核對無訛後，發交工役取出儲押品——儲押品取出倉庫時，管理員在儲藏證上加

〔註33〕 侯哲葊著：《農業倉庫經營論》，南京：正中書局，民國二十六年，「附錄」第31頁。

〔註34〕 侯哲葊著：《農業倉庫經營論》，南京：正中書局，民國二十六年，「附錄」第31頁。

〔註35〕 徐淵若撰：《農業倉庫論》，上海：商務印書館，民國二十六年版，「附錄」第30頁。

〔註36〕 徐淵若撰：《農業倉庫論》，上海：商務印書館，民國二十六年版，「附錄」第30頁。

〔註37〕 徐淵若撰：《農業倉庫論》，上海：商務印書館，民國二十六年版，「附錄」第37頁。

蓋（儲押品付訖）戳記，並將儲藏證收存——儲戶取回儲押品時，須當場過秤嚴明，以清手續。

第四，在儲押方法上，句容縣農業倉庫又新增兩種。《句容縣農業倉庫儲押貸款章程》中規定當地農戶可通過三種方式進行糧食儲押：其一，爲個別儲押，即「以自備麻袋爲原則，儲戶如須本倉庫爲購袋，須按價計值」〔註38〕；其二，爲小組儲押，係「由農民自動稽核送請儲押者，其數量至少須五十石以上，得專摺儲存。其儲藏所用摺子、蓋草、墊糠均由儲戶自備，但小組儲押，如能稽核多量在一百石以上者，本倉庫得供給摺子及其他用具」；其三爲混合儲押，即「本倉庫須評定等級，制定專囤，獲得儲戶之同意舉行之」〔註39〕，其中，混合儲押品發還時，暫扣原額百分之三，抵作折耗。

最後，句容縣農業倉庫輔助農民經營合作運銷事業，幫助押戶在最適宜之時出售所儲押的農產品以增加收入。根據《句容縣農業倉庫儲押貸款章程》第十三條的規定，各押戶之間可自行組織食糧行情委員會，句容縣各農業倉庫把農產品漲跌價格的時時消息通報給該委員會，並由其轉告各押戶，並在得到押戶授權之後，適時以善價出售儲押品，所得資金農倉除去利息及各種費用後歸還押戶。

（三）農倉儲押制度的確立

經過中央模範農業倉庫及地方農業倉庫試點的推行，各地有關農倉儲押的法規制度也愈加成熟，爲中央制定全國統一的《農倉業法》奠定了良好的基礎。經過兩年的探索試驗，南京國民政府在總結各地經驗的基礎上於1935年5月9日公佈了《農倉業法》，同時《農倉業法施行條例》也在1937年2月26日經立法院第九十二次大會修正通過，兩部法令一併於1937年9月1日施行。《農倉業法》作爲規範和調整全國農業倉庫的法規，在內容上涵蓋農業倉庫的設立、業務範圍等方方面面，該法第六條規定農業倉庫可以經營「以本農倉、其他農倉或聯合農倉所發給之倉單爲擔保，而放款或介紹借款」的業務。至此，農倉儲押制度在國家法律中正式得到確立。

〔註38〕　徐淵若撰：《農業倉庫論》，上海：商務印書館，民國二十六年版，「附錄」第36頁。

〔註39〕　徐淵若撰：《農業倉庫論》，上海：商務印書館，民國二十六年版，「附錄」第37頁。

　　《農倉業法》作爲規範全國農業倉庫的國家立法，規定了依法設立的農業倉庫都可開辦儲押業務，但具體的儲押規則該法中並未言明。各地大都結合當地情形另行制定了農業倉庫辦理儲押業務的規章制度，筆者查閱當時各省農倉制度發現，《農倉業法》頒佈後，實踐中的農倉儲押制度與此前各地探索階段所規定的制度基本無異。因筆者上文中已有舉例說明，此處不再贅述。

　　《農倉業法》雖然對儲押制度規定不多，但從該法第一條所規定的農業倉庫設立目的中可以看出農倉儲押制度的重要性。該法規定農業倉庫的設立有兩個目的，第一是調節糧食供需，第二就是流通農村金融。調節糧食供需是農業倉庫最基本的功能，中國歷史上的常平倉、義倉等都具備這一功能，而流通農村金融則是新式農業倉庫最大的亮點和創新。因此，就有時人將農倉儲押稱爲「農倉金融」，其功效之顯著不言而喻。

　　農倉儲押制度的正式確立，爲當時眾多的低收入農民減輕了農業融資壓力。南京國民政府時期的農民，尤其是廣大的自耕農和佃農，家庭收入除了少量的副業之外，主要還是依賴收穫的農產品的價值，農產品售賣價格的高低直接決定其新一年所能利用資金的多寡。對於中上層農民而言，其家庭本就富裕，自然可以對新收穫的農產品待價而沽。而中下層農民往往是在農作物收穫之時就不得不低價出售，以緩解眼前資金周轉之困難，至來年春耕，復又面臨缺乏生產資金的困擾，若向銀行借貸恐不得其信任，若向合作社貸款恐又難入其門檻，最終只得尋求民間高利貸者融通資金。如此往復，中下層農民難脫貧困之煩擾。新式農業倉庫的儲押貸款制度緩解了中下層農民的這一融資難問題，倉庫以人人都有的農產品爲儲押對象，適當借貸給農戶資金，待到農產品價格上漲時，農戶可自行取贖賣出，也可委託農業倉庫幫其售賣，這樣就使貧困農民擺脫「穀賤傷農」的命運。「故農倉之金融業務，十足以匡救斯弊，脫農民於高利貸之毒牙，拯農民於米穀商之虎口。」〔註40〕

（四）農倉儲押制度的戰時調整

　　1937年抗日戰爭全面爆發，爲應對突變的國內時局，經濟部於1938年9月20日頒佈了《非常時期簡易農倉暫行辦法》，規定「凡依非常時期糧食調節辦法之規定，舉辦簡易農倉經營儲押業務者」〔註41〕都適用此辦法。於是

〔註40〕　徐淵若撰：《農業倉庫論》，上海：商務印書館，民國二十六年版，第107頁。
〔註41〕　廣西省政府編：《農倉法規彙編》，南寧：廣西省政府印發，民國二十八年版，第13頁。

抗戰時期中國農倉業出現了「簡易農倉與農業倉庫及其他糧食倉庫密切聯絡，互相調劑」〔註42〕的局面。

簡易農倉的設立，除了《非常時期簡易農倉暫行辦法》中所規定的內容外，未規定的內容一律遵照《農倉業法》來辦理，其自身比較戰前所創制的農業倉庫有以下三點鮮明的特色。

1. 簡易農倉專營儲押放貸

根據《非常時期簡易農倉暫行辦法》第六條之規定，「簡易農倉應以單營儲押業務爲原則」〔註43〕，這是簡易農倉與農業倉庫最大的區別。因而可以說，戰時簡易農倉的業務更爲專注，只有一個最主要的功能，即爲農戶辦理儲押業務，促進農業資金的流通。爲了辦好簡易農倉，《暫行辦法》中規定，「各省建設廳應派員與各縣市政府洽商籌劃舉辦簡易農倉，各縣市政府應指派人員負責指導辦理境內簡易農倉，無適當之專任人員時，得以農業推廣人員、合作指導人員或縣市政府內技術人員兼充之」〔註44〕。同時，爲了便於推廣簡易農倉，《暫行辦法》中放寬了經營農倉事業者的資格，除了《農倉業法》中規定的五類機構外，「以縣市或合法機關團體爲倡導農倉事業得皆舉辦簡易農倉」〔註45〕。爲了保證儲押業務的順利辦理，在《暫行辦法》中統一規定了受寄物儲押的折算標準，「得按市價七成折扣計算」，並且強調「簡易農倉之受寄物應以農民所有者爲限」，防止其他人利用此制度投機倒把。另外，簡易農倉的儲押貸款較之普通的農業倉庫更爲優惠，其受寄物儲押利息「以月息九釐爲原則」，並且限定「保管及保險等費用每月每元合計至多不得超過六釐」〔註46〕。

2. 簡易農倉設立更便捷

簡易農倉設立的便捷性主要體現在三個方面。第一，農倉選址的快捷性。

〔註42〕　廣西省政府編：《農倉法規彙編》，南寧：廣西省政府印發，民國二十八年版，第 13 頁。

〔註43〕　廣西省政府編：《農倉法規彙編》，南寧：廣西省政府印發，民國二十八年版，第 13 頁。

〔註44〕　廣西省政府編：《農倉法規彙編》，南寧：廣西省政府印發，民國二十八年版，第 13 頁。

〔註45〕　廣西省政府編：《農倉法規彙編》，南寧：廣西省政府印發，民國二十八年版，第 13 頁。

〔註46〕　廣西省政府編：《農倉法規彙編》，南寧：廣西省政府印發，民國二十八年版，第 14 頁。

《農倉業法》中對農業倉庫的選址並無具體要求，只提出經地方官署同意可以使用地方官產等公共建築物改建爲農業倉庫，而在《非常時期簡易農倉暫行辦法》中，凡是「鄉村祠堂、廟宇或私人之房屋」都可以借用或租用以辦理簡易農倉。第二，申請手續簡化。在《農倉業法》中，農業倉庫的經營者呈請登記時必須提供 12 份材料，若其爲「以發展農業經濟爲目的的之法人」或「經營農業生產事業，或與農業生產有直接關係之事業者十二人以上」〔註47〕，則需另外提供一份蓋章之證明材料。而簡易農倉除由地方政府直接經營外，其餘經營者只需提供 7 份材料呈請備案，這包括了：業務規則及其他應備章程，簡易農倉經營者的資格證明，簡易農倉所在地及業務區域，簡易農倉負責人的主要資料，受寄物的種類與數量，倉庫之間數、容量、構造及公產或私產租借情形以及資金來源說明。「經營農倉業之理由，倉庫舊建或新建建築時期竣工日期或改建修葺等情形，倉庫之設備事項，開辦費及本年度之營業收支概算」〔註48〕等材料不再要求提交。第三，審查時間縮短。《農倉業法施行條例》中規定主管官署在接到農業倉庫經營者的登記呈請後，在一個月內給予其能否成立之答覆，而簡易農倉的登記審核縮短爲十日以內。

3. 簡易倉庫管理更嚴格

（1）監管嚴格

簡易農倉雖然在設立程序上比農業倉庫較爲簡捷，但在監管上卻更爲嚴格。一方面，「簡易農倉應受當地縣市政府及貸款機關之監督指導」〔註49〕；另一方面，「簡易農倉受寄物除由縣市政府派員隨時檢查外得由貸款機關選派當地與農倉無關、素有信用之人士爲監察員隨時查察之」〔註50〕。

（2）處罰嚴格

《農倉業法》中對於違反法令規定的行爲，通常只是處於罰鍰之懲罰，如違反農業倉庫非盈利性規定、違反農業倉庫的儲押規定，都是「課以三百

〔註47〕 廣西省政府編：《農倉法規彙編》，南寧：廣西省政府印發，民國二十八年版，第 1 頁。
〔註48〕 廣西省政府編：《農倉法規彙編》，南寧：廣西省政府印發，民國二十八年版，第 9 頁。
〔註49〕 廣西省政府編：《農倉法規彙編》，南寧：廣西省政府印發，民國二十八年版，第 14 頁。
〔註50〕 廣西省政府編：《農倉法規彙編》，南寧：廣西省政府印發，民國二十八年版，第 15 頁。

元以下之罰鍰」〔註51〕，而在《非常時期簡易農倉暫行辦法》中，除了有以上的規定外，還增加了「農倉職員對於各由該倉內之受寄物除有人力不可抵抗或避免之事由外，應負保管之全責，如有擅自移動偷竊或其他舞弊情事應即更換，其涉及刑事範圍者，並依法懲處」〔註52〕之規定。

南京國民政府面對嚴峻的戰爭形勢，調整農業倉庫建設，積極創辦簡易農倉，專營儲押業務，扶持中下層農民發展農業生產，充分調動了絕大多數農民的生產積極性，保障了戰時的軍需供應，為最後奪取抗戰的勝利奠定了物質基礎。

二、銀行押款制度創新

南京國民政府時期，銀行等新式金融機構響應國家號召扶持農業發展，積極辦理農貸業務，在放款方式上除信用放款、抵押放款和擔保放款這三種方式外，又結合農村實際，創制了便於多數農民融資的動產間接佔有押款制度和青苗押款制度。

（一）動產間接佔有押款制度

1. 制度創設緣由

金融機構常用的三種貸款方式中，信用放款對申請人要求較高，抵押放款又需具有一定價值的動產或不動產，而擔保放款則需家境殷實之人或店鋪做保。對於富裕農戶而言可以從中選擇最適合的方式獲取資金，但對於家境一般或者較為貧困的農民，以三種方式貸款則實屬不易。中國農民銀行等金融機構結合當時農民生產、生活實情，創制出一種全新的融資方式：以農民所有的生產工具或家畜為押物，銀行對其進行間接佔有，以此貸予農民個人資金。此種新式融資方式，《中國農民銀行舉辦動產質押放款》中有詳細規定，但筆者認為，根據其性質，稱其為動產質押欠妥，以「動產間接佔有押款」為名更妥貼，故以此作為這一創新制度的名稱。

1940 年出臺的《中國農民銀行舉辦動產質押放款》是專門規定銀行動產間接佔有質押物以放款給農民的貸款辦法。此制度設立的目的是為方便農民

〔註51〕　廣西省政府編：《農倉法規彙編》，南寧：廣西省政府印發，民國二十八年版，第 2 頁。

〔註52〕　廣西省政府編：《農倉法規彙編》，南寧：廣西省政府印發，民國二十八年版，第 14 頁。

融資，擴大農民抵押物品範圍，使農民能夠憑家有的動產質押取得信用，同時使受押的物品以「受託保管」或「租用動產」的方式繼續由物主應用於農業生產之中，以達到「無礙於生產經營」的效用。同時「使飼育中之牲畜，質押資金，用作再生產，兼取對人信用與對物信用之長」〔註53〕，這樣使沒有什麼動產的農民也可以獲得貸款，從而增加農業資金流動數量。下面以中國農民銀行的動產質押放款辦法為例，對該制度的創新性作一分析。

2. 制度創新性

（1）質物種類多樣化。《中國農民銀行舉辦動產質押放款》中，除了規定如「桌、櫃、櫥、椅、木床」和銅錫器類製品等日常生活用品可為質押物，最大的亮點就是規定了牲畜和農具可作為質押物。牲畜類，包括耕牛、馬、羊、豬等農畜，其中對牛、馬為質物者，又規定「牛馬以壯齡者為限」；農具類，具體包括「水車、犁、鋤、礱、碾磨、風車、運輸車船」〔註54〕。中國農民銀行還規定，對於未列的抵押物品，可根據具體情況增加，但前提是必須「由分支行處陳請本行核准」〔註55〕。這些物品種類多樣，各家各戶無論貧富都能覓到合適的農業生產工具或牲畜進行質押以換取生產資金，十分便民。

（2）放貸對象個性化。動產間接佔有押款制度的放貸對象與銀行機構的其他放貸方式的對象有著顯著區別。此項放貸是專門針對農民個人的質押放貸，其他放貸方式重點是向農民組織機構——合作社進行放貸。該制度中規定出質動產應「以農民自身所有者為限」，在額度上中國農民銀行統一規定「每戶最高不得超過五百元」，考慮到各分支行處所轄區域農村經濟情況各有不同又作了例外規定，即各分支行處「承做農民動產質物放款之最高限額，應各自擬定，陳請本行核准」〔註56〕。未經核定的範圍則「按照本辦法之規定核放之」〔註57〕。同時為了防止資金借貸的風險，章程規定了「承還保證應以

〔註53〕 「中國農民銀行舉辦動產質押放款」，上海銀行公會《銀行週報》，第二十四卷第四十七期，1940 年 11 月 26 日發行。

〔註54〕 「中國農民銀行舉辦動產質押放款」，上海銀行公會《銀行週報》，第二十四卷第四十七期，1940 年 11 月 26 日發行。

〔註55〕 「中國農民銀行舉辦動產質押放款」，上海銀行公會《銀行週報》，第二十四卷第四十七期，1940 年 11 月 26 日發行。

〔註56〕 「中國農民銀行舉辦動產質押放款」，上海銀行公會《銀行週報》，第二十四卷第四十七期，1940 年 11 月 26 日發行。

〔註57〕 「中國農民銀行舉辦動產質押放款」，上海銀行公會《銀行週報》，第二十四卷第四十七期，1940 年 11 月 26 日發行。

同一村鎮之出質人十戶以上連環保證爲原則，能由合作社或殷實鋪戶作保尤佳」〔註 58〕。由此也可看出，當時的國民政府處於既想復興農業擴大對農村資金的投放，又懼於資金難以收回的一種困頓之境地。動產間接佔有押款制度的設置，把農民個人作爲唯一放貸對象，是結合當時農村實情，給沒有加入農村合作社的農民開闢了融通資金渠道，以充分調動廣大貧雇農的生產積極性。

（3）放款手續便民性。中國農民銀行及其分支行處將其所轄的業務區域根據實際需要劃分爲若干區域，每區派調查員一人，具體負責兩項工作。一是，「調查借款人、保證人之信用程度」〔註59〕；二是，調查借款人所提供的抵押物，主要包括檢驗、鑒定農民用作質押的各類動產，並對其進行估價。質押物品的折扣額度有明確規定，「牲畜類，不得超過時價之五成。農具及家具類，應視其新舊程度估定價值，質款以不超過估價之五成爲限。」〔註 60〕。調查工作結束後，由調查員封存質押物，並稽核調查區域內的各項工作程序完備無誤，然後填具調查表，送由分支行處核定後，通知借款人來行立據領款。此項制度非常便民，農戶只需在提交借款申請後等待銀行工作人員的調查，申貸成功後方可直接前去領款，這就爲經濟拮据的農戶提供了便利，又節省了人力和財力。

（4）質物佔有的靈活性。民法中質押通常是由債務人將其動產移交債權人佔有並保管，以此作爲債務擔保，若不能按期履行清償責任時，債權人享有就質物所拍賣的價金優先受償的權利。在《中國農民銀行舉辦動產質押放款》規定中，中國農民銀行作爲債權人，對質物處理採取了極爲靈活的方式，即「質物以間接佔有爲原則」，而例外情形是「體質較小、易於保管、不妨礙借款人之生產經營者，得佔有。」〔註 61〕此處所謂的「間接佔有」不是完全的不佔有，而是中國農民銀行將本應由其佔有的農業生產工具等再次交由出

〔註58〕 「中國農民銀行舉辦動產質押放款」，上海銀行公會《銀行週報》，第二十四卷第四十七期，1940 年 11 月 26 日發行。

〔註59〕 「中國農民銀行舉辦動產質押放款」，上海銀行公會《銀行週報》，第二十四卷第四十七期，1940 年 11 月 26 日發行。

〔註60〕 「中國農民銀行舉辦動產質押放款」，上海銀行公會《銀行週報》，第二十四卷第四十七期，1940 年 11 月 26 日發行。

〔註61〕 「中國農民銀行舉辦動產質押放款」，上海銀行公會《銀行週報》，第二十四卷第四十七期，1940 年 11 月 26 日發行。

質人，其方式或為「受託保管」或為「租用」，並在質押借款之外另訂保管或租用契約。同時，對於「抵押品之出質人受託保管或租用者，應分別加具本行質物字樣之標記」〔註 62〕。這種靈活的質押方式，一方面滿足了農民對農業資金的需求，更重要的是農民對抵押物仍可以繼續佔有使用，這樣就達到了農民融資和發展農業生產兩不誤的目的。

（5）質押放款利率的惠民性。南京國民政府時期民間借貸利率雖有國定利率限制，但在實際操作中大都在月息二分以上。金融機構將貸款直接貸放給農村合作社時，利率多在一分以上，合作社轉貸給社員時又加收一定的利息或費用。中國農民銀行舉辦的動產間接佔有押款，面對的都是廣大的貧雇農，因此利率「按月息八釐計算，另加手續費二釐」，如果「由合作社負責介紹及保證者，得免收手續費」〔註 63〕。這與當時的其他農業融資方式相比，利率較低，惠民之意明顯。

（二）青苗押款制度

青苗押款，顧名思義就是以農田中正在生長的青苗為「抵押」獲取資金，待至農作物成熟售賣後，還本付息的一種農業融資方式。此制度的雛形最早出現於民間，後被南京國民政府時期諸多金融機構所借鑒，並以法律規章進行規範，形成一種更人性、更便利的農業融資制度。

1. 民間農作物「預賣」習慣

中國舊時農民在遇到資金緊缺時，多求助於民間私人借貸、典當等。通常這些融資方式多要求農民提供一定的抵押物或典當物，有些農戶實在貧乏，家中確實無物可押，此種情形下，民間的私人借貸中就衍生出了青苗「預賣」（亦稱為「預售」）方式。「預賣便是農民在產物未成熟以前借款，以將來收穫的產物償還。」〔註 64〕

民間的「預賣」雖為缺款且又無抵押物的農民提供了資金融通渠道，但實質上卻屬於高息借貸。「預賣」須事先「約定借款人將來產物須歸之收買，

〔註 62〕 「中國農民銀行舉辦動產質押放款」，上海銀行公會《銀行週報》，第二十四卷第四十七期，1940 年 11 月 26 日發行。

〔註 63〕 「中國農民銀行舉辦動產質押放款」，上海銀行公會《銀行週報》，第二十四卷第四十七期，1940 年 11 月 26 日發行。

〔註 64〕 侯厚培、侯厚吉編：《農業金融論》，上海：商務印書館，民國二十五年版，第 162 頁。

不能自由出售」〔註65〕，收買價格或預先議定，或臨時議定，但無論何種方式議價，都較時價低減許多。「預賣」因能以將來之收穫農作物爲抵押貸款，故在舊時民間頗爲流行。因屬私人借貸行爲，並無國家規範，不能從「制定法」的角度去探索，僅能依賴時人的記述以窺其大貌。

（1）「預賣」的種類物

民國時期，「預賣」借貸方式較爲流行，如陝西、廣東、浙江都有關於此行爲的記述。「預賣」是提前賣出田間作物未來之產出，對於放貸人而言，不是任何一種田間農作物都可成爲「預賣」的對象。在陝西「預賣」的農作物主要是小麥和棉花，如「農人需要資本時，以自己田地裏的作物預賣於富家……那預賣的空頭麥子……到收穫時交貨。棉花更以這類的預賣方式爲最多。」〔註66〕在浙江「預賣」的農作物主要是水稻、棉花和桑葉，如「凡農民於年底缺款無處告貸時，於上年冬季預製賣其所有桑葉，至明年養蠶時交貨。」〔註67〕從以上這些農作物的示例中可以看出，「預賣」的農作物主要分爲兩種，一種是糧食作物，一種是經濟作物，這兩類作物所產出的農產品在市場上都極易流通，且價格穩定，其他諸如瓜果蔬菜等農作物則很難被作爲「預賣」的對象。

（2）「預賣」流程

張宗弼在《浙江平湖農業經濟調查報告》中介紹了浙江平湖農村「預賣」情形：「一爲售空頭米，凡夏秋間貧農於青黃不接之時，急需款項，無處告貸，於是指定其田中之春禾，預賣其收穫物品。如市價糙米每石值八元者，預賣空頭米每石不過五元。至霜降節交米，其售價約低於市價十分之四上下。一爲售空頭棉花，亦在夏秋間預賣，如市價每擔值十五元者，預賣每擔不過九元，能賣至十元者，已爲信用極好之農戶。此兩項空頭買賣，購入者多係鄉間有勢力或機關中人爲多。」〔註68〕從以上描述中可以看出，民間「預賣」的放貸者多爲富庶人家或有勢力的機關；放貸時間多在青黃不接時，農戶急

〔註65〕　王志莘、吳敬敷編著：《農業金融經營論》，上海：商務印書館，民國二十五年版，第273頁。

〔註66〕　陳必眠：「陝西農村金融枯竭之眞相及其救濟方法」，《新陝西》創刊號，民國三十一年。

〔註67〕　王志莘、吳敬敷編著：《農業金融經營論》，上海：商務印書館，民國二十五年版，第274頁。

〔註68〕　張宗弼：「浙江平湖農業經濟調查報告」，民國十八年調查，立法院統計月報，第一卷，第三期。

需資金維持生計或購買農業生產資料，待到農作物收穫時，農戶按事先約定好的數量，交予放貸者實物。

（3）「預賣」利息

「預賣」屬於民間私人借貸，利息多由借貸雙方商定而來。由於農民急需資金，在借貸關係中處於劣勢，因而利息更多的由放貸方確定，通常利息都奇重。如陝西地區，「農人缺乏資本時，向富農或地主借款，候收穫後以農作物償還，其利息就算以農作物之比價內。譬如：借款十六元，當時麥價每石二十元。但照債主計算，以每石十六元為準，借款人償還時，應還麥子一石，而債主就於其中得利四元。」〔註69〕此處表象是農戶借一石麥子的資金，待收穫時還一石麥子，但借款時放貸人將一石麥子定價十六元，還款時一石麥子的市價是二十元，這個四元的差額就是借貸雙方事先商議好的利息，如此借十六元，利息四元，其年利率已達二分五釐。再如浙江平湖的售賣寒葉（寒葉指冬季預賣時的桑葉），「桑葉價格每擔普遍約三元左右，寒葉每擔價格多在二元左右，約低於現售價格三分之一。」〔註70〕如此借二元卻要還三元，此年利率竟高達 50%。

從以上民國時期民間「預賣」可以看出，該借貸方式雖然在當時已屬極為靈活，但奈何農戶作為弱勢一方，只能忍受放貸者的高息盤剝。

2. 青苗押款基本規範

南京國民政府時期，諸多金融機構開始辦理青苗押款。如中國農民銀行、浙江地方銀行、廣西省農民銀行、上海商業儲蓄銀行等都開辦此項業務，並在放貸章則作了專門規定。其中，浙江地方銀行更是單獨制定了《農業青苗抵押貸款章程》，以規範其業務，下面以此為例對青苗押款的基本規範進行分析。

其一，押款標的。南京國民政府時期各金融機構所辦理的青苗押款，從抵押物來看，不是已有的動產或不動產，而是將來才會產生的農產品，即「以種植之將來刈獲之農產品作抵」〔註71〕，且要確保此種植作物將來能夠達到一定的收益。同時規定已抵押的「青苗」，不允許再向他人抵借或

〔註69〕 陳必貺：「陝西農村金融枯竭之真相及其救濟方法」，《新陝西》創刊號，民國三十一年。

〔註70〕 張宗弼：《浙江平湖農業經濟調查報告》，民國十八年調查，立法院統計月報，第一卷，第三期。

〔註71〕 中央銀行經濟研究處編：《中國農業金融概要》，上海：商務印書館，民國二十五年版，第 329 頁。

讓賣。若已經抵借或讓賣，則不可再向銀行進行青苗押款。這樣規定是爲了防止押款到期借款人無力償還，需要拍賣收穫的農產品時，發生不必要的法律糾葛。

其二，押款保證。從借貸方來看，青苗押款是專門針對農民創立的，對象主要是自耕農或佃農。銀行爲了保證農作物能夠達到理想產量，在借貸契約中規定，銀行「對於種植之方法及計劃，向借款人有所質詢時，借款人應詳爲說明，並應接受本行之建議，否則本行得隨時收回貸款本息」〔註72〕。即使銀行會爲借貸農民提供更合理的種植方案，而農作物的生長卻始終存在諸多不確定因素，尤其是在自然災害頻發、戰亂不斷的南京國民政府時期，銀行出於降低農貸風險的考慮，在要求農民以農作物爲抵押物的同時，令其必須提供第二擔保，即「以自耕農之該農產品種植地所有權或佃農之永佃權爲第二擔保」〔註73〕。

其三，押款期限。此種押款放貸期限是圍繞青苗生長的時間而制定的。根據農作物生長規律，通常半年期即爲一季。故對借貸期限銀行也規定爲「視借款人及青苗之情形分別決定，至多不得過半年」〔註74〕。

其四，押款程序。自耕農在申請此類借款時，需要先填寫借款申請書，然後根據此申請書，銀行實地調查抵押之青苗，「派員至農產種植地調查並查裁」〔註75〕。在確認借款方確有耕地且已有種植的農作物後，銀行可與其簽訂借據，規定放貸資金數額和利率。金額通常是根據估計青苗未來的收穫量進行折價，「自耕農得全部計算，佃農須除去應繳之租額，再行計算」〔註76〕。利率則具有一定的彈性，是由銀行和借款方協商確定。至農作物即將收穫時，青苗抵押貸款的還款之日將近，此時農民可前去銀行商定「處置及還款辦法」〔註77〕。

〔註72〕　中央銀行經濟研究處編：《中國農業金融概要》，上海：商務印書館，民國二十五年版，第329頁。

〔註73〕　中央銀行經濟研究處編：《中國農業金融概要》，上海：商務印書館，民國二十五年版，第329頁。

〔註74〕　中央銀行經濟研究處編：《中國農業金融概要》，上海：商務印書館，民國二十五年版，第329頁。

〔註75〕　中央銀行經濟研究處編：《中國農業金融概要》，上海：商務印書館，民國二十五年版，第329頁。

〔註76〕　中央銀行經濟研究處編：《中國農業金融概要》，上海：商務印書館，民國二十五年版，第329頁。

〔註77〕　中央銀行經濟研究處編：《中國農業金融概要》，上海：商務印書館，民國二十五年版，第329頁。

收穫之後，通常農民應當按約定償還本息，若「借款人一時不能或不願遽行脫售」〔註78〕，銀行允許其將農產品放置倉庫中暫作抵押，以進行資金周轉。

　　農倉儲押制度、動產間接佔有押款制度和青苗押款制度是南京國民政府時期爲輔助貧雇農融通生產資金進行的制度創新，充實了當時的農業融資法律制度體系，增添了制度活力，使農業融資法律制度更有生命力。以農倉儲押制度爲例，這項創新制度在農民融資方面發揮了積極的作用。如以江蘇省農民銀行爲例，1929 年，江蘇省農民銀行有倉庫 3 所，分佈在兩個縣，儲押農產品總值爲 35885〔註79〕元，1930 年，有倉庫 2 所，分佈在七個縣，儲押農產品總值爲 303141.2 元，而到了 1935 年，其倉庫數發展到 211 所，分佈在 40 個縣，儲押農產品總值達到 6616298.46 元。

〔註78〕　中央銀行經濟研究處編：《中國農業金融概要》，上海：商務印書館，民國二十五年版，第 330 頁。
〔註79〕　此處舉例的各數值出自第二歷史檔案館編：《中華民國史檔案資料彙編》第五輯・第一編・財政經濟（七），南京：鳳凰出版社，1991 年版，第 363 頁。

第七章　南京國民政府時期農業融資法制評析

　　南京國民政府時期大力加強農業融資法制建設，對融通農業資金、復興農村經濟發揮了重要作用。縱觀這一時期的農業融資法制史，其特點有可圈可點之處，與此同時，存在的問題也顯而易見。

一、農業融資法制建設的特點

　　20 世紀 30 年代，南京國民政府利用經濟手段、法律手段、行政手段多舉措並進的方式，拉開了復興農村經濟的序幕。尤其是在時局動盪不安的情況下，能夠用法制手段來推進和保障農業融資的發展，更加難能可貴，這一歷史階段的法制建設在整體構架和制度設計上具有以下幾個明顯特點。

（一）農業融資法律制度與融資平臺建設的協同性

　　這一時期農業融資法制建設最突出的特點是融資法律制度建設與融資平臺建設基本同步進行，制度的產生伴隨著融資機構的建立，機構的建立又同時配套制定農業融資操作規則或實施細則，法制建設與平臺建設表現出了極大的交融和發展的協同性。

　　以中國農民銀行為例。中國農民銀行在設立之前，南京國民政府農礦部與實業部成立的農業金融討論會、行政院組織的農村復興委員都專門針對農村經濟凋敝問題，提出由中央設立一個專門扶持農業發展的專業性銀行，並草擬了《農民銀行條例草案》、《中央農業銀行條例草案》等。隨著中國農民

銀行的成立,《中國農民銀行條例》也相應頒佈。中國農民銀行在南京國民政府時期是向農業輸送資金的專門性銀行,該金融機構的設立經歷了三個階段的轉化,轉化的過程也是法制建設的過程。中國農民銀行經歷了從農村金融救濟處到豫鄂皖贛農民銀行再到成立中國農民銀行的三次轉變,每一次機構的設立與轉換都有中央政府制定的法律制度與之相配合。農村金融救濟處設立之時,就有《剿匪區內各省農村金融緊急救濟條例》、《豫鄂皖三省剿匪總司令部農村金融救濟處放款規則》、《豫鄂皖三省剿匪總司令部農村金融救濟處組織規程》、《豫鄂皖三省剿匪總司令部各縣農村金融救濟分處組織通則》制定頒佈;在正式成立豫鄂皖贛四省農民銀行時,剿匪總司令部已在一個月前就已頒佈《豫鄂皖贛四省農民銀行條例》和《豫鄂皖贛四省農民銀行章程》,以保證四省農民銀行的順利運營;1935 年 4 月四省農民銀行正式改組成立中國農民銀行,兩個月後《中國農民銀行條例》正式出臺。由此可見,中國農民銀行這個金融機構每一次的改組,必然在其成立前後都有中央政府及時的制定條例、規章予以配合輔助。正是有了這些法律規範的配合頒佈,才能保證中國農民銀行堅持以支持農業為主的放貸方針得以落實。

(二)農業融資法律制度建設的廣泛性

回顧整個南京國民政府時期的農業融資法制建設,最突出的特色就是立法涉及農業和農村的各個方面和各個環節,極具有多樣性與靈活性。這既表現在農業融資立法兼顧不同財富水平的農民,又表現在立法涉及農業發展的方方面面。

1. 農業融資立法兼顧不同層級農民的需求

南京國民政府時期,中國農業人口的總數量並無準確定論,「北京經濟討論處估計我國農民人數占全國人口百分之七十一;民國十六年土地委員會之估計為百分之八十;民國二十一年實業部估計為百分之七十九;民國二十一年國民政府主計處統計局發表之估計,謂農戶數估占總戶數百分之七四.五……」〔註1〕從以上各部門的估算可以看出當時農村人口數量龐大,由於社會制度原因,農民內部貧富分化十分嚴重。1927 年國民黨中央土地委員會的調查,「我國耕地自一畝乃至十畝之貧農,占人口百分之四十四;自十畝乃至

〔註 1〕 言心哲著:《中國鄉村人口問題之分析》,商務印書館,民國二十四年,第 3 頁。

三十畝之中農，占人口百分之二十四；自三十畝乃至五十畝之富農，占人口
百分之十六；佔地自五十畝乃至一百畝之中小地主，占人口百分之九；佔地
一百畝以上之大地主，占人口百分之五」〔註2〕。當時農業人口結構調查受技
術以及國內環境影響未必全然準確，但是這一比例也足以說明農村人口結構
可分為三個層次：一類是擁有較多土地資源，且家庭資本較為富庶的農戶，
這類農業人口依據中央土地委員會的調查數據來推算，應當不超過 30％；一
類是有一定土地，但也僅以維持家庭生計，可以勉強度日的農戶，這類主要
是貧農和中農；還有一類是土地委員會調查中未提及的，即失地農民，其只
能選擇租種他人的土地，這類人口雖未見準確的統計數據，但依據國民政府
時期農村岌岌可危的經濟狀況不難猜想這類人群在當時並非少數。

　　以上複雜的農民人口構成，使得國民政府在投資農業生產時，不得不全
方位考慮，顧及各個層次農業人口的資金需求，這在當時的農業融資法律制
度中表現的尤為突出。南京國民政府在剛剛開始著手建立農業融資法制之
時，首先關注的是「災民」。1932 年《剿匪區內各省農村金融緊急救濟條例》
頒佈，其資金扶持的對象主要是受戰火災難侵襲的豫鄂皖等省的農民。這一
時期的法制建設更多的是考慮安撫災民，幫助其恢復發展生產，穩固政權。
隨著國家政治經濟局勢的穩定，支農資金貸放對象發生轉變，各類金融機構
幾乎無一例外的都選擇把農業資金重點貸放給農村合作社而非農民個人，這
種轉變實則是受當時法律制度的影響。1935 年《中華民國合作社法》由國民
政府頒佈，並且將合作運動作為國民黨「七項運動」〔註3〕之一大力推進，自
此合作社從最初的民間自發組織變成由法律監督設立的法人組織，合作社地
位的強化使得各類金融機構更傾向於將資金貸與這類農民團體而非個人。從
合作社社員的屬性上看，雖然入社要求僅是年滿二十周歲且有正當的職業，
但實際上「信用合作社多為當地地主、保甲這類人物所把持，所以他們實際
上是這種貸款的主要受益者。」〔註4〕如當時報刊就有華北某縣合作社組織的

〔註2〕　林和成編：《中國農業金融》，上海：中華書局，民國二十五年版，第 24～25
　　　　頁。
〔註3〕　中國國民黨中央執行委員會宣傳委員會編：《七項運動宣傳綱要》中指出，識
　　　　字、衛生、保甲、造林、造路、提倡國貨、合作是國民政府要大力推行的七項
　　　　運動。
〔註4〕　樊朝丞：「會議中國農民銀行總管理處」，中國人民政治協商會議西南地區文史
　　　　資料協作會議編：《抗戰時期西南的金融》，第 225 頁。

實情記述,「在我們這個窮苦的縣區,居然也有了信用合作社的組織……這個合作社的社員中間,沒有一個中農、貧農,因爲中農、貧農沒有『信用』,誰都不敢收留他們。」〔註5〕由此可以看出,貸與合作社的農業資金大都流入到富裕農戶手中,貧苦農民通過此種方式很難獲取支農資金。隨著合作社的推廣與發展,南京國民政府逐漸意識到通過合作社貸放的資金不能全部覆蓋各層級的農村人口,於是頒佈《農倉業法》、《農倉業法施行條例》一併在 1937年開始施行。《農倉業法》的出臺,實際上就是國民政府爲貧困的自耕農和佃戶開闢的融資新渠道,貧困農民可以通過抵押糧食作物獲得生產所需資金。

從以上分析來看,不論當時農貸資金的實際流通如何,且從立法的角度來看,南京國民政府確實兼顧了富農、中農、貧農各層級對資金的需求,這一點是毋庸置疑的。

2. 農業融資立法兼顧不同農業發展方向的需求

南京國民政府時期的農業融資立法,不僅考慮不同層級農民對資金的需求,也對農業發展的不同方面進行了立法。如中國農民銀行專門開辦了土地金融業務、農田水利貸款業務,並相應的由行政院各部門制定了專門的規章來規範其貸款程序。此外,從當時國家有關農貸方針中也能看出,國民政府對農業資金的投入也涉及方方面面。如 1943 年四聯總處頒佈的《農貸辦法綱要》中,就將農貸的用途分爲八大方面,即農業生產、農田水利、農業推廣、農產運銷、農村副業、農產儲押、運輸工具、佃農購置耕地這些方面。貸款用途的擴大使得貸款對象範圍也變爲合作社、農民個人,及各類農業院校和農業改進機關。以上八個方面足以看出南京國民政府對農業發展的重視程度,其以政策法令引導資金進入農業發展的各個環節,從主流的生產、運輸、儲押,到服務於農業發展的各個層面,每一個角度的資金投入都能夠引起農業發展的連鎖反應。以農業運輸工具貸款爲例,四聯總處在《推進全國農貸意義與今後展望》一文中指出:「至於農村運輸工具貸款,用意在於鼓勵農民飼養牛馬,增置車輛船隻等農村運輸上之必要工具。目前各地農村,均感受運輸工具缺乏之痛苦。運輸專靠人力挑負,乃是最不經濟的事。不但浪費人力,並加高成本。致各地有餘之農產無法運銷於市場,或者勉力運出成本已占去售價的大半,以致原產地價格低賤,農民所得微薄,自然不願意增加生產。我們推進農貸之目的,在增加

〔註5〕 張益圓:「到處碰壁的生產教育」,《中國農村》,第二卷第一期,1936 年 1 月發行。

農產，如不能將增加至農產運銷於市場，即失去增產之目的。所以對於農村運輸工具之貸款，必須同時舉辦。」〔註6〕從這段文字可以看出，南京國民政府對農業發展的關心不僅限於提高農產品的產量，而是綜合考慮如何使農產品真正創造利潤價值，以政令方式要求金融機構開辦有關農村運輸工具的貸款，意在令農民能從農業豐產中享受豐收的喜悅。

從以上兩個角度來看，南京國民政府時期農業融資法律制度建設是全方位的，具有一定的普適性，不是狹隘的考慮某個階層的利益，而是從農業發展的全域出發，以期能夠真正的實現中國農業的快速恢復和發展。

（三）農業融資法律制度對農貸資金的保障性

近代以來，中國傳統經濟飽受西方工業文明的衝擊，已有瓦解之勢，這點在農村顯得尤為突出。在抗日戰爭爆發以前，當時的國內資金，因受到各通商口岸商業畸形繁榮的影響，紛紛流入各大沿海沿江都市，導致農村資金日形枯竭，「社會經濟呈現一方充血一方貧血之病象」〔註7〕。中國當時之農業生產，仍未擺脫傳統的經營模式，主要靠「人力」、「地力」產出作物，但隨著西方現代農業技術的傳播，以及國民政府的倡導，優良種苗逐步在農村進行推廣；化肥、農藥已開始使用，小型農業機械漸漸出現在農場。這些新技術、新經驗的推廣離不開資金的支持。然而當時農村經濟連傳統農業生產都無力支撐，又何談發展新式農業？於是國民政府一方面發展農村合作運動，把農民團結起來提高其整體的信用度，另一方面，引導銀行等金融機構，加大對農業資金的放貸，活潑農村金融市場。

南京國民政府時期的農貸業務，在 1940 年之前，呈現出許多金融機構並行運營、互相競爭的局面。1940 年在四聯總處統籌下農貸工作分為兩種形式：「一是中央信託局、中交農三行及農本局等五行局分區辦理，農行負責四川等八個省的 228 縣的農貸；二是特殊業務和特殊地區由各行局聯合貸放，其中由農行代表辦理者計有寧夏等三個省，四川西北邊區等四個邊區，湖北戰區等五個戰區。」〔註8〕聯合貸放的資金中農行占 35％，1941 年 1 月行政院

〔註6〕 四聯總處秘書處編：《四聯總處文獻選輯》，南京：四聯總處秘書處印，民國三十七年，第 139 頁。

〔註7〕 廣西省政府編印：《廣西省農貸總報告》，民國二十七年，第 45 頁。

〔註8〕 谷崑山：「陪都時期的中國農民銀行」，出自中國人民政治協商會議西南地區文史資料協作會議編：《抗戰時期西南的金融》，重慶：西南師範大學出版社，1994 年版，第 222 頁。

令農本局將所辦農貸業務移交農行後，農行在聯合貸放中的資金比例增爲 45％，上述時期，中國農民銀行農貸情況如下。

表 7－1：1937 年至 1941 年農行農貸餘額分類統計〔註9〕　　單位：萬元

	1937 年	1938 年	1939 年	1940 年	1941 年
農村合作社放款	1461	2877	2778	3307	6364
合作金庫放款	／	／	1920	4089	12211
農倉放款	42	68	81	142	243
農場放款	27	28	33	69	154
特種農業放款	297	1688	1568	1887	2740
動產抵押放款	134	132	68	181	326
合　計	1961	4793	6448	9675	22038

據行政院新聞局在 1947 年整理過往的農貸數據，「我國農業貸款數字，歷年均有增加，計二十二年貸款餘額僅三萬餘元，三十五年達四百九十五億餘元。」〔註10〕表 7－2 爲行政院所統計的 1933 年至 1947 年的中國農民銀行農貸餘額，與上表相比較，二者在統計數據上並無太大出入。由中國農民銀行這個典型事例就可推斷，不論當時農貸資金有多少眞正用於農業生產，單從數字來看，即使存在法幣通貨膨脹，但連年增加的數字也足以說明南京國民政府確實投入大量的資金進入農業生產流通環節，爲農村經濟注入新鮮的資金血液，這必定起到相應的活潑農業金融市場的功效。

表 7－2：1933 年至 1947 年農行農貸餘額統計表〔註11〕　　單位：元

年　份	貸款餘額
二十二年	30820.00
二十三年	1010600.09

〔註9〕　中國人民銀行金融研究所編：《中國農民銀行》，北京：中國財政經濟出版社，1980 年版，第 143 頁。
〔註10〕　行政院新聞局編：《農業貸款》，南京：行政院新聞局印，民國三十六年，第 7～8 頁。
〔註11〕　行政院新聞局編：《農業貸款》，南京：行政院新聞局印，民國三十六年，第 7～8 頁。

年　份	貸款餘額
二十四年	4171891.70
二十五年	11792358.27
二十六年	19604233.86
二十七年	47922100.20
二十八年	64472828.47
二十九年	96741320.13
三十年	220379967.35
三十一年	682804512.78
三十二年	1527474304.00
三十三年	2714533671.00
三十四年	5125565578.00
三十五年	49528317000.00
三十六年（四月）	239052752521.00

　　貸款餘額是指截止到某一日以前商業銀行已經發放的貸款總和，這與貸款數額不同，貸款數額是指合同數額，是一個不變的數額，而貸款餘額更能眞實的反應實際放貸的情形。在表 7－2 中 1933 年農貸資金的餘額僅有三萬餘元，但 1934 年到 1936 年農貸資金年年近乎以三倍的速度遞增，貸款餘額的不斷增加與法制建設的強化是分不開的。

　　1934 年立法院通過《儲蓄銀行法》，以法律形式強制各儲蓄性銀行必須開辦農貸業務，且農貸資金不得少於存款總額度的五分之一；1935 年，四省農民銀行正式改組爲中國農民銀行，由南京國民政府正式公布施行《中國農民銀行條例》，在法律上規定了中國農民銀行以向農村、農業放貸爲主要任務；同年，《中華民國合作社法》、《合作社法實施細則》一併出臺實施，使原本由各地農民自發組織的合作社納入到國家法律體系之中，其設立、審批都需要由專門的國家機關進行審核，日常社務工作都會受到各級主管官署的監督；與此同時，總結各地實踐經驗的《農倉業法》也正式由國民政府頒佈，開創了農倉儲押制度，以法律的形式保障了自耕農和佃農以儲糧押款以獲取農業資金的權益；同樣也是在 1935 年，國民政府還頒佈了《地方省銀行領用或發行兌換券暫行辦法》，准予各銀行發行兌換券及輔幣，作爲農業流通資金。抗

日戰爭爆發後，1937 年 10 月軍事委員會制定《戰時合作農貸調整辦法》，次月由財政部頒發，該辦法主旨爲中國農民銀行、中國銀行、交通銀行及其他金融機構、合作機關等約定辦理的合作農貸業務，「仍應繼續負責辦理農貸，所有原訂農貸合約應繼續進行，並照歷年放款數額不得減少或察酌其情形量予增加。」〔註 12〕以上這些種種法律制度的頒佈出臺，一方面強化了金融機構的農貸業務，另一方也規範了具體放貸行爲，切實保證各項農貸資金的順利發放。

（四）戰時農業融資立法突出支持糧食生產

抗日戰爭爆發之後，國內形勢急轉直下，政治、經濟、秩序多方面受到極大衝擊。在如此嚴峻的形式下，發展農業、提高糧食產量，顯得尤爲重要。「蓋殺敵致果，爭取勝利，固然要有武力，而武力之增加，又必需有不斷的人力和不斷的物力來補充。現在踊躍應徵，爭先入伍者，多來自田間。供給軍民衣食必須或輸往國外，換取外匯，購買軍火，打擊日本人者，多爲農產品。故發展農業，增加農產，實爲抗戰建國之重要工作。」〔註 13〕

在整個抗戰時期，南京國民政府並未因爲戰爭的爆發而放鬆對農村的資金扶持。各金融機構，尤其是中國農民銀行仍堅持按立法規定執行各項農業放款，在貸款區域上努力做到全覆蓋。如抗戰前三年，中國農民銀行「除照常推動以前五種放款外（合作放款、農倉放款、動產抵押放款、不動產抵押放款、特種農村放款），另增設戰區、邊區救濟放款及戰時生產農產貸款，以適應抗戰初期之需求。」〔註 14〕除此之外，其他的地方商業性銀行也堅持開展農貸業務。1940 年，時任湖南省銀行行長的丘國維在《湖南省銀行農貸述要》中提及「戰區農貸，各金融機關多以貸款收回危險性大，不敢輕於嘗試，然戰地及鄰近戰地之經濟作戰，關係整個抗戰前途，甚爲重大。最高領袖一再昭示，戰區農貸不得停止進行，貸款數額亦不得少於戰前狀態。湘省、臨湘、岳陽、湘陰、瀏陽、平江、南縣、華容七縣均以戰事影響，農貸事業早陷停頓狀態。前行政

〔註 12〕 浙江地方銀行總行編：《金融法規輯要》，麗水：浙江地方銀行總行發行，民國三十年版，第 269 頁。

〔註 13〕 四聯總處秘書處編：《四聯總處文獻選輯》，南京：四聯總處秘書處印，民國三十七年，第 135 頁。

〔註 14〕 顧翊群：「十年來之中國農民銀行」，《中農月刊》，第四卷第四期，民國三十二年四月三十日出版。

院頒佈二十九年度農貸辦法綱要，積極擴充農貸，強化經濟戰，省政府與中央五行局訂立二百萬透支契約，由省政府負承還保證責任，轉貸農民，指定本行經手貸放，本行亦參加攬資百分之十。」〔註15〕從此番話中可以看出，在當時戰爭形勢極為嚴峻的情形下，中央政府仍強調戰區農貸的重要性，而戰區的金融機關也竭盡全力支持農業生產。受當時戰爭情勢的影響，國民政府的農貸政策和制度雖不可能施行於中國農村的各個角落，但凡是推行農貸制度的地方，無疑是幫助貧苦農民度過生產生活難關，這對於安撫百姓、穩定社會秩序、保障抗戰的順利進行起到了積極的促進作用。

　　戰時國民政府在堅持開展農貸業務的同時，重點支持有利於提高糧食產量的資金貸放工作，以應對軍隊和百姓對糧食的大量需求。這一時期國民政府專門制定了有關農田水利貸款的規章制度，各級金融機構紛紛大舉向水利事業發放農貸資金，並取得了良好的成效。據中國農民銀行《三十三年度業務報告書》記載，「大小型水利貸款十一億多元，大型水利占百分之九三.六，該年年底，大型水利工程已完工者共六十二處，受益田地約三百二十八萬餘畝。」〔註16〕另據當時《重慶日報》所載，「農田水利貸款，確實能收增產之效。截至三十四年底，農行貸款完工的農田水利工程總灌溉面積達三百多萬畝……灌溉工程完工後，產量增加……」〔註17〕國民政府糧食部部長徐堪在中國農民銀行十週年紀念會的《訓詞》中提到：「抗戰以來，前後方糧食供應無缺，假使沒有農行發放農田水利、農業推廣貸款，以增加生產，則前後方糧食供應，就成問題。」〔註18〕以上三種對抗戰時期農田水利貸款的論述，既有農民銀行自身的業務報告，亦有政府要員的褒獎，還有社會輿論的評價，拋開資金收益人來看，當時的農田水利貸款確確實實增加了糧食的產量，為抗日戰爭的勝利提供了必要的物質支持，這一點是毋庸置疑的。

〔註15〕　丘國維著：《湖南省銀行農貸述要》，長沙：湖南省銀行出版，民國二十九年，第 13 頁。

〔註16〕　樊朝燝：「回憶中國農民銀行總管理處」，中國人民政治協商會議西南地區文史資料協作會議編：《抗戰時期西南的金融》，重慶：西南師範大學出版社，1994 年版，第 224 頁。

〔註17〕　谷崑山：「陪都時期的中國農民銀行」，中國人民政治協商會議西南地區文史資料協作會議編：《抗戰時期西南的金融》，重慶：西南師範大學出版社，1994 年版，第 235～236 頁。

〔註18〕　中國人民銀行金融研究所編：《中國農民銀行》，北京：中國財政經濟出版社，1980 年版，第 147 頁。

二、農業融資法制建設問題透視

南京國民政府有關農業融資的法制建設，對當時復蘇農村經濟確實起到一定的推動作用。但經過客觀審視和深入細究，不難發現其中也存在諸多問題與不足，這些歷史的教訓值得我們深刻反思，以避免日後在構建中國農村金融法制體系過程中復蹈前轍。

（一）農業融資法律制度建設未完全切合實際

南京國民政府成立後，面對的是一個滿目瘡痍的國家，百廢待興。農業問題是諸多問題中的焦點，國民政府為快速恢復和發展農村經濟，在農業融資法制建設上略顯倉促。通常一國的法制建設應當是積極穩妥的，法律制度的出臺更應經過多方研討，在論證較為成熟的狀態下按程序通過發佈。但當時的社會情況急切，時不待人，倉促的制度建設不可避免的會產生一些負面問題。

1. 脫離底層農民實際

南京國民政府時期，農業融資的主要樞紐和橋樑是農村合作社，流向農村的各路資金基本上都需要經過合作社這一平臺，才能貸放到農民手中。為此，立法院專門制定了《中華民國合作社法》，實業部也制定了《合作社法實施細則》，以此來規範合作社的組織構成。站在國家角度這是利民良策，因為通過農民合作組織可以提高社員彼此抵禦資金風險的能力，增強信用程度，更多的獲取社會資金。但實際上《中華民國合作社法》對農民加入合作社組織有嚴格的限制，除了年齡與職業的要求，還有繳納社股的義務，雖然社股金額「每股至少國幣二元，至多不得過二十元」，「每人至少一股，至多不得超過股金總額百分之三十。」〔註 19〕但對於廣大的貧雇農而言，這點看似微薄的資金卻是一筆「鉅款」。如當時的報刊就有如此一例，「在我們這個窮苦的縣區，居然也有了信用合作社的組織……這個合作社的社員中間，沒有一個中農、貧農，因為中農、貧農沒有『信用』，誰都不敢收留他們。」〔註 20〕此例雖是講述的華北某縣，但也可以反應出當時《合作社法》的制度設計與中國底層農民的實際有一定距離。因此，法律的實施自然也就脫離了立法者的初衷，或者說，立法者沒有全

〔註 19〕　第二歷史檔案館編：《中華民國史檔案資料彙編》第五輯・第一編・財政經濟（七），南京：鳳凰出版社，1994 年版，第 308 頁。

〔註 20〕　張益圖：「到處碰壁的生產教育」，《中國農村》，第二卷第一期，1936 年 1 月發行。

面考慮當時農村社會的實情，才使得法律在實施過程中被扭曲變形。

這種「農村實情」的忽略，筆者認爲可能存在兩方面的因由：其一，因爲國民政府時期所制定的合作社法在很大程度上是學習借鑒歐洲合作社法的經驗，是倉促拿來主義，沒有充分的結合中國實情。歐洲各國當時農村經濟狀況要遠遠好於中國，立法者在移植法律的過程中忽略了這一因素，沒有意識到當時國內農村經濟已頻臨破產，絕大多數農民都靠舉債度日，何來資金參加合作組織？其二，立法者忽略了貧雇農才是農業發展的眞正動力。眾多大陸學者認爲國民政府代表的是大地主大資產階級的利益，因而立法者可能在制定《合作社法》時的根本出發點就是保護農村富裕農戶的利益，其片面的認爲當時農業的發展主要依賴這類人群，而貧雇農只是救濟的對象，而非農業生產主力，因爲他們連溫飽都難以解決，何談發展農業？實際上，當時農村的富裕農戶實屬少數，眞正的生產力是廣大貧雇農。即使後期立法院又制定了《農倉業法》，專門向中下層農民開展儲押放貸的業務，但是從表 7－1 中可以看出，自 1937 年到 1941 年，中國農民銀行貸與農村合作社的放款數額分別是 1461 萬元、2877 萬元、2778 萬元、3307 萬元和 6364 萬元，而貸與農業倉庫辦理儲押業務的資金僅有 42 萬元、68 萬元、81 萬元、142 萬元和 243 萬元。二者相比就明顯看出國民政府支持和發展農業的資金更多的流向合作社，即流入了富裕農民手中，而貧雇農所獲得的資金則是寥寥無幾。此種情形下，作爲發展農業的主要生產力無法獲得充足的資金購置耕地，採買農藥化肥提高產量，只能依附於擁有大量土地的富裕農戶，如此就挫傷廣大貧雇農的生產積極性，無法眞正解放和發展生產力。

2. 有悖金融市場規律

南京國民政府時期的社會制度決定了各類金融機構的商業特性，這些金融機構的資金來源有的是純粹商股構成，如當時著名的北四行（金城銀行、鹽業銀行、大陸銀行和中南銀行）；有些是政府參股的銀行，如中國交通銀行、中國農民銀行、中國銀行等。除有貨幣發行權的中央銀行，其他銀行根據 1947 年立法院修訂的《銀行法》的規定，又可分商業銀行〔註21〕、實業銀行〔註22〕、

〔註21〕《銀行法》第四十七條：收受普通存款與一般放款，匯兌及票據承兌或貼現者，爲商業銀行。

〔註22〕《銀行法》第五十六條：凡對農工礦或其他生產、功用、交通事業經營銀行業務者，爲實業銀行。

儲蓄銀行〔註 23〕等，但無論劃分為何種類型的銀行，其本身的經營屬性是不變的，即以較低的利率借入存款，以較高的利率放出貸款，從而賺取利率差額。在此種屬性的支配下，金融市場有著自身的運行規律，即銀行必然會將資金貸與能夠給其帶來豐厚利潤的機構或個人。國民政府為了穩定社會秩序，保證糧食供需，鞏固其在農村的政權，採取法制手段，以行政強制方式要求各金融機構必須開辦農貸業務，向農業領域注入資金。如《儲蓄銀行法》中就規定農貸資金不得少於存款資金的百分之二十；其他各級地方政府在審核地方銀行章程時，也將農貸業務加入各銀行的經營業務之中。這種行政強制與當時中國金融市場的自身規律是不相吻合的，致使實際運作與制度設計產生一定的差距，融資效果自然也就無法達到立法者的預想。

南京國民政府時期的金融學者楊蔭溥對當時的金融市場有如此評價：「農業金融，分散於全國縣鄉農村，資金供需，既不集中，因亦無所謂市場。故普通所謂金融，係指都市金融而言。其中周轉最活潑，感覺最靈敏者，當首推商業金融。」〔註 24〕由此可知，當時金融行業內部並不看好農村金融市場：資金周轉存在週期性，農業融資至少是以農作物生產為一個週期，若投資農田水利事業週期更長，短則一兩年，長則四至五年，無論哪種對銀行而言都是較慢的回籠速度，這與銀行盈利目的是相衝突的；在資金風險控制上，農業融資不確定因素多，南京國民政府時期農村經濟凋敝，即使有銀行資金幫助其恢復農事生產，但無奈當時天災不斷，年年各地都有災情上報，加之國內局勢不穩，戰亂波及農村，匪寇橫行，這一系列不安定的因素都使得農貸資金回流的風險增多。此時國民政府以法律手段強制銀行支持農業生產，增加貸款額度，對於政府參股的中央商業性銀行來說，出現呆帳國庫可以補充，但對於私營的商業性銀行，此類農業融資法律制度的出現，使其進入兩難的境地：不放貸給農村，有違國府政令，若是貸放給農業資金，卻可能使自身經營陷入被動局面。因此當時的各商業性銀行在執行相關法律規定時都暗自採取了自我保護措施，他們在制定本行的農貸章程時，往往條件較為苛刻。如浙江省地方銀行的《農工不動產抵押貸款規程》中要求，銀行所佔有的不

〔註23〕《銀行法》第六十五條：以複利方法收受以儲蓄為目的之定額存款者，為儲蓄銀行。

〔註24〕楊蔭溥：「金融市場之構成」，交通銀行總管理處編：《金融市場論》，南京：交通銀行總管理處印，民國三十六年，第9～10頁。

動產的價值與已發放的農貸資金數目出現差額時，「應由借款人提供相當價值之抵押品，或償還本貸款本息之一部分或全部」〔註25〕，否則銀行有權利按規定立即拍賣抵押品；再如《江蘇省農民銀行放款章程》規定的擔保貸款的方式，一方面要求擔保者必須是殷實之人或商鋪，另一方面還要求擔保人必須放棄法定抗辯權，即在借款人不履行債務責任時，銀行有權利要求擔保人直接償還本息，而不得以銀行未要求債務人先行履行責任爲抗辯理由。

以上示例中，商業性銀行都是出於防控風險的目的而設立的農貸條件，這無形之中提高了農貸門檻，畢竟有幾個殷實之家願意爲貧農擔保貸款？且不論貧農，即使同爲殷實之家，在放棄法定抗辯權的前提下，又有多少農戶敢於承擔此種不確定的風險？而抵押貸款的規定，實則又加重了借貸者的經濟負擔，畢竟對於一般的農戶而言，房屋、田地這些不動產已然是最爲值錢的家產，若以此類財產爲抵押又何以在不動產貶值時再另覓新的抵押品？

南京國民政府以法律強制手段要求商業性銀行開辦農貸業務，與金融市場自身的特性相違背，使這類金融機構融通農業資金的功能難以完全發揮，同時也未必能長期堅持向農業放款，因此國民政府在1942年將商業性銀行農貸業務劃歸中國農民銀行，筆者認爲也有這方面的原因所致。

（二）農業融資法律監督制度不完善

南京國民政府時期農業融資法制建設的重點，主要是對融資行爲的規範和融資程序的設計。因而重視規範放貸條件、範圍、限制等等，卻忽略了監督方面的立法。中央立法對融資中的違法違規行爲有所規範但不夠細緻，操作性不強；金融機構和地方制定的監督制度因強制力較低，且監督不到位，使得爲數不多的監督制度大都形同虛設。

1. 監督制度缺失

回顧整個南京國民政府時期有關農業融資的法律制度，一個很不盡人意的地方就是沒有形成比較完整的監督制度體系，在法律層面上涉及監督的條款不多，有些監督條款也只是宏觀上的規範，實際作用難以評價。如《農倉業法》規定農倉應將經營情況呈報主管官署備案，並應在業務年度終了後編造各類財務報表呈請主管官署審查。這種紙面上的「審查」是難已發現資金

〔註25〕　中央銀行經濟研究處編：《中國農業金融概要》，上海：商務印書館，民國二十五年版，第328頁。

實際運行中的問題，筆者認爲此類監督只是形式上的監督而已。當時有關農貸的監督措施多是由地方政府或金融機構制定，且摻雜在其他制度之中，即不全面亦無強制力。如在《中國農民銀行農村合作社放款章程》和《江蘇省農民銀行合作社放款章程》中規定，銀行對合作社的借款用途及一切帳目有隨時審查的權力。在每期借款結帳後，合作社都應塡製營業報告書，送交銀行審核。這些監督措施也較爲籠統，大都是內部「事後監督」，不能切中「事中監督」這一要害。

在監督機制建設上，當時的相關規範仍停留在業務監督和體系內監督這一層面，沒有建立執法監督制度。沒有執法監督機構，法的權威性無法保障。如各類銀行機構和合作社組織，內部設有專門的監事會，負責監督理事會及整個機構的各項工作，他們既不屬於專門的執法機構也不是國家執法人員，監督起來往往走過場，這種內部的業務性監督是無法保證融資法律制度的嚴格實施。

2. 行政監督不到位

由於農業融資監督制度上的缺陷，南京國民政府時期花費大量精力制定的農業融資制度，有些卻未能得到很好的落實。如經濟部制定的《縣合作金庫信用放款細則》中規定了縣級合作金庫有權派專員對各合作社放款進行現場監督，目的是防止農村信用合作社在獲得農貸資金後違反資金用途挪作他用。此規定的初衷極好，但該監督制度實施情況如何？當時曾在中國農民銀行任職的趙興民回憶基層放貸程序時有如此描述：「銀行農貸員當場監放，完全是一種形式。因爲借款人花名冊是合作社提供的，借款人是否眞正需要貸款，需要多少？貸款用途怎樣，是用貸款購置生產資料，還是買口糧？還是還債、經商？哪些是眞的借款人，哪些是冒名頂替的？所有這些，銀行農貸員完全不知道。因此這樣的『監放』，完全是做做樣子。貸款放出去之後，按照規定銀行還要『抽查』，這更是搞形式。」[註26] 趙興民的這段回憶內容雖然不能以偏概全的否定當時的監放制度，但至少說明此監督程序在實踐中有流於形式之嫌。

中國農民銀行基層放貸人員李秉樞曾談到：「農民銀行的農貸通過基層行政

[註26] 趙興民 1936 年再金陵大學農學院畢業，1942 年進入中國農民銀行在基層搞農貸工作，此次談話內容是 1977 年 9 月訪問的。内容引自中國人民銀行金融研究所編：《中國農民銀行》，北京：中國財政經濟出版社，1980 年版，第 152 頁。

機構來發放。縣政府按自然村設立信用社,一些農村的小地主、富農、保甲長和他們所豢養的親信們組成了信用社的理監事會,銀行農貸就是通過他們發放的,也就是受他們操縱的……有一次發放貸款,我們在屋裏監放,借款人一出屋,保甲長就朝借款人收錢,轉眼就把借款的一大部分拐走了。當時我們向縣裏反映情況,縣裏人還裝模作樣,氣勢洶洶的說:『這還了的,非查辦不可!』結果一拖再拖,不了了之。原來縣裏的經辦人和社裏的經辦人穿的是一條褲子。」〔註27〕從這一示例可以看出當時農業放貸秩序的混亂,監督程序有似於無。

上述問題看似是監放工作人員的問題,實際上是個法制管理問題。沒有行政力量的監督管理,沒有法制作後盾,在資金融通過程中屢現問題是必然的。從現場監放人員李秉樞的談話中可以看出,政府不參與監管或者與當地勢力沆瀣一氣,體系內的監督自然失效,這一弊病的關鍵在於缺乏外部行政監督,僅靠毫無強制力的金融體系內部監督是無法杜絕流弊的。

(三)農業融資追責制度缺陷明顯

南京國民政府時期出臺的各項農業融資法律制度中,普遍存在的一個問題是:在法律責任設定上,涉及的內容不多而且處罰措施較輕,使法律強制力大打折扣。違法行為不能得到嚴肅處理,缺少嚴厲的懲戒措施,必然會影響農業融資秩序,影響法律的實施效果。如《中國農民銀行條例》第十三條規定,農行「不得買賣不動產、買賣本行股票及以投機的目的買賣有價證券。」但事實上,當時的中國農民銀行除經營農貸業務外,還向工商業大量放貸並大規模經營商業,引起了社會強烈反映。「1934 年 7 月,國民參政員黃宇等九人檢舉該行違背本身之責,貸放大宗商業款項,助長囤積,助長金價,影響市面;運鹽、售油、囤糖違反法令,營私舞弊,要求政府依法查處。同月,該行驅顧(翊群)護行團揭發農行信託處經營業務,事實上與農業經營毫無關係,農行汽車私運商貨,賣『黃魚』,營私舞弊。儘管有許多揭發檢舉,但結果是大事化小,不了了之。」〔註 28〕出現此種現象,有農民銀行自身管理的疏忽,也有主管部門監管的不到位,但歸結至法律因由,卻是對金融違法

〔註27〕 李秉樞 1939 年進入中國農民銀行工作,在基層搞農貸業務十餘年,此次談話內容是 1977 年 9 月訪問的。內容引自中國人民銀行金融研究所編:《中國農民銀行》,北京:中國財政經濟出版社,1980 年版,第 153 頁。

〔註28〕 谷崑山:「陪都時期的中國農民銀行」,中國人民政治協商會議西南地區文史資料協作會議編:《抗戰時期西南的金融》,重慶:西南師範大學出版社,1994年版,第 226 頁。

行為立法不到位所致。《中國農民銀行條例》本身雖有禁止性業務規定，但毫無相應處罰措施，如此這般，就使禁止性規定形同虛設。

同樣，在合作社和農業倉庫立法上，也存在類似問題：法律懲戒主要針對機構設立程序上的違法行為，而對法律執行過程中違法行為懲罰力度過小，僅處以罰鍰。總而言之，南京國民政府雖迅速建立起了農業融資法制體系，但細究起來仍存在一些立法的薄弱環節，尤其是忽視了法律責任這一重要環節的制度設計，影響了整個法律制度的實施效果。

（四）農業融資制度與賦稅制度相衝突

民國初年軍閥混戰，「省自為政，各省紛紛舉辦新稅，尤以田賦附加為重，苛捐雜稅，不能枚舉。」〔註29〕田賦捐稅加重了農民的生產生活負擔，這一現象到南京國民政府前期仍未改變。

客觀而言南京國民政府對復興農村經濟和發展農業生產時較為重視的，但在制度建設上卻存在著一個極大的矛盾。國民政府一方面加大對農業的資金扶持力度，大力發展農業生產，提高糧食產量；另一方面又不斷將政府的財稅重擔壓在農民身上。如此就形成一邊給農業輸入資金，一邊又從農業抽取重利的扭曲局面。農業融資制度和賦稅制度的衝突，使得南京國民政府融通農業資金的法制效果大打折扣。

20世紀30年代初，「農民人口占總人口百分之八十以上」，如此龐大的群體自然成為國民政府最主要的徵稅對象，所以「關稅、鹽稅、煙酒稅、印花稅等，無論直接、間接，皆仰於農民」，其中，「地方財政以田賦為主要收入」，並巧設名目增加農民負擔，「各種田賦附加稅名目在江蘇有一百四十七種，浙江七十三種，江西六十一種，河北四十八種，河南四十二種，山西三十種等」〔註30〕。如此之下，本就不富裕之農戶，經濟壓力日益增大，借貸成為當時大多數農戶維持基本生產生活的一種方式。民國二十三年五月，言心哲對江寧縣土山鎮二百八十六戶農家做了詳細調查，其中，對家庭負債一項的調查結果如下，「二八六農家中，沒有借債者有九十三家，占所有家數百分之百分之三二‧五二，其餘皆有債務」〔註31〕，從其統計的《二百八十六戶農家借貸表》中可知曉，當時借債百元以下有八十八家，占30.17%，借債百元至二

〔註29〕 關吉玉著：《中國稅制》，重慶：□□書局，民國三十四年，第71頁。
〔註30〕 鄔枋：《中國田賦附加的種類》。《東方雜誌》第31卷第14號，1934年7月。
〔註31〕 言心哲編：《農村家庭調查》，商務印書館，民國二十四年，第69頁。

百元者，有五十五家，占總戶數的 19.23%，借債二百元至三百元者，有二十家，占 7%，三百元以上者，有二十六家，占總戶數 10.5%。而在當時，江寧縣土山鎮的家庭收入水平，百分之六十七左右的農戶年收入在二百元以下。收入與借貸相比，就可知當時江寧縣農民生活之艱辛。而江寧縣位於國民政府首府之附近尚且如此，其他省區之農戶的生活則可想而知。又如 1932 年一份關於河南南陽的調查報告，其中就記錄有該地農民的捐稅負擔情況：農民需要交納三大類賦稅，一類是地丁稅，屬於法律規定的稅收，納稅額度並不大，「普通每畝平均納銀〇‧〇二兩，五十畝爲一兩，每兩收銀二元二角，每畝四分四釐。」〔註 32〕第二類是地方附加稅，「農民除地丁銀一兩須納二元二角正稅外，並需隨徵補助捐洋三角，臨時補助費洋五角，丁地串票每張一分五釐，教育費洋六角，建設、自治、公安、政警等費各二角五分，民團及地方公款各洋三角，保安隊洋七角，附捐超過正銀竟達一‧七倍之多。」〔註 33〕第三類是臨時攤派，「臨時攤派，以收兵差爲主。無定額的向農民按畝數攤款，有時還要車，要牲口，這種事情一年裏總有好幾次，農民們出的款可比稅捐大上好幾倍；兵差很多的年份，一畝地可以派到一元至兩元；人民因兵差而終於賣地破產的不計其數。」〔註 34〕在 1932 年秋天，地方士紳組織南陽自治辦公處，取消一切臨時攤派，改爲畝捐，「地方定每畝出一升麥一升穀，合計全面約收七十餘萬元，當時本擬統一收支，免除中飽，平均人民負擔，確定地方自衛自治經費，然而因地方情形複雜，所謂自衛自治事業竟未見成績，而人民確又加重剝削，叫苦連天了。」〔註 35〕如此看來，法定的地丁稅對農民而言並不算沉重，但地方巧設的各類附加稅卻令農戶苦不堪言。到南京國民政府後期，雖然也對賦稅制度進行了一定改革，將田賦的貨幣徵收改爲實物徵收，但從本質上並未降低農民的負擔，使農村經濟的恢復步履艱難，因而，整個南京國民政府時期農村經濟的狀況並沒有得到徹底的改觀。

〔註 32〕　馮紫崗、劉端生合編：《南陽農村社會調查報告》，上海：黎明書局，民國二十三年，第 73 頁。

〔註 33〕　馮紫崗、劉端生合編：《南陽農村社會調查報告》，上海：黎明書局，民國二十三年，第 74 頁。

〔註 34〕　馮紫崗、劉端生合編：《南陽農村社會調查報告》，上海：黎明書局，民國二十三年，第 74 頁。

〔註 35〕　馮紫崗、劉端生合編：《南陽農村社會調查報告》，上海：黎明書局，民國二十三年，第 75 頁。

三、南京國民政府農業融資法制建設的現實啓示

回顧整個南京國民政府時期的農業融資法制，筆者看到了國民政府爲挽救破敗的農村經濟所做的各種努力，在變幻莫測的國內外局勢中，立法院、行政院各部門以及各級地方政府在農業融資法制建設方面都作出了積極的努力，這一點是值得肯定的。在這些法律制度施行中出現的種種問題，除立法自身問題外，也有更深層次的原因，如社會制度問題、社會物質基礎問題、社會文化問題、政治局勢問題，等等。但客觀來看，南京國民政府在農業融資法制建設方面一些好的做法，至今仍有學習和借鑒之處。

（一）發展農業融資事業必須依靠行政推動

南京國民政府成立初期，中國廣大農村正飽受戰火摧殘和自然災害侵襲，舉國上下滿目蒼夷。1932 年全國內政會議上多份涉及農村救濟的提案被討論，其中所列辦法主要集中在「農耕利用機器」、「設農事試驗場」、「建設農產倉庫」、「提倡農村合作社」等，所有這些措施最終都歸結到一點，即沒有「資金」作保障任何一項措施都難以實現。國民政府正是意識到這一點，在執政期間堅持利用行政手段活潑農村金融市場，用行政推動加強農業融資法制建設，把資金融通作爲當時發展農業的核心工作，才使農業生產逐步得到恢復，保證了抗日戰爭的順利進行。

「資金」對於農業發展的作用，在生產力低下的南京國民政府時期十分重要，在當今農業進入現代化發展時期顯得更加重要。中國是農業大國，農業對於國家的穩定、經濟的發展都起著至關重要的基石作用。中央已連續 11 年把「農業」作爲每年的一號文件安排「三農」工作，但對於農業融資的關注則是在 2014 年才正式於一號文件中提出。筆者認爲，中國三十多年的改革開放使農業生產發生巨大變化，目前已經邁入農業現代化初期，要實現中國農業跨越式發展，必須加快農業現代化進程，大力發展農業科技，農業生產裝備要現代化，土壤改良要優質化，農作物種子要高產化，水利工程要網格化，病蟲害防治要機械化，農產品經銷要電商化，等等農業現代化措施都需要資金投入進行推動。目前，資金缺乏已經成爲制約我國發展農業現代化的「瓶頸」，因此從中央到地方要形成合力，實行「工業反哺農業」、「城市反哺農村」戰略，以強有力的行政推動增加對三農的投入，以促進中國農業現代化進程，保障國家糧食安全。如山東省經國務院同意推行的農村合作金融試

點，就是通過行政手段引導和助推的農村金融改革。2015 年 2 月 5 日山東省政府公佈了《山東省農民專業合作社信用互助業務試點方案》和《山東省農民專業合作社信用互助業務試點管理暫行辦法》。該方案強調此項農民信用互助業務，應在省政府的領導下由各地區市政府組織實施。政府審批部門和管理部門要加強對此業務的規範引導，在行政職能部門的推動下，計劃 2015 年為引導規範和試點啓動階段，2016 年為試點推廣階段，2017 年為完善提高階段，實現「初步建成與山東農業農村農民發展需要相適應的新型農村合作金融框架」〔註 36〕。從山東省的農村合作金融試點工作可以看出，行政力量在農村金融事業發展中的作用不可小覷，這一點在南京國民政府時期也已有印證。因此，發展我國農業融資事業，行政是第一推動力。

（二）發展農業融資事業必須依靠法制作保障

　　南京國民政府時期為了保證合作金庫、商業性銀行、中國農民銀行以及農業倉庫等機構能夠履行農貸職責，充分發揮融通農業資金的作用，採取法制手段加以管控取得了一定實效。就當前我國農業融資法制建設來看，法制化程度還較低。筆者通過對法律法規的查詢，發現我國目前並無直接的農業融資立法，大都是以文件、政策的形式出現，而且是處在要求、引導階段，強制力較弱。1981 年《國務院批轉中國農業銀行關於農村借貸問題的報告的通知》中，對當時農村中出現的借貸問題進行了情況介紹，並指出農村中私人借貸中高息借貸逐漸增多，各地政府應當重視農村高利貸問題並嚴肅處理，同時要充分發揮金融機構在農業資金融通中的作用。1984 年發佈的《國務院批轉中國農業銀行關於改革信用合作社管理體制的報告的通知》中，強調「為了適應當前農村經濟發展的需要，促進商品生產的發展，信用合作社管理體制必須抓緊進行改革」〔註 37〕，使其在經營中更加靈活，更好的服務農業生產。2008 年發佈的《中共中央關於推進農村改革發展若干重大問題決

〔註36〕　山東省人民政府網，「山東省人民政府辦公廳關於印發山東省農民專業合作社信用互助業務試點方案和山東省農民專業合作社信用互助業務試點管理暫行辦法的通知」，發佈日期：2015－2－5，http://www.shandong.gov.cn/art/2015/2/5/art_285_6864.html。

〔註37〕　中國政府法制信息網，「國務院批轉中國農業銀行關於改革信用合作社管理體制的報告的通知」，發佈日期：1984－8－6，http://fgk.chinalaw.gov.cn/article/fgxwj/198408/19840800277610.shtml。

定》提出要「建立現代農村金融制度」〔註38〕，內容涉及農村金融機構布局的完善和擴大涉農業務的辦理，以及在有條件的地區允許專業合作社開展信用合作等。2012 年《國務院關於印發全國現代農業發展規劃（2011～2015 年）的通知》提及發展現代化農業需要改善農村的金融服務，加速農村中小金融機構的建設，對支農的縣以下金融機構予以一定的政策獎勵等。2014 年中央一號文件中正式提出要加快農村金融制度創新，同年發佈《國務院辦公室廳關於金融服務「三農」發展的若干意見》，該意見涉及 9 大方面 35 點內容，可以說與以往的政策相比，這是目前最直接的規定農業融資問題的政策。然而這個下發到各省、自治區、直轄市人民政府以及國務院各部委、各直屬機構的文件，其實質是「意見」，不具備強制力。從以上各例可以看出，農業融資問題往往是涉農文件中的一個組成部分，寥寥幾百字既難以說明問題更不可能提出詳細的解決方案。這也是當前我國農業融資過程中存在的最大問題——缺乏強有力的法律規範。隨著農業資金重要性日益凸顯，全國人大、國務院以及具有立法權的機關，在依法治國的今天應當盡快制定符合我國農村經濟實情的融資法律制度，如可以制定《農村土地承包經營權貸款抵押辦法》、《農民房屋所有權貸款抵押擔保辦法》、《農民動產貸款抵押辦法》、《林地經營權和水域使用權抵押貸款辦法》，等等。只有法制先行，才能夠真正推動社會資金向農業領域流動，真正為農業發展注入活力。

（三）發展農業融資事業必須創新融資方式

農業融資法律規範的制定不能空想而來，應當如同南京國民政府一般，結合農村和農民的經濟實情，創制出新的融資機制，然後以法律對此進行規範，這是農業融資法制建設的最佳模式。如南京國民政府時期，政府考慮到廣大貧雇農缺少抵押物，難以從銀行等金融機構貸到款項，於是就創制出了農倉儲押制度、青苗押款制度和動產間接佔有押款制度。如此貧雇農就可以利用其擁有的糧食、生長中的青苗和家中農具、耕牛等進行「抵押」，這既讓農民獲得貸款又保證農業生產的順利進行，可謂一舉兩得。當下我國農民融資難的問題已日漸突出，金融機構貸款要求多數以抵押、質押為前提，但目

〔註38〕 新華網，「授權發佈：中共中央關於推進農村改革發展若干重大問題的決定」，發佈日期：2008－10－19，http://news.xinhuanet.com/newscenter/2008-10/19/content_10218932_1.htm。

前鄉村農民的房屋產權卻無法進行抵押貸款，這已成為農民融資的一大束縛。2010年成都率先出臺了《農村土地承包經營權抵押登記暫行辦法》，使農業生產者在不改變農村土地的權利屬性、法律關係以及用途的前提下，以土地承包經營權作為抵押對象，「試點至今，該政策優勢漸顯，不過隨著試點推進，一些問題也慢慢浮出，比如抵押物不足，融資較為困難，隨著越來越多的金融機構參與，其面臨的與現行法律法規牴觸的問題也日益突出。」〔註39〕試點地區問題的突出也反應出目前我國現有的法律法規已經不能適應農業融資需求，因而才會在試點中出現諸多新制度與舊法律相牴觸問題。筆者認為，隨著我國農業現代化的不斷推進和全面深化改革的啓動，對農業融資平臺和融資方式也要大膽創新。可以為農業融資專門建立第三方擔保平臺並給予政策支持；可以建立貸款貼息制度扶持農戶進行土地規模經營；還可以順應信息時代的發展專門建立農業互聯網金融平臺，以優惠的利率吸收社會閒散資金再專款貸於農民。同時，由於我國幅員遼闊，各地區農村的經濟狀況各不相同，東部地區民間融資渠道相對較多，西部地區民間融資相對困難。國家在創新農業融資方式時，應當因時因地結合區域特色制定出適宜的融資策略，這樣才能使農業融資政策靈活多樣，滿足農民的需要。

（四）發展農業融資事業必須強化法制監督

　　南京國民政府時期農業融資法制建設一個比較突出的問題是法律監督制度建設不到位，行政監督也沒有同時跟進，以致在資金流通過程中發生了不少違法亂紀行為。筆者在分析原因時指出，當時各類農業融資法制多是把重點放在如何融通資金上，忽視了對資金流通和使用的監管。就目前來看，我國現階段支農資金的使用同樣存在這一類似問題。農業資金投入通常都數額較大，但農業卻是見效較慢的產業，無論是土壤改良、荒山造林還是水利建設，短則幾年長則十幾年才能初見成效。如何確保每一年、每一筆資金都能落實到位，是當下除了廣泛開闢農業融資渠道外，最亟待解決的現實問題。法律作為具有強制力的社會規範，應當在這個過程中充當重要的角色。筆者認為，目前挪用資金的違法行為都由刑法規範，但農業資金挪用的犯罪主體有時候並非個人行為，或是一個單位、或是地方政府，農業資金的挪用問題

〔註39〕　新浪網，「上海醞釀開展農地經營權抵押貸款試點」，發佈時間：2015-1-22，
　　　　　http://finance.sina.com.cn/money/bank/bank_hydt/20150122/051621358648.shtml。

往往在國家審計時才會暴露，如何杜絕事後監管是未來立法應當著重考慮的問題。

　　回顧整個南京國民政府時期的農業融資法制，筆者看到了國民政府為挽救破敗的農村經濟所做的各種努力，在變幻莫測的國內外局勢中，立法院、行政院及各級地方政府都高效的制定了諸多法律制度來規範農業融資行為，這一點是值得肯定的。但這些法律制度的施行情況如何，筆者只能用「良莠不齊」來界定。我們不能否認當時國民政府及各類金融機構確實向農業投放了大量資金，至於有多少真正用於農業生產卻不好妄下定論。高效立法本身就容易導致法律在制定時缺乏深入的社會調查研究，而在當時的情形下，已然不能按部就班的去制定法律。進一步而言，拋開當時的政治問題，僅僅是中國當時的經濟基礎，就已經決定了作為上層建築的法律與社會經濟實情有脫節之處，是難以真正的施行的。社會法制的發展，需要穩定的環境，需要物質基礎做保障，還需要民眾法律意識的覺醒，而這些條件在當時是遠遠達不到的。因此筆者認為，評價南京國民政府農業融資法制，成績值得肯定，弊端顯而易見，種種這些都離不開時代的局限性。對今日我國農業融資法制建設而言，這些成績和弊端都不失為歷史的經驗教訓，值得我們借鑒和反思。我國是一個農業大國，農業永遠是國家穩定和發展的基礎，現代農業發展的經濟瓶頸已得到中央政府的高度關注，部分省市已開展相關探索，相信在不久的將來，隨著農業融資法律制度的健全，中國的農業發展會邁入一個嶄新的歷史時期。

參考文獻

一、調查和報告類

1. （美）卜凱：《河北鹽山縣一百五十農家之經濟及社會調查》，南京：金陵大學農林科農林叢刊，民國十八年。

2. 江蘇省農民銀行編印：《一年來之江蘇省農民銀行》，民國十八年。

3. 河南農工銀行編印：《河南農工銀行二十八年營業報告書》，民國二十八年。

4. 劉大鈞：《我國佃農經濟狀況》，上海：太平洋書店印行，民國十八年版。

5. 江蘇省農民銀行總行編印：《第二年之江蘇省農民銀行》，民國十九年。

6. 江蘇省建設廳編：《二十年度末江蘇省合作社統計表》，民國二十年。

7. 中國銀行總管理處編印：《中國銀行報告》，民國二十年。

8. 中國銀行總管理處編印：《中國銀行民國十九年度營業報告》，民國二十年。

9. 中國銀行總管理處編印：《中國銀行報告》，民國二十年。

10. 江蘇省建設廳編：《二十一年度末江蘇省合作社統計表》，民國二十一年。

11. 江蘇省農民銀行總行編印：《第三年之江蘇省農民銀行》，民國二十一年。

12. 江蘇省農民銀行總行編印：《江蘇省農民銀行第六次業務會議彙編》，南京：江蘇省農民銀行總行印行，民國二十一年。

13. 行政院農村復興委員會編纂：《農村復興委員會會報》，南京：農村復興委員會秘書處發行，民國二十二年版。

14. 中國銀行總管理處編印：《中國銀行報告》，民國二十二年。

15. 中國銀行總管理處經濟研究室編印：《民國二十一年度中國重要銀行營業概況研究》，民國二十二年。

16. 馮和法編：《今年的災荒》，上海：生活書店民國二十二年。

17. 江蘇省農民銀行總行編印：《第四年之江蘇省農民銀行》，民國二十二年。

18. 中央統計處編製：《全國合作社統計》，民國二十三年。

19. 金城銀行編印：《金城銀行營業報告》，民國二十三年。

20. 中國農工銀行杭州分行編印：《中國農工銀行杭州分行農民放款第二期報告》，民國二十三年。

21. 行政院農村復興委員會編：《浙江省農村調查》，上海：商務印書館，民國二十三年。

22. 行政院農村復興委員會編：《陝西省農村調查》，上海：商務印書館，民國二十三年。

23. 行政院農村復興委員會編：《河南省農村調查》，上海：商務印書館，民國二十三年。

24. 中國農工銀行杭州分行編：《中國農工銀行杭州分行農民放款第二期報告》，杭州：中國農工銀行杭州分行印，民國二十三年。

25. 行政院農村復興委員會編：《農村復興委員會會報》，南京：農村復興委員會秘書處發行出版民國二十三年。

26. 實業部中國經濟年鑒嫡纂委員會編輯：《中國經濟年鑒》，上海：商務印書館，民國二十三年版。

27. 江蘇省農民銀行總行編印：《江蘇省農民銀行辦理農業倉庫及合作事業概況》，民國二十三年。

28. 實業部中央農業實驗所農業經濟科編：《農情報告彙編》，南京：實業部中央農業實驗所印行，民國二十三年。

29. 農村復興委員會秘書處編纂：《一年來復興農村政策之實施狀況》，南京：農村復興委員會秘書處發行，民國二十三年。

30. 中國銀行總管理處經濟研究室編纂：《民國二十二年度中國重要銀行營業概況研究》，上海：中國銀行總管理處經濟研究室印行，民國二十三年。

31. 行政院農村復興委員會編：《廣西省農村調查》，上海：商務印書館，民國二十四年。

32. 行政院農村復興委員會編：《雲南省農村調查》，上海：商務印書館，民國二十四年。

33. 行政院農村復興委員會編：《江蘇省農村調查》，上海：商務印書館民國二十四年。

34. 上海商業儲蓄銀行編：《上海商業儲蓄銀行廿三年度營業報告》，民國二十四年。

35. 言心哲編：《農村家庭調查》，商務印書館，民國二十四年。

36. 馮和法：《中國農村經濟資料續編》，上海：黎明書局，民國二十四年版。

37. 言心哲著：《中國鄉村人口問題之分析》，商務印書館，民國二十四年。

38. 上海商業儲蓄銀行編：《農業貸款報告》，上海：上海商業儲蓄銀行印行，民國二十四年。

39. 梁思達等編著：《中國合作事業考察報告》，天津：南開大學經濟研究所，民國二十五年。

40. 晉縣保證責任棉花生產運銷合作社聯合社：《晉縣保證責任棉花生產運銷合作社聯合社第一年度業務報告書》，民國二十五年。

41. （美）卜凱著、張履鸞譯：《中國農家經濟》，上海：商務印書館，民國二十五年。

42. 中國銀行總管理處編印：《中國銀行民國二十四年度營業報告》，民國二十五年。

43. 中國銀行總管理處經濟研究室編：《全國銀行年鑒》，上海：中國銀行總管理處經濟研究室印行，民國二十五年。

44. 杜梅和、楊壽標編：《廣東省銀行二十五年份營業報告書》，廣州：廣東省銀行總行印行，民國二十六年。

45. 中國銀行總管理處編印：《中國銀行民國二十五年度營業報告》，民國二十六年。

46. 潘恒敏編著：《十五年全國金融大事記》，上海：大公報代辦部，民國二十六年。

47. 江蘇省農民銀行總行編印：《江蘇省農民銀行業務報告》，民國二十六年。

48. 四川省合作金庫：《四川省合作金庫二十七年度業務報告》，民國二十六年。

49. 江西省農村合作委員會：《一年來的沙埠潭合作社》，民國二十六年。

50. 中國銀行經濟研究室編：《全國銀行年鑒》，上海：中國銀行經濟研究室印行，民國二十六年。

51. 廣西省政府編：《廣西省農貸總報告》，南寧：廣西省政府印，民國二十七年。

52. 江西省合作金庫編：《江西省合作金庫過去業務概況及今後進行展望》，民國二十七年。

53. 福建省銀行編印：《福建省銀行民國二十六年份營業報告》，民國二十七年。

54. 中國農民銀行編印：《中國農民銀行通告通函彙編》，民國二十七年。

55. 河南農工銀行編：《河南農工銀行二十八年營業報告書》，開封：河南農工銀行印，民國二十八年。

56. 江西省合作金庫編：《江西省合作金庫概況》，民國二十八年。

57. 福建省銀行編印：《福建省銀行概況》，民國二十八年。

58. 浙江地方銀行編印：《浙江地方銀行第十六屆營業報告》，民國二十八年。

59. 福建省銀行編印：《福建省銀行民國二十八年份營業報告》，民國二十九年。

60. 麗水縣合作金庫編：《麗水縣合作金庫二十九年度業務報告》，民國二十九年。

61. 麗水縣合作金庫編：《麗水縣合作金庫二十九年度業務報告》，民國二十九年。

62. 福建省銀行編：《福建省銀行民國二十九年份營業報告》，福州：福建省銀行印，民國三十年。

63. 福建省銀行編印：《福建省銀行民國二十九年份營業報告》，民國三十年。

64. 中國農民銀行編印：《中國農民銀行農貸工作概況》，民國三十年。

65. 歐陽蘋編輯：《四川省農業金融》，重慶：中農印刷所，民國三十年。

66. 中國農民銀行編印：《中國農民銀行農貸工作概況》，民國三十年。

67. 福建省銀行總管理處編印：《六年來的福建省銀行》，民國三十年。

68. 山東省民生銀行整理委員會編印：《山東省民生銀行整理委員會二十八年度整理工作報告書》，民國三十年。

69. 畢雲程著：《經濟部農本局概況》，重慶：農本局研究室印行，民國三十一年版。

70. 陝西省銀行經濟研究室編：《陝西省銀行志》，西安：陝西省銀行經濟研究室印，民國三十一年。

71. 中國農民銀行總管理處編：《中國農民銀行三十二年度業務報告書》，重慶：中國農民銀行總管理處印，民國三十二年。

72. 中中交農四行聯合辦事總處秘書處編：《四聯總處三十一年度辦理農貸金融報告》，重慶：中中交農四行聯合辦事總處秘書處印，民國三十二年。

73. 中國農民銀行編印：《中國農民銀行三十二年下期通函通告》，民國三十二年。

74. 中國國民黨中央執行委員會宣傳部編：《抗戰六年來之財政金融》，重慶：中國國民黨中央執行委員會宣傳部印，民國三十二年。

75. 中國農民銀行總管理處編印：《中國農民銀行三十二年度業務報告書》，民國三十二年。

76. 中國農民銀行總管理處編：《中國農民銀行三十二年度業務報告書》，重慶：中國農民銀行總管理處印，民國三十三年。

77. 華北合作事業總會調查科編輯：《河北省正定縣合作社聯合會經營概況》，北京：華北合作事業總會調查科發行，民國三十三年。

78. 黃鐘岳編著：《十二年來之廣西銀行》，桂林：廣西銀行總行發行，民國三十三年。

79. 中國農民銀行編印：《中國農民銀行卅三年上期通函通告》，民國三十三年。

80. 福建省銀行編印：《福建省銀行民國三十五年度營業報告》，民國三十四年。

81. 上海商業儲蓄銀行編印：《上海商業儲蓄銀行營業報》，民國三十四年。

82. 中國農民銀行編印：《中國農民銀行三十四年上期通函通告》，民國三十四年。

83. 甘肅省合作金庫編：《二年來甘肅省合作金庫》，民國三十五年。

84. 行政院新聞局編：《農業貸款》，南京：行政院新聞局印，民國三十六年。

85. 交通銀行編印：《交通銀行三十五年度業務狀況》，民國三十六年。

86. 國農林水利地政等二十一學術團體著：《中國農村復興計劃書》，民國三十七年。

87. 考茨基著、梁琳譯：《土地問題》，三聯書店出版，1955 年版。

88. 《抗日戰爭時期國民黨統治區情況資料》，中國現代史料編輯委員會翻印，1957 年版。

89. 章有義編：《中國近代農業史資料》，上海：三聯書店，1957 年版。

90. 中國人民銀行金融研究所編：《中國農民銀行》，北京：中國財政經濟出版社，1980 年版。

91. 許道夫：《中國近代農業生產及貿易統計資料》，上海：上海人民出版社，1981 年版。

92. 中國抗日戰爭史叢書編輯委員會：《中國抗日戰爭時期重要資料統計集》，北京：北京出版社，1997 年版。

93. 四川省檔案館編：《抗日戰爭時期四川省各類情況統計》，重慶：西南交通大學出版社，2005 年版。

94. 中國第二歷史檔案館編：《中華民國史檔案資料彙編》，南京：鳳凰出版社，2010 年版。

95. （臺）黃俊傑：《中國農村復興聯合委員會口述歷史訪問記錄》，臺北：中央研究院近代史研究所，民國八十一年。

二、法律規範類

1. 中國農工銀行編印：《中國農工銀行條例》，民國十四年。

2. 中國華洋義賑救災總會編：《農村信用合作社章則》，北京：中國華洋義賑救災總會，民國十七年。

3. 中國國民黨中央執行委員會宣傳委員會編印：《七項運動宣傳綱要》，民國十九年版。

4. 國民政府法制局編：《國民政府現行法規》，南京：國民政府法制局印，民國二十一年。

5. 江西省農村合作委員會編：《江西省農村合作社暫行條例施行細則》，民國二十一年。

6. 中國華洋義賑救災總會農利分委辦會編：《農村信用合作社空白章程》，民國十一年。

7. 正則會計事務所匯輯：《銀行法規彙刊》，上海：正則會計事務所，民國二十二年。

8. 楊明棟編著：《信用合作社經營須知》，廣東建設廳農林局推廣課發行，民國二十三年。

9. 吳經熊校勘：《袖珍六法全書》，上海：法學編譯社，民國二十四年版。

10. 江蘇省建設廳編：《鄉村信用生產無限合作社模範章程》，民國二十四年。

11. 河南省政府秘書處編：《現行法規彙編》，開封：河南省政府秘書處印，民國二十五年。

12. 四川省合作金庫：《四川省合作金庫規章彙編》，民國二十五年。

13. 實業部合作司：《各省縣市辦理合作社登記須知》，民國二十五年。

14. 文公直編：《中華民國現行法規全書》，上海：教育書店，民國二十五年。

15. 江西省農村合作委員會編：《農村合做法規彙編》，南昌：江西省農村合作委員會印，民國二十六年。

16. 貴州省農村合作委員會：《農村合作社暫行會計規則》，民國二十六年。

17. 中國銀行總管理處編印：《中國銀行章程》，民國二十六年。

18. 南京國民政府經濟部編：《農倉業法》（經濟部刊物第二種第一類），重慶：經濟部刊印，民國二十七年版。

19. 經濟部農本局編訂：《縣（市）合作金庫規範彙編》，民國二十七年。

20. 江西省農村合作委員會編：《合作社法注釋》，民國二十八年。

21. 廣西省政府編：《農倉法規彙編》，南寧：廣西省政府印發，民國二十八年版。

22. 浙江省合作金庫編印：《浙江省合作金庫章則彙編》，杭州：浙江省合作金庫印，民國二十九年。

23. 江西省合作金庫編：《江西省合作金庫規章彙編》，民國二十九年。

24. 北京聯合準備銀行調查室編：《北京典當業之概況》，北京：北京聯合準備銀行調查室印行，民國二十九年版。

25. 經濟部農本局編訂：《縣（市）合作金庫規範彙編》，重慶：中央日報社印刷，民國二十九年。

26. 浙江地方銀行總行編：《金融法規輯要》，麗水：浙江地方銀行總行發行，民國三十年版。

27. 社會部合作事業管理局編：《縣各級合作社組社須知》，民國三十年。

28. 社會部合作事業管理局編：《縣各級合作社章程準則》，民國三十年。

29. 趙稤編輯：《金融法規續編》，重慶：中央銀行經濟研究處出版，民國三十一年。

30. 中國農民銀行章則修訂委員會編，《中國農民銀行規章彙編》，重慶：中國農民銀行章則修訂委員會印，民國三十一年。

31. 江蘇省政府秘書處編：《江蘇省法規彙編》，南京：江蘇省政府秘書處印，民國三十一年。

32. 社會部合作事業管理局編：《現行合作金庫法規彙編》，重慶：社會部合作事業管理局印，民國三十四年版。

33. 中國農民銀行儲蓄處編印：《中國農民銀行規章彙編》，民國三十四年。

34. 社會部合作事業管理局編：《縣市合作金庫組織須知》，民國三十四年。

35. 熊光前編：《金融法規》，重慶：大東書局，民國三十四年。

36. 郭衛校戡：《銀行法》，上海：法學編譯社出版，民國三十六年。

37. 四聯總處秘書處編：《四聯總處文獻選輯》，南京：四聯總處秘書處印，民國三十七年。

38. 中國第二歷史檔案館編：《四聯總處會議錄》，桂林：廣西師範大學出版社，2003 年版。

三、著作類

1. 徐滄水編輯：《上海銀行公會事業史》，上海：銀行週報社，民國十四年。

2. 張自強著：《廣東農民運動》，廣州：中華全國基督教協進會基督化經濟關係委員會印行，民國十五年版。

3. 卓宣謀著：《農工銀行救國論》，北京：著者自刊，民國十七年。

4. 卓宣謀編纂：《京兆通縣農工銀行十年史》，北平：大慈商店發行，民國十七年。

5. 李泰來編著：《農村合作社的意義》，中華平民教育促進會出版，民國二十一年。

6. 張天放著作：《農村合作社的辦法》，中華平民教育促進會出版，民國二十一年。

7. （日）牧野輝智著、王世穎迻譯：《農業金融概論》，上海：黎明書局，民國二十一年。

8. 於樹得著：《信用合作社經營論》，上海：中華書局，民國二十二年版。

9. 張輯顏著：《中國金融論》，上海：商務印書館，民國二十二年。

10. 孔雪雄：《中國今日之農村運動》，南京：中山文化教育館，民國二十三年。

11. 全漢昇著：《中國行會制度史》，上海：新生命書局，民國二十三年。

12. 王志莘編：《中國之儲蓄銀行史》，上海：新華信託儲蓄銀行印行，民國二十三年。

13. 吳承禧著：《中國的銀行》，上海：商務印書館，民國二十三年。

14. 侯哲葊著：《農村運銷合作社經營法》，南京：中國合作學社發行，民國二十三年。

15. （日）清水長鄉著、張佳久譯：《農村經濟》，上海：商務印書館，民國二十四年版。

16. 郭孝先著：《上海的銀行》，上海：上海市通志館，民國二十四年。

17. 王宗培著：《中國之合會》，南京：中國合作學社印行，民國二十四年版。

18. 楊西孟著：《中國合會之研究》，上海：商務印書館，民國二十四年。

19. （法）波雅查格魯（A.J.Boyazoglu）著、馮靜遠譯：《農業信用——農村金融原理》，上海：黎明書局，民國二十四年。

20. 林和成編：《中國農業金融》，上海：中華書局，民國二十五年版。

21. 丁鵬翥編：《合作概論‧合作社組織程序‧合作社組織經營要點》（合作講習會課本第二種），長沙：湖南合作協會印，民國二十五年版。

22. 侯厚培、侯厚吉編：《農業金融論》，上海：商務印書館，民國二十五年版。

23. 朱其華著：《中國農村經濟的透視》，上海：中國研究書店，民國二十五年版。

24. 王志莘、吳敬敷編著：《農業金融經營論》，上海：商務印書館，民國二十五年版。

25. 中央銀行經濟研究處編：《中國農業金融概要》，上海：商務印書館，民國二十五年版。

26. 宓公幹著：《典當論》，上海：商務印書館，民國二十五年版。

27. 伍玉璋著：《中國農業金融機關論》，重慶：北碚農村銀行印行，民國二十五年。

28. 伍玉璋著：《中國農業金融制度及其實施論》，重慶：北碚農村銀行印，民國二十五年。

29. 侯哲葊著：《合作金融論》，南京：中國合作學社，民國二十五年。

30. 楊蔭溥著：《中國金融研究》，上海：商務印書館，民國二十五年。

31. 李寅北編：《農村社會合作經濟概論》，南京：正中書局，民國二十五年。

32. 徐淵若撰：《農業倉庫論》，上海：商務印書館，民國二十六年版。

33. 喬啓明，蔣傑合著：《中國人口與食糧問題》，上海：中華書局，民國二十六年。

34. 中國農村經濟研究會編：《中國土地問題和商業高利貸》，民國二十六年。

35. 羅敦偉著：《戰時國家總動員》，重慶：國民政府軍事委員會政治部編，民國二十七年。

36. 經濟部農本局貴陽辦事處：《縣（市）合作金庫的意義和進行步驟》，貴陽：經濟部農本局貴陽辦事處，民國二十七年。

37. 周憲文、孫禮榆著：《抗戰與財政金融》，上海：商務印書館，民國二十七年。

38. 經濟部農本局貴陽辦事處編印：《縣（市）合作金庫的意義和進行步驟》，民國二十七年。

39. （英）石德蘭（C.F.Strickland）著、歐陽蘋，張履鸞譯：《農村金融與合作》，上海：中華書局，民國二十八年。

40. 康錫祺譯：《各國合作社組織概觀》，新民合作社中央會出版，民國二十八年。

41. 王一蛟著：《棉花產銷合作社之組織與經營》，昆明：中華書局發行，民國二十八年。

42. 陳維藩：《合作金庫概論》，上海：榮華印書館，民國二十九年。

43. 丘國維著：《湖南省銀行農貸述要》，長沙：湖南省銀行出版，民國二十九年。

44. 侯哲葊著：《農業倉庫經營論》，重慶：正中書局，民國二十九年。

45. 徐學禹、丘漢平編著：《地方銀行概論》，永安：福建省經濟建設計劃委員會印行，民國三十年。

46. 張則堯著：《中國農業經濟問題》，上海：商務印書館，民國三十五年。

47. 姚公振著：《中國農業金融史》，上海：中國文化服務社出版，民國三十六年版。

48. 羅醒魂著：《各國土地債券制度概論》，北平：正中書局，民國三十六年版。

49. 陳安仁著：《中國農業經濟史》，上海：商務印書館，民國三十七年。

50. 中國人民銀行上海市分行編：《上海錢莊史料》，上海：上海人民出版社，1960 年版。

51. 姚崧齡：《張公權先生年譜初稿》，臺北：傳記文學出版社，1982 年版。

52. 《清實錄》，北京：中華書局，1985 年版。

53. 中國近代金融史編寫組：《中國近代金融史》，北京：中國金融出版社，1985 年版。

54. 沈元瀚著：《簡明中國近代農業經濟史》，重慶：西南財政大學出版社，1987 年版。

55. 林甘泉主編：《中國封建土地制度史》，北京：中國社會科學出版社，1990 年版。

56. 中國人民政治協商會議西南地區文史資料協作會議編：《抗戰時期西南的金融》，重慶：西南師範大學出版社，1994 年版。

57. 劉秋根著：《中國典當制度史》，上海：上海古籍出版社，1995 年版。

58. 彭澤益主編：《中國工商行會史料》，北京：中華書局，1995 年版。

59. 約翰·伊特韋爾、默里·米爾蓋特、彼得·紐曼編：《新帕爾格雷夫經濟學大辭典》（第二卷），北京：經濟科學出版社，1996 年版。

60. 孔慶明、胡留元、孫季平編著：《中國民法史》，長春：吉林人民出版社，1996 年版。

61. 孫中山著、孫中山研究學會編：《孫中山文集》，北京：團結出版社，1997 年版。

62. 胡寄窗著：《中國經濟思想史》，上海：上海財經大學出版社，1998 年版。

63. 周志初著：《晚清財政經濟研究》，濟南：齊魯書社，2002 年版。

64. （宋）曾鞏撰，陳杏表、晁繼周點校：《曾鞏集》，北京：中華書局，2004 年版。

65. （漢）許慎、（宋）徐鉉等著：《說文解字》，上海：古籍出版社，2007 年版。

66. 張謇：《張謇全集》，上海：辭書出版社，2012 年版。

67. （臺）鄭亦芳：《上海錢莊（1843～1937）》，中央研究院三民主義研究生叢刊，民國七十年。

68. （臺）李根蟠著：《中國農業史》，臺北：文津出版社，民國八十六年版。

四、論文類

1. 鄒枋：「中國田賦附加的種類」，《東方雜誌》第 31 卷第 14 號，1934 年 7 月。

2. 彭學沛：「農村復興運動之鳥瞰」，《東方雜誌》第 32 卷第 1 號，1935 年 1 月。

3. 張益圃：「到處碰壁的生產教育」，《中國農村》，第二卷第一期，1936 年 1 月發行。

4. 白方策：「農業金融問題之研究」，《農行月刊》，1937 年第 2 期。

5. 陳必貥：「陝西農村金融枯竭之眞相及其救濟方法」，《新陝西》創刊號，1942 年。

6. 黃肇興：「中國合作金庫發展史之鳥瞰」，《新中華》復刊第 1 卷第 10、11 期，1943 年 10 月。

7. 顧翊群：「十年來之中國農民銀行」，《中農月刊》，第四卷第四期，1943 年 4 月 30 日。

8. 黃立人：「四聯總處的產生、發展和衰亡」，《中國經濟史研究》，1991 年 02 期。

9. 黃立人：「論抗戰時期國統區的農貸」，《近代史研究》，1997 年 06 期。

10. 喬幼梅：「宋元時期高利貸資本的發展」，《中國社會科學》，1998 年第 3 期。

11. 馬長林：「民國時期上海金融界銀團機制探析」，《檔案與史學》，2000 年 06 期。

12. 周勁思、王元琪：「淺論二三十年代中國農村的高利貸問題」，《洛陽工學院學報》，2000 年 12 月。

13. 潘勁：「民國時期農村合作社的發展與評價」，《中國農村觀察》，2001 年 03 期。

14. 白越平、於永：「20 世紀 30 年代農村金融救濟『量』的考察」，《內蒙古師範大學學報（哲學社會科學版）》，2002 年 2 月。

15. 李金錚：「政府法令與民間習慣：以國民政府頒行『年利 20％』爲中心」，《河北大學學報》，2002 年第 4 期。

16. 劉招成：「華洋義賑會的農村合作運動述論」，《貴州文史叢刊》，2003 年第 1 期。

17. 蔣國河：「中國農民銀行農貸業務評析」，《福建師範大學學報》，2003 年 4 期。

18. 李自典：「行政院農村復興委員會初探」，《歷史教學》，2003 年第 5 期。

19. 趙林鳳：《民國時期江蘇農村金融變動的探析》，南京農業大學碩士學位論文，2003 年。

20. 虞和平：「張謇與民國初年的農業現代化」，《揚州大學學報（人文社會科學版）》，2003 年 11 月。

21. 蔣國宏：「近代中國知識分子重農思想新論」，《中國農史》，2004 年 4 期。

22. 鄒曉昇、黃靜：「論中國農民銀行的農貸運行機制」，《河北大學學報》，2004 年第 4 期。

23. 霍存福：「論中國古代契約與國家法的關係」，《當代法學》，2005 年第 1 期。

24. 陳意新：「農村合作運動與中國現代農業金融的困窘——以華洋義賑會爲中心的研究」，《南京大學學報‧人文科學‧社會科學》，2005 年第 3 期。

25. 卞利：「明清典當和借貸法律規範的調整與鄉村社會的穩定」，《中國農史》，2005 年 4 月。

26. 徐玲：「清末民初蘇州典當業分佈初探」，《中國歷史地理論叢》，2005 年 4 月。

27. 趙延安：《中國封建農業法制史研究》，西北農林科技大學碩士學位論文，2005 年。

28. 任繼周：「論華夏農耕文化發展過程及其重農思想的演替」，《中國農史》，2005 年 2 期。

29. 黃震：「南京國民政府金融法制研究述略」，《法律文化研究》第二輯，2006 年。

30. 劉徵：《民國時期甘寧青農村高利貸研究》，蘭州大學碩士學位論文，2006 年。

31. 陳崢：《民國時期廣西農村高利貸研究》，廣西師範大學碩士學位論文，2006 年。

32. 鄒曉昇：「試論中國農民銀行角色和職能的演變」，《中國經濟史研究》，2006 年 04 期。

33. 劉秋根：「中國封建社會農業金融發展階段初探」，《人文雜誌》，2007 年第 2 期。

34. 龔會蓮、劉文瑞：「民國時期的農業問題及啓示」，《河海大學學報（哲學社會科學版）》，2007 年 3 月。

35. 謝建：《民國時期江南農民收支狀況研究（1920～1937）》，南京師範大學碩士學位論文，2007 年。

36. 萬江紅：「南京國民政府初期湖北的農村問題與政府對策」，《武漢大學學報（人文科學版）》，2007 年 5 月。

37. 耿雪敏：《唐代的民間高利貸》，雲南師範大學碩士學位論文，2007 年。

38. 姚順東：「試論 1920～30 年代的江蘇省農業倉庫建設」，《南京農業大學學報（社會科學版）》，2007 年 12 月。

39. 苑朋欣：《清末農業新政研究》，河北師範大學博士學位論文，2007 年。

40. 趙芸芸：《二十世紀三十年代華東地區農業倉庫探微——以銀行對農業倉庫的推動爲中心》，復旦大學碩士學位論文，2007 年。

41. 易棉陽、姚會元：「近代中國農業金融的轉型及其特點」，《福建論壇·人文社會科學版》，2008 年 1 期。

42. 姚順東：「南京國民政府農本局述論」，《江漢論壇》，2008 年 8 月。

43. 劉曉泉：《北洋政府內國公債發行研究》，湖南師範大學博士學位論文，2008 年。

44. 曾耀榮：「博弈與選擇：政府、銀行和農民與傳統農業金融組織的關係——以南京政府農業貸款爲中心的考察」，《中國農史》，2009 年 2 月。

45. 張偉：《民國上海典當法律問題研究》，上海師範大學碩士學位論文，2009 年。

46. 王今誠、王超：「中國農業近代化（1912～1937）的制度需求與供給研究」，《延安大學學報（社會科學版）》，2009 年 4 月。

47. 李淑遠：《清末民初典當法律制度與現今典當法律制度比較研究》，內蒙古大學碩士學位論文，2009 年。

48. 李勤：「清前期「重農抑商」政策及其法律思想」，大連海事大學學報（社會科學版），2009 年 8 月。

49. 朱欽勝：「試論近代農會與南京國民政府的農業貸款」，《江西社會科學》，2010 年 9 月。

50. 蘇新有：「淺析抗戰初期國統區農業政策的調整及影響」，《農業考古雜誌》，2011 年 01 期。

51. 伍操：《戰時國民政府金融法律制度研究（1937～1945）》，西南政法大學博士學位論文，2011 年。

52. 孔祥軍：「『農爲政本，食乃民天』——試析宋代『重農』思想在國家層面的反映」，南京農業大學學報（社會科學版），2011 年 11 期。

53. 馮航空：「抗戰時期國統區農村金融研究綜述」，《黑龍江史志》，2011 年 1 期。

54. 黃娟娟：《民國時期農本局研究（1936～1941）》，華中師範大學碩士學位論文，2011 年

55. 李道永：《民國時期民間借貸習慣研究》，鄭州大學博士學位論文，2012 年。

56. 趙順毅：《民國時期合作金庫研究（1935～1949）》，南開大學博士學位論文，2012 年。

57. 丁健：「民國初期北京政府的農業發展述略」，《農業考古》，2012 年第 3 期。

58. 黃平、趙茹月：「墨家重農思想新論」，《西南農業大學學報》（社會科學版），2012 年 6 月。

59. 侯輝：「《荀子》重農思想探析」，《農業考古》，2013 年第 1 期。

60. 黃志繁：「清至民國徽州錢會性質及規制之演化」，《中國農史》，2013 年 2 月。

61. 馬嘯、樊志民：「南京國民政府農會的農業貸款問題研究」，《農業考古》，2013 年 4 期。

62. 呂建權：《抗戰時期國共兩黨「三農」思想比較研究》西南大學碩士學位論文，2013 年。

致　謝

　　吾求學二十餘載，最不可忘父母養育和教誨之恩。父親畢思忠先生自吾幼時教導做人處事之理，少不更事難解其意，今日想來句句肺腑，可受用終生。吾父同爲法律人，在讀博期間與其多有思想交流，對本文之寫作大有啓發。母親董翠蘭女士一直照顧吾起居生活，無微不至，感恩之意無以言表。

　　吾師從曾代偉教授，轉眼六度春秋。生活中恩師慈祥有加，待吾如自家兒女，使吾遠在西南求學未有孤獨之感。學術上恩師嚴謹有加，對吾耳提面命、言傳身教。本書寫作中常得恩師點撥指導，畢業之中又多受恩師關心幫助，學生在此拜謝曾先生的傳道授業之恩。

　　吾在博士論文的寫作過程中，得眾多教授和同學的幫助，在此一一謝過。多謝龍大軒教授、胡仁智教授、呂志興教授在預答辯時對本文提出的諸多寶貴意見，多謝張敏同學對本文初稿提出的幾點修改意見，多謝我的先生王如岩對吾寫作中的多番督促和鼓勵，也多謝張玨芙蓉同學與吾互相扶持走過讀博這段美好的時光。

　　群山逶迤，兩江迴環，巍巍學府，屹立西南。最後，感謝這座培養我的學府——西南政法大學，吾以西政人爲驕傲！